**当代通用管理经典读物**

设再多的"减速提醒"不如设一条凸出路面的"减速线"更能让司机踩刹车;
定再多的"规章制度"不如定一种"机制"更能让执行者落实到位!

# 高效能管理机制
## EFFECTIVE MANAGEMENT MECHANISM

张周圆 ◎著

MANAGE

经济管理出版社
ECONOMY & MANAGEMENT PUBLISHING HOUSE

**图书在版编目（CIP）数据**

高效能管理机制/张周圆著. —北京：经济管理出版社，2017.5

ISBN 978-7-5096-5051-6

Ⅰ.①高…　Ⅱ.①张…　Ⅲ.①组织管理学　Ⅳ.①C936

中国版本图书馆 CIP 数据核字（2017）第 073343 号

组稿编辑：杨国强

责任编辑：杨国强　张瑞军

责任印制：黄章平

责任校对：王淑卿

出版发行：经济管理出版社

　　　　　（北京市海淀区北蜂窝 8 号中雅大厦 A 座 11 层　100038）

网　　　址：www. E-mp. com. cn

电　　　话：（010）51915602

印　　　刷：玉田县昊达印刷有限公司

经　　　销：新华书店

开　　　本：710mm×1000mm/16

印　　　张：15

字　　　数：269 千字

版　　　次：2017 年 7 月第 1 版　2017 年 7 月第 1 次印刷

书　　　号：ISBN 978-7-5096-5051-6

定　　　价：48.00 元

# 序 一
# 机制标志管理文明①

　　正像劳动工具标志着科学技术的发展水平一样，管理机制实际上也是管理文明程度的标志。

　　当代最受推崇的管理大师、现代管理学之父彼得·德鲁克（Peter F. Drucker）曾如此理解管理："管理的重点在建构一个好系统，让人的长处得以发挥，短处得以包容。"全球管理界的卓越领袖、原通用电气公司总裁杰克·韦尔奇（Jack Welch）则一语中的地描述："管理就是把复杂的问题简单化，混乱的事情规划化。"亚洲第一位主攻企业政策的博士、中国台湾企管大师、中国台湾政治大学企业管理所教授司徒达贤更是直接阐述："实务上，管理是具体方法和技巧，是责任与担当，同时也是艺术。"军人出身的中国联想集团创始人、管理实践家柳传志更加直接地将管理理解为"机制"——早在 2009 年 8 月 15 日，时任联想集团董事局主席的柳传志出席由江苏省委组织部牵头主办的 2009 年江苏企业家统筹共建推动科学发展高层峰会时说："一个企业管理实际上分为两个层次，一个层次是运作层面：我们任何一个企业，不管是做制造业的，或者是做服务业的，都有它自己的行业规律。比如我们做制造业的，你要研发、采购；你要生产、制造、销售，其供应链、财务等都有一套规律，这里面包含了管理的内容。另外一个层次是管理基础层面：这个管理基础里面有什么含义呢？是机制体制……"而且，追溯到 1999 年 12 月联想成立 15 周年大会，当时柳传志结合联想集团的创业、发展、壮大历程，高度总结了管理三要素，即"有没有一个好的班子，会不会制定战略，能不能带队伍……"柳传志解释："建班子的内容保证了联想有一

---

① 王幸生：《中国军队政治工作》主编，解放军军事科学院研究员、博士生导师。

个坚强的意志统一的领导核心；定战略是如何有指导思想地建立起远、中、近期战略目标，并制定可操作的战术步骤，分步执行；带队伍是如何通过规章制度、企业文化、激励方式，最有效地调动员工积极性，保证战略的实施。"

从以上理论家和成功的管理者论述中不难看出：尽管他们对管理的表述在言语方面各有不同，但殊途同归地一致肯定了"机制"在管理中的地位与作用。

事实上，科学有效的管理机制是个人在竞争社会创新人生、团队在竞争社会安身立命的根本之道。现实中不难发现，良好的组织运行机制是一个组织创造佳绩的根本保证——业绩仅仅是组织的外在表现，机制才是组织内在的原动力。机制的有序程度以及维持机制有序的能力，是组织实力的有效表现。一个科学合理的经济组织的运行机制，是决定其产品转化或服务成功的基础。

我赞同把管理工作的重点放在"建机制"上，也主张管理者应该成为良好机制创建者。一个好的管理者不是也不应该是"劳动"模范，他必须善于团结一批人，并善于将团队的集体能量最大限度地发挥出来，这样才能突破个人能力的"天花板"，才能众人拾柴火焰高。如此理解，管理者及其管理水平的高低，全在于他能不能高效地让组织有序运行、让组织资源高效发挥。一个组织如果要实现先圣老子所主张的"无为而治"，唯一的办法可能是创建高效能的管理机制。正如连续多年任国务院总理《政府工作报告》起草组成员的国务院研究室一位资深研究人员所言："机制对于一个企业或组织，甚至一个国家都是至关重要的。机制研究和机制设计对于当今中国来说是第一课题和第一要务。"

当然，从大的方面来说，机制最终需要以制度的形态固化下来。中国特色社会主义形成和发展的进程，就是一个不断把实践中的成功经验、理论上的正确认识转化和定型为制度，不断进行制度创新和完善的历史进程。如果说实践开拓了中华民族的复兴之路，理论点燃了中华民族的复兴之光，制度则熔铸了它的规矩方圆。在开辟中国特色社会主义道路的历史进程中，我们党在重视实践开拓、理论创新的同时，高度重视制度建设，适时通过制度创新固化改革开放的成果，形成了初步定型、日臻完善的中国特色社会主义制度。这些制度既具有鲜明的中国特色，体现了科学社会主义的基本原理、基本原则，又借鉴和吸收了人类在长期的发展进程中，包括在资本主义条件下所形成的优秀的、有益的制度文明成果，因而，它显示出巨大的优越性，焕发出旺盛的生命力。

张周圆是一名年轻的军队基层干部，但多年来锲而不舍、孜孜以求致力于人力资源管理现代化探索。其新作视野开阔，构思新颖，文笔流畅，注重借鉴西方发达国家现代管理学的有益成果，不乏新颖卓著之见，是一篇深入浅出，熔理论性与实用性于一炉的力作。

"新松恨不高千尺"，作为军队一名资深的理论工作者，我很高兴能看到这一新人新作的面世，并由衷地希望《成事靠机制——高效能执行力管理之道》（《高效能管理机制》初始书名）能为正在为执行力所困而不得其解的各类组织领导者、管理者起到某种指点迷津的作用，也衷心希望社会上有更多的慧眼识珠之仁人智士能积极接纳《成事靠机制——高效能执行力管理之道》推介的"机制"管理法。

# 抓执行更要重视建机制①

在社会、经济、文化全面纵深推进过程中，如何提升组织"战斗力"，这是一切改革措施的着力点和根本目标所在。从人力资源管理观点出发，我认为"战斗力"的根本源泉在于全员的执行力！

事实上，现实中再好的组织战略如果没有好的执行，终将只可能是美好的愿望。而且，一流的战略加上一流的执行才能成就伟大的组织；一流的战略加上二流的执行顶多成就优秀的组织；一流的战略赋予三流的执行，完全可能败坏一个组织。

那么，一流的执行力怎么来？生活中我们不难发现：设再多的"减速提醒"不如设一条凸出路面的"减速线"更能让司机踩刹车。同理，在管理中我们发现：定再多的"规章制度"不如定一种"机制"更能让执行者落实到位！

正像劳动工具实现事半功倍的劳动效益一样，我们认为管理机制可以通过变复杂的"要我做"为简单的"我要做"，从而成为高效能执行力的最有效途径——它是管理文明程度的标志，它标志着管理科学的发展水平。

例如，基层部队需要从思想和行为上激励广大官兵崇尚荣誉、创造荣誉，为有效履行使命提供强大的精神动力。但是，伟大的战略如果在执行者手上操作不当，则容易流于形式，最终难以执行到位。针对这种情况，实践中我们倡导人人求成长、个个想成才、事事争先进活动，并进一步设计"喜报信封"这一机制——以连队为单位给每一名官兵发放盖有"喜报"字样的大信封，以此时刻激

---

① 张周圆：本文发表于 2016 年 7 月 28 日《解放军报》第 6 版"方法谈"，略有修改。

励官兵创造机会立功受奖，然后比谁寄出早、比谁寄出多。这里的"喜报信封"，其实就是比开会及其他宣传号召更直观、更具有可操作性的"机制"。

而且，在现实管理活动中，管理与执行是处于同一过程中的两个方面：管理活动的有效性以执行力体现；执行活动的效率、效益与效能，反映出管理水平的高低及管理效力的强弱。

那么，新时期的现代化组织需要怎样管理？怎样的管理才是真正高效能的管理？一言以蔽之，我们认为这种管理应该是让人顺服、让事顺畅的科学管理——以"人本管理"思想为指导，我们认为"管"不如"理"，"堵"不如"疏"。正如国家领导人曾经强调的：办好中国的事情，关键在党，关键在人，关键在人才。而且他要求：着力破除体制机制障碍，向用人主体放权，为人才松绑。

由此可见，国家领导人在这里十分重视的"人"及其相关"机制"的作用，就是新时期任何组织面向未来需要的管理。

机制是什么？其实，机制就像单位通勤班车，准点接送便能最大限度地避免员工迟到早退——它能将内在的目标外在化，将笼统的要求具体化，将复杂的管理简单化，将系统的工作程序化，将执行的行为自觉化。实践证明：任何管理，只要从人的意愿、知识、能力、条件四管齐下，高效能的执行机制便能创立。

"机制"的本质是在认识规律的基础上充分运用规律！

人类的各种活动需要做到"尊自然、顺规律、借机理、立人纪"。这其中"尊自然、顺规律"是根本，即要尊重客观世界、运用客观规律；另外，"借机理、立人纪"进一步表明人们的行为要以客观世界的既有机理为基础并为"我"所用，进而充分发挥主观能动性，创立符合人类需求的"机制"。这一"借"一"立"，相得益彰，便是集天下管理之大成，悟天下管理之真知。因此可以说，机制是认识之真知、谋略之智慧、管理之大成、经营之王道；是从政者寻求的兴国安邦之道；是组织发展的制胜之道；是人类皆需学习的实用之道；是解决一切问题的至大之道。

作为"人本政工"倡导者和我国军事人力资源管理硕士毕业的第一个带兵人，我认为现实中如果一个领导者或管理者，当他在埋怨下属执行不力的时候，就应该思考自己本身的执行机制有没有问题。因为，没有科学的机制而企图好的执行，犹如在地窖中徒劳无益地寻找门窗而不从天窗求出路。

可以肯定，没有好的机制，就没有好的执行！因而"建机制"既迫在眉睫，又意义非凡。

在军队改革过程中，我们认为特别有必要以军事人力资源管理改革为契机，创建可上可下的竞争淘汰机制，以形成军人职业化压力；创造人格与专长为主的影响机制，以给予官兵新型领导牵引力；创立物质与精神并举的激励机制，以强化工作推动力；创新透明化的监督约束机制，以保障职权约束力。

# 做事靠团队 成事靠机制 成功靠人格

　　都说做人难、做事难，做成功的人和做成功的事更是难上加难，但考察古今中外成功的人和事，人们不难发现这样一个事实，那就是：成功者并非三头六臂，他们的成功，无非得益于出众的思维方式与行为方式。而成功者之所以能够做成一些常人做不成的事，其奥妙在于：他们善于团队合作，博采众长；他们精于找到不但能把事情落实，而且能够做得更好的办法；他们还总能超凡脱俗地为人处事，因此总能心想事成，甚至事事胜意！

　　为了探寻做人与做事的规律，从而为更多的人成功做人和成功做事提供指导方案，笔者在出版了《人格创新人生——高效能人士的 11 项锤炼》这一"做人"专著之后，便继续著作了《高效能团队建设》这一"做事"教程，并接着著作了《高效能管理机制》这一"成事"拙作。

　　之所以著作《高效能管理机制》，只因长期以来，本人耳濡目染了许许多多、形形色色的执行力困惑——常有人埋怨自己事事不能称心如意；也总见一些家长感觉自己家的孩子不如人家的服教听话；更有一些老师将学生分为好、中、差三等而将一些学生择出归为"孺子不可教"之另类；当然，更多的则是各类组织活动中，领导者或管理者经常感叹现代员工太难管理、任务执行总打折扣，甚至不得已"求其上得其中，求其中得其下"……事实上，笔者早在上小学时，就曾深感当干部不易，由此公开在《小学生之友》发表《当班干部也有难处》一文。凡此种种现象，无不反映出一个本质问题，那就是主体的意愿在客体方面不能如愿地得以执行。面对林林总总的管理困惑，作为管理学、经济学双专业出身，并在 2011 年即由现驻地省政府职称工作办公室授予"高级信息系统项目管理师"的我，曾经天真地以 IT 思维设想：能不能编制出相关的"管理程序"，让管理任务的执行像计算机接受指令一样不折不扣地执行到位？于是，这一设想便从此扎根心际。

后来，本人有幸进入中国人民解放军这个具有高度执行力的大家庭。出于"人力资源管理"专业惯性，本人常常琢磨军队的执行力管理之道，期望以此破解"让管理任务的执行像计算机接受指令一样不折不扣地执行到位"这一设想。无意间的一件小事，可谓让我恍然大悟：军校上课前有一程序，即进入教室前要先在宿舍楼下集合整队，并清点人数，尔后再统一走向教室。千万不可小觑这一程序，就是因为有了它，军校才不会出现地方院校普遍且屡禁不止的迟到现象！后来，我越来越多地体会和感悟到军队执行力管理机理，并联系社会实际事例，感觉到作为一个管理者（不论是管理他人还是管理自己），当你在埋怨相关事务落实不够理想的时候，首先应该反思自己本身的执行机制有没有问题。事实上，没有好的机制，就没有好的执行；而没有好的执行，再好的战略也终将变成永远的愿望！这绝不是危言耸听！

据此，我们不妨反观社会事实。

当年英国将澳大利亚变成殖民地之后，因为那儿地广人稀，尚未开发，英政府就鼓励国民移民到澳大利亚。可是当时澳大利亚非常落后，没有人愿意去，因此英国政府就想出一个办法，把罪犯送到澳大利亚去——这样一方面解决了英国本土监狱人满为患的问题，另一方面也解决了澳大利亚的劳动力问题。

于是，英国政府雇用私人船只运送犯人，并按照装船的人数付费，多运多赚钱。很快，政府发现这样做有很大的弊端：罪犯的死亡率非常高，平均超过了10%，最严重的一艘船死亡率达到了惊人的37%。政府官员绞尽脑汁想降低罪犯运输过程中的死亡率，包括派官员上船监督、限制装船数量等，却都实施不下去。

最后，他们将结算机制调整了一下：由根据上船的人数付费改为根据下船的人数付费，这样船东只有将人活着送达澳大利亚，才能赚到运送费用。措施一出，罪犯死亡率立刻降到了1%左右，甚至船东为了提高生存率还在船上配备了医生。

可见，好的机制才能够让人如愿以偿、心想事成！

所以，笔者理解：管理机制就像人群密集地域路面凸起的"减速线"，能变"减速提醒"那苍白无力的"要我做"为掌控方向、爱惜车辆的"我要做"；又像超级市场中老太太那手中的购物车，让本来力不能及的事情变得容易而轻松。

揭开高效能执行力管理的神秘面纱，我们感觉高效能的执行力无非决定于意愿、知识、能力、条件四大因素，因此只要四管齐下，即授人执行的知识，育人执行的意愿，教人执行的能力，给人执行的条件，高效能的执行机制便能创立。

当然，事物内在的规律总是难免显得抽象，揭示事物原理的理论也总是难免带着几分晦涩。为了力求通俗易懂、深入浅出，进而让人"心动"的同时更能"行动"，笔者秉持支实招、成实事、创实效的指导方针，努力做到理论与实践紧密结合，艺术性与科学性高度统一，并注重案例引导、理论升华，坚决杜绝玩噱头而取悦读者的功利做法，同时注重科学性、系统性。

本书共分为六大部分，其中"第一部分"主要是引导人们从身边的凡人琐事开始认识"凡事执行不力皆因机制乏力"；"第二部分"意在从生活事例到工作案例，帮助大家通俗地认识和理解机制；"第三部分"力图从科学的角度告诉人们好的执行机制必须遵循的基本原则；"第四部分"主要有意让人们知其然还知其所以然地掌握创建管理机制的理论原理；"第五部分"期望通过中外经典案例，让人们在理论联系实践中深受启发；"第六部分"遵循感性认识到理性认识的升华途径，从八大方面介绍新形势下高效能执行力机制的创新。

作为人力资源管理专业研究者、实践者，笔者认为人力资源管理的现代化，首先必须在管理理念上现代化，其次是管理机制要现代化。当然，在当今信息化大时代，人力资源管理现代化还离不开信息化这一基础建设。于是，《人格创新人生——高效能人士的 11 项锤炼》、《高效能团队建设》和《高效能管理机制》应运而生。

都说一流的战略加上一流的执行能够成就伟大的组织；一流的战略加上二流的执行可能成就优秀的组织；一流的战略加上三流的执行只能成就盛极而衰的组织。相反，二流的战略加上一流的执行能够成就卓越的组织；二流的战略加上二流的执行能够成就成功的组织；没有战略只要有一流的执行同样能够成就发展的组织。因此，本书所阐述的内容，即旨在帮助各类组织及其领导者、管理者将组织目标及组织愿望简单高效地落到实处。但受个人学识水平、经验能力等因素制约，本书许多方面都可能存在诸多不足，诚望借此抛砖引玉，以期为中国管理现代化特别是人力资源管理现代化尽一份力发一分光。

最后，笔者要真情感谢我的导师、著名军事经济学家、军事人力资源专家罗敏教授，是他引领我走上了人力资源管理之路；也要感谢军事科学院王幸生将军和中国"红色管理"专家李凯城老师，是他们给了我理论启发、人格感召、写作指导；当然我还永远不敢忘记中央军委后勤保障部李昌平大校和《中国军队政治工作》杂志社韩金强编辑的倾心帮助，正因为他们的无私帮助才加速了

《高效能管理机制》的面世。对于 94833 与 94836 相关部队、军事经济学院、中部战区 20 军 60 旅前锋团队的领导、同事、校友、战友们的支持和帮助，在此一并感谢！

张周圆

2017 年 3 月

# 目 录

# 第一部分

# 凡事执行不力皆因机制乏力

世人大大小小、多多少少、性质不同、程度有别地都存在习以为常但阻碍发展的烦恼与困惑——有志者困惑现实与理想出入大；夫妻间困惑爱人没有当初想象的那么合拍；家长困惑自家的孩子不如邻居家孩子听话；领导困惑下属的悟性与工作能力实在差；带兵人困惑新时期战士太有个性执行任务常把折扣打……

其实，习以为常实非常——平庸者对生活事务听之任之，成功者则努力于支配和控制；恶果多因过程缺——许多重大事故其实都是有章不循、有禁不止的集中爆发；抓落实乃领袖"范"——作为中国当代领导者的领袖、榜样与楷模，习近平主席深得人民群众拥戴的范式，多少源于他的"抓落实"；方式一转奇迹现——在杂草地里种上庄稼，才是除去杂草的最好方法；神奇背后有推手——人世间许多的奇迹，大多由没有条件的组织或个人创造，其奥秘就在于背后的作用因素。

# 一、习以为常实非常

你剥过熟鸡蛋吗？如果剥过，是不是和大多数人一样先敲破一头，然后从下往上或从上往下抠成碎片？如果真是这样，那你一定见识过蛋白沾壳或剥不干净的情景。其实，鸡蛋的腰部周长最长，只要横着搓或敲，然后沿着开裂的腰部往两头一扒，蛋壳就可能成两半脱落。

大千世界，许多事情常常就是如此容易让人习以为常。而且由于人们生长的社会环境不同、所处的社会地位不同、扮演的社会角色不同，从而看问题的出发点、对问题的处理方式等可能迥然相异。但可怕的是，许多时候只因为人们社会文化方面的习惯、思维方式方面的习惯，以及为人处世方面的习惯，时常被自我所束缚，往往可能一叶障目，甚至破坏本来的美好。

20 世纪 70 年代末 80 年代初，结束十年动乱的中国开始改革开放。为了接待越来越多的国际友人，国家决定建设一家国际性的大饭店。但由于当时国内建筑方面的杰出人才青黄不接，因此饭店的设计就成了一个大问题。

但巧的是，这时候国际著名建筑设计大师贝聿铭回国探亲。于是，贝聿铭接到了祖国政府的邀请，受命设计这座饭店——香山饭店。

贝聿铭本是苏州望族之后，成年后，他即长期生活在美国，并先后求学于麻省理工学院和哈佛大学。特殊的家庭背景与社会成长背景，使这位美籍华人的身上有着典型的西方理念和中国思想。他擅长从事大尺度的都市建设案，并积累了丰富的土地使用经验。他的建筑设计往往不单考虑建筑物本身，而且更关切把环境提升到都市设计的层面，着重创造社区意识与社区空间。事实上，建筑融合自然的空间观念，主导着贝聿铭一生的设计。

由政府规划的香山饭店位于北京西山风景区的香山公园内，坐拥自然美景，四时景色宜人；依傍皇家古迹，人文积淀厚重；植入公园环境，水清气新人雅；周边交通发达，五环路网纵横。市区公务专车，能够顷刻而至。实为公务接待胜地、休闲旅游佳境。

作为美国建筑学会金奖、法国建筑学金奖、日本帝赏奖获得者，贝聿铭曾由美国总统授予过"自由勋章"和由法国总统授予过"光荣勋章",被誉为"现代建筑的最后大师"。既为大师,贝聿铭自然有他独特的风格——他奉行"建筑是千秋大业,要对社会历史负责";他喜欢持续地对形式、空间、建材与技术等进行研究探讨,以使作品更丰富、更优秀。

贝聿铭是一个"认定对的事情就要不顾一切去完成"的人,这种精神也是一个有抱负的建筑师所必需的。而且,贝聿铭有一个一贯的想法——"越是民族的,越是世界的"。因此,他接受任务后,不辞劳苦地走访了北京、南京、扬州、苏州、承德等地,寻找灵感,搜集素材,最后决定以建筑一系列不规则院落的布局方式,使香山饭店与周围的水光山色、参天古树融为一体,成为具有浓郁中国风格的建筑。虽然香山饭店的规模不算大,但贝聿铭认为也应该"体现出中国民族建筑艺术的精华"。因此,在贝聿铭看来,这个任务不仅仅是一个简单的建筑设计,更是国际友人到中国后对中国的第一印象,必须既要体现中国古老的文化特色,又要体现中国现代化的欣欣向荣。

贝聿铭饱含深情、倾注心血、精心设计。他把设计工作当作对祖国的报答和表述。他对饭店里里外外每条水流的流向、水流大小、弯曲程度都作了精确的规划;对每块石头的重量、体积的选择以及什么样的石头叠放在何处最合适等都有周详的安排;甚至对饭店中不同类型鲜花的数量、摆放位置,以及如何随季节、天气变化调整等都有明确的说明,可谓匠心独运。

设计完工后,贝聿铭曾去视察饭店的建设进度。可让贝聿铭意外的是,他发现建筑方竟然把他的一些设计理念更改了。工人们更是在施工时对这些"理念"毫不在乎,随意"创新"——他们改变水流的线路和大小,选择石头时不分轻重。在不经意中,他们还"调整"了石头的重量甚至形状,而石头的摆放位置更是随随便便。看到自己的精心设计被无端演化成这个样子,贝聿铭伤心至极,也曾多次据理争论和沟通。

在饭店快要竣工的时候,贝聿铭又去视察了一次,这次他发现自己原来设计在饭店前面的小广场也被更改了。

身为美国艺术文学院终生院士、法国建筑学院海外院士、英国皇家艺术学院名誉院士等荣誉的国际大师,贝聿铭有过许多蜚声全球的建筑作品,如"摩根大楼"、"中国驻美大使馆"、"丹佛美国国家办公楼"、"卢浮宫玻璃金字塔"……但香山饭店竣工后,这座建筑并没有像贝聿铭其他的作品一样辉煌,而是被贝聿铭自认为是设计生涯的败笔。之后,贝聿铭几乎不相信香山饭店是他的设计作品,也一直不愿意再去看他的这件作品。

国人万万不会想到，在施工者看来完全可能是习以为常的"创新"，但对于设计者来说可能却是永远的心病。痛定思痛：如果贝聿铭一开始就有某种措施保证施工中不打折扣，哪怕是与政府有相关合同条款约定，其情形最后又会怎样？

其实，设计师的构想屈于施工者的习惯被走样的事例并非偶然现象。不但工作如此，而且生活中类似的困惑更多。

社会好比大舞台，生活在地球上的人们不管富贵贫贱、身在何处，每天都自觉或不自觉地在不同时间、不同场合转换着家庭、组织、生活、工作等不同的角色。尽管人们所处的社会环境与地位有所区别，但环绕在身边的同样是生活事务、工作任务、人际关系等组合的现实。世人每天一觉醒来，这一连串的事情就会接踵而至。成功者与平庸者的区别，莫过于表现在对这些事情的态度与处理方式——平庸者习以为常继而听之任之，结果哪怕好的机遇也被变成路边野草；成功者善于发现异常而支配控制，结果再不好的境遇也能变成前进的动力。而且，生活中习以为常的琐事往往如此：因势利导，结果就会良性循环，进而给生活增添色彩，让人生更加出彩；麻木不仁，其结果则可能恶性循环，把本来不易的生活推入困境，给人生带来重重困惑。

剖析社会现象，我们不难发现：世人大大小小、多多少少、性质不同、程度有别地都存在习以为常但阻碍发展的烦恼与困惑——有志者困惑现实与理想出入大；夫妻间困惑爱人没有当初想象的那么合拍；家长困惑自家的孩子不如邻居家孩子听话；领导困惑下属的悟性与工作能力实在差；带兵人困惑新时期战士太有个性执行任务常把折扣打……

先看看个人管理、个人目标落实不到位现象：现实中人们总爱用"有志者事竟成"、"是金子总会发光"等格言自勉自励，这当然十分必要。不过，世间谁人没有过理想？谁人又一开始就甘心平庸？然而，对于大多数人而言，理想总是很丰满，而现实却是超骨感。例如，不少当年想成为女能人的超女，日后却像剪了翅膀的老母鸡，最终沦为下岗工人、家庭妇女；当然更有年轻时踌躇满志、指点江山、激扬文字的志存高远者，在岁月磨砺下早已习惯了朝九晚五的上班族生活，而且其中还不乏有"刚领完工资就等下月发薪水、刚进入工位就等太阳西下早下班、刚进入不惑之年就等60岁到来好退休"的"三等"公民。让人最感老天不公的，是"人比人气死人"——身边一些本来比自己学习差、条件低、头脑笨的人，却在若干年后后来居上，实现了乌鸡变凤凰的蜕变。

事实上，人的命运千差万别，幸运与厄运常常不期而至——他，一个从小学一年级开始就年年被评为"三好学生"的学霸，从小立下当作家的宏伟壮志。可就在高中毕业那年，父亲突然检查出患上癌症，因此他不得不常常放下学业而请假到医院陪侍父亲。三个月后父亲去世，自己也高考失利名落孙山，但之后还不得不用稚嫩的肩膀挑起赡养母亲、养家糊口的担子。正式参加工作并立业成家后，爱人不久却下岗而无力在经济来源上共同奋斗。儿子长大后，母亲又双目失明且卧病在床……尽管如此，他还是不甘平庸努力创业，但屡战屡败又屡败屡战。就这样，他常常感觉自己拼命挣扎，但命运总不让他有恢复元气的机会。他感觉自己的人生就像拉车上坡，而亲人这时不但不能帮助推车反而需要坐在车上等待他一次次发力。50 岁之后，他最终决定放弃自己的理想而做好传、帮、带，把自己的力量贡献给儿子，以形成合力全力推助后代理想的实现。

现实就是这样，常常忤逆理想。但不论你是否理解或能不能接受，现实却客观地表现为理想的基础。相反，理想却总是表现为未来的期盼，顶多算在未来有可能演变成的现实。因此，可悲的是，现实中人们常常对脱离现实的理想表示赞赏，对脱离现实的奋斗也习以为常，甚至视"心比天高命比草贱"或"命运天注定"为公理。其实，人不能左右命运，然而可以调整自己；人不能改变现实，但却能选择未来。当人们感到现实与理想出入过大时，应该以"山不过来我就过去"的智慧避免头破血流；应该调整自己的关注圈或影响圈，使自己的所作所为都变得力所能及。

人人可能都享受过爱情的甜蜜，但婚姻的幸福却并非人人可以获得。如果留心身边的事实，我们不难发现，近年离婚率可谓居高不下，且其中重要起因，大多并非水火不容的大是大非，反而都是鸡毛蒜皮的生活琐事。汪峰，当代不少青年人的偶像，中国摇滚歌手、音乐创作人、作词人、作曲人。他中学阶段即跟随中央音乐学院交响乐团赴欧洲及亚洲各国演出，中央音乐学院本科毕业后即进入中央芭蕾舞团任副首席小提琴师。可谓才华横溢、前途无量。然而，他与第一任妻子——原四川某电视台主持人齐丹一见钟情，但婚姻未持续一年就匆匆画上句号。与小他 16 岁的"纳爱斯杯十佳模特"、"法国皮尔卡丹国际模特大赛亚军"葛荟婕结合，本来真可谓郎才女貌，只可惜汪峰嫌弃年轻的葛荟婕贪玩任性，不懂得做贤妻良母，只好单方提出离婚。

当然，汪峰多次的婚姻破裂也许只是现实中的普通缩影，甚至在娱乐圈根本算不了什么，但我们应该客观地看到，正因为人们对"合则聚，不合则离"俗训习以为常，才可能导致在夫妻矛盾上处理不当。事实上，人们主观上对于美好婚姻的向往与追求亘古不变——君不见，古今中外哪一对步入婚姻殿堂的新人不是起誓"永结同心"、"百年好合"、"白头到老"？哪一对面向婚礼主持人、证婚人的情侣不是起誓"无论贫穷还是富有、疾病还是健康，都始终相爱相敬、不离不弃"？哪一对共同生活的夫妻不希望相依相伴的同时更是心心相印和心心相随？

可是，生活的现实总是在揉碎一段段婚姻的同时，留给当事人一串串疑惑——我为什么留不住他（她）？我的婚姻失败到底出错在哪儿？其实，试问有多少女人努力过：满足男人的胃男人就不再外出买醉？又试问有多少男人尝试过：肯定女人的家务劳动、赞赏母性的伟大，女人就不再因为困在家中而抱怨憔悴？

在讨论了婚姻困惑之后，我们再来看看儿女教育这一凡人常有且常常无可奈何的困惑。

他是少有的肩章上镶嵌着将军麦穗的文职三级以上的副军级专家，曾荣获国际音乐盛典终身成就奖、中国电影音乐特别贡献奖、全军教学改革成果一等奖。他的唱片《红星照我去战斗》在 20 世纪 70 年代发行量就达到了 300 万张，创下了当时中国歌手唱片发行量的最高纪录。他还四次荣立三等功，享受着国务院特殊津贴。然而，即使是这样一位蜚声海内外的风云人物，却也因为平时对儿子的飞扬跋扈习以为常，最终把自己弄得身败名裂——2011 年 9 月 6 日晚，他的儿子在北京市海淀区亿城西山华府小区门口伙同其友将彭姓小区业主夫妇打伤，因此被公安机关拘留。为此，作为父亲，他不得不亲自出面前往医院探望伤者并道歉。2013 年 2 月，他的儿子又因涉嫌强奸罪被刑事拘留，并于同年 9 月 26 日由北京市海淀区法院公开宣判处有期徒刑 10 年。为此，他悲痛欲绝并几度入院。之后虽然偶尔强作欢颜出现在公众面前，但终因自惭形秽倍感底气不足从此深居简出。

虽说"父母教不乖自家的儿女"是现实中的一定现象，然而一些农村家长以默默无闻的朴实付出即教出富于大爱的子孙后代却也绝非凤毛麟角。另外，有一句俗话称"龙生龙，凤生凤，老鼠的儿子会打洞"，略看不免偏颇，但从本质上深究却不失道理：因为后代的教育最关键的在于其人格培养——塑造好其健全的人格，其他一切则是提纲挈领。君不见，现实中许多尔虞我诈投机钻营的小商人家长，其子女不少也成长为只有一身铜臭的土豪。他们之所以同样崇尚弄虚作假、短斤少两，与其父母缺乏大格局、高境界不无关系。

家庭教育的核心是培养后代健康的人格。但当今一个非常大的危险，那就是被知识或技能教育所掩盖的"教育的荒废"：表面上看教育抓得很紧，而实际上真正的教育被忽略。比如心灵的教育、生活的教育、健康人格的培养等都被严重忽略。君不见，"孩子，只要你把学习搞好了，别的什么都不用你管"这句话几乎成了国民的共识。而实际上，这种教育可能祸及孩子一生：他们不会照料自己，不会处理人际关系，没有敬畏之心，承受不了失败甚至成功的考验，缺乏合作意识，等等。所以，当人们为儿女的不听话所困惑时，是否应当考虑以人格培养来实现纲举目张之效？甚或，当人们遭遇小孩诸如哭闹要礼物这类琐事时，是否考虑过以相关努力激励孩子自己去争取？

谈及工作方面的管理与被管理关系，想必大凡管理者都有同感——笔者还在上小学时，常常遭遇管理困惑，并曾有感而发地写作《当班干部也有难处》文章，公开发表于《小学生之友》杂志。这种现象如果只是小孩子不懂管理的表现，那么时下许多杰出管理界领袖们的困惑就足以说明管理困惑的普遍性。例如，军人出身的企业家、华为企业集团创始人任正非就曾常常困惑下属不能很好地正确领会他的战略意图，以至于下属开玩笑地解释：鸟语对猪语怎么能沟通？任总是飞上了天的人，思想高度太高，说的话好比是鸟语；而一般人还是走在地上的动物，思想境界有限，甚至常常比猪还笨。

大组织有大组织的困惑，小单位有小单位的烦恼，这种现象似乎俯拾皆是。有这样一个故事：老板叫一员工去买复印纸，员工去了，不过他按平时个人习惯只买了几张回来。老板大叫：几张复印纸，够什么用？我们至少要三摞！员工第二天又去买了三摞复印纸回来。老板一看，又叫：你怎么买了 B5 的，我要的是 A4 的！员工过了几天，又买了三摞 A4 的复印纸回来。老板这次是忍无可忍地骂道：买个复印纸，你怎么买了一个星期才买好？员工却小声嘟囔：你又没有说什么时候要。就这样，一件买复印纸的小事，员工跑了三趟，老板气了三次。

如果说这类指令不明的差错还只是员工能力不及所致，那么在管理圈里则更有员工主观故意的有意犯错故事：有位从北京航天城转业的军官，脱下军装后选择了自主创业。这是一位论阅历有阅历、论学历有学历的能人——年轻时参加过边境自卫反击战，之后以全团第一名成绩考入军校，再后来从基层带兵人成长为高科技部队师级单位党委常委。按常理，他认为自己长期从事管理工作，创办一个小企业，带领不足一个排建制的几十号员工，完全应该是驾轻就熟、小菜一碟。谁曾想公司成立后，请了几个员工从事电话营销，工资不比同类企业低，福利逢年过节从来也不少，但营销团队表面上对工作十分抓紧，而且天天加班加点组织晨会夕会，成功学的励志措施也一套一套，可就是一个月接着一个月地不长业绩。后来他跟班营销部作业，发现营销人员表面上看都在积极工作，但不少人却借上网查资料或是与客户沟通的名义在与朋友聊天，甚至有人在工作时间上网为自己跳槽找下家。

事实上，许多创业者在开创事业的过程中都曾产生过这样或那样的困惑。比如：为什么所招聘的人在面试的时候看起来十分优秀，但招至麾下后却屡屡表现失当，不能按照职务的要求完成工作？

不但创业者如此，而且不少职业经理人在管理常态化运行的成熟企业时也曾有过这样的烦恼——为什么为某个员工加了薪升了职，他却依然拂袖而去，甚至毅然倒戈投向本来的竞争对手？

即便是一些合作共赢的经营项目，许多项目投资人在投资授权过程中也曾有过这样的不解——为什么把企业或重要项目全权交给某个人才管理，而对方却不能全心全意共同创业，反而另起炉灶？

当然，管理是一个公认的绝对复杂的话题，它需要科学性与艺术性高度统一又灵活运用，需要因时、因事、因势、因人、因地变通。不过，管理中的问题常常犹如人被困于地窖中而求出路，这时如果按照常规思路企图寻找门窗逃生，显然是徒劳无益的；这时值得去做的事是通过天窗另辟新途！

军队是一个相对具有较高执行力的组织。都说军队应该"将帅有赴死之心，士卒无贪生之念"。可曾几何时，许多基层部队却并没有以战斗力为标准治军练兵。甚至为了表面上的政绩，常常投机取巧地"危不施训，险不练兵"。笔者是一个作战部队的当代基层带兵人，当然多少也感受过带兵的酸甜苦辣。中央电视台军事栏目在 2016 年 5 月 4 日的"军旅人生"节目中，就提到了一件事：原沈阳军区驻辽东某油料仓库有一新战士，班长布置他去修改库区接地测试值数据，结果他虽然把电阻值修改了，但测试人和测试时间却没有作相应修改。要知道，登记一次接地测试值需要围绕库区跑 20 多公里，七八十处的接地点跑一圈要花费一整天的时间。就因为新战士没有相应修改测试人和测试时间，结果部队只好第二天派人重新作业一次。此类现象当然并非绝无仅有——北部战区空军某雷达站指导员房怀玉也曾经在执行力上出现打折，他刚到雷达站时，认为值班时间出去几分钟解个手应该不算工作打折，不曾想就在他出去解手的时间出现空情，好在弥补措施及时，没有酿成大的事故。之后，房怀玉自己还发现，从宿舍到值班室本来只要 2 分半钟，可大家就是习惯性地认为 3 分钟与 2 分半差不多，因此长期都用 3 分钟上班上哨。其实比这更严重的，当属过去的各种训练没有"战场观"，演练犹如表演，只注重观赏性，不注重实战性，完全本末倒置。这些事情从被管理者的角度往小处看可谓是再普通不过的人之常情的小事，但从管理者的战略角度往大处看却件件都是执行力打折扣的本质问题。特别对于军人来说，这些可能都是决胜的要素——按"差不多"执行往往就会差得远！被誉为"北部雷达第一站"指导员的房怀玉自从认识到问题的严重性之后，他决意做"标准哥"

而挑战"差不多先生"。他从此养成习惯：随身携带卡尺和秒表两件宝贝，遇事都严格按照高标准执行。他认为："只有时时高标准，才能做到万批空情无疏漏、全年战备无差错。"他感悟：只有凡事保持高标准，才能更好地完成工作和任务。

工作、生活，社会、家庭，组织、个人，各类执行力困惑虽然总是在所难免，但主动控制、因势利导不但必要而且可能。不过，从根本上避免执行力不力的措施往往不在管制而在机制——"哪里有压迫，哪里就有反抗，就有斗争"，这似乎是管理活动中司空见惯的悖逆。所以，任何时候、任何地方、任何组织、任何人员，其态度上的积极性和行为上的主动性，即高效能的执行力，根本上取决于"我要做"而非"要我做"。只有变传统的外在驱动为新时代的内在驱动，即人人在执行时做到自觉、自律、自主、自发、自动，如此，任何管理工作才可能实现无为而治。

# 二、恶果多因过程缺

俯瞰社会、组织、个人种种失常现象，许多重大事故其实都是有章不循、有禁不止的组织过程欠缺的集中爆发；许多管理错误只是战略花哨、战术错位的策略措施落实不力的社会反映；许多违法犯罪甚至不过是修养不够、情商欠缺的平时个人管理不到位的必然冲动。

2016 年 11 月 7 日至 9 日，天津港 "8·12" 瑞海公司危险品仓库特别重大火灾爆炸事故系列案件陆续在天津第二中级人民法院和滨海新区法院等 9 家基层法院开庭审理并作出一审宣判，49 名被告人被判处死缓到一年六个月不等的刑罚。

事件发生于 2015 年 8 月 12 日，当时位于天津滨海新区塘沽开发区东疆保税港区的天津瑞海国际物流有限公司所属危险品仓库发生爆炸。这是中国近年来代价最高的灾难事件，经国务院调查组认定，这起爆炸事故是一起特别重大的生产安全责任事故。

天津新港位于天津市海河入海口，处于京津冀城市群和环渤海经济圈的交汇点上，是中国北方最大的综合性港口和重要的对外贸易口岸。据事故主要责任单位、当时的瑞海国际物流有限公司官网介绍，该公司是天津海事局指定的危险货物监装场站和天津交委港口危险货物作业许可单位；其仓储业务中主要的商品分类，基本上都属于危险及有毒气体。事后让人啼笑皆非且发人深省的是，公司官网显示其安全文化的方针是"更科学、更严谨、更规范，对生命负责"；同时，公司格外强调"安全"，并称"金钱再好，没有生命美好；时间再紧，没有安全要紧"，主张"安全不是万能的，没有安全却是万万不能的"。然而事实却是：2015 年 8 月 12 日 23：30 左右，天津滨海新区集装箱码头火光冲天，高数十米的灰白色蘑菇云瞬间腾起，随后爆炸点上空被火光染红，现场附近火焰四溅。当时，国家地震台曾在官方微博"中国地震台网速报"发布消息，称"天津塘沽、滨海等，以及河北河间、肃宁、晋州、藁城等地均有震感"。

据事发 1 个月后统计，这次爆炸事故共造成遇难人员 165 人，失联人员 8 人，受伤人员 798 人；304 幢建筑物、12428 辆商品汽车、7533 个集装箱受损。

由于爆炸中心临近进口汽车仓储地，仅大众、雷诺、路虎等数千辆进口新车因爆炸事故焚毁的价值就超过 20 亿元。同时，由于爆炸影响，距离爆炸现场仅几千米的国家超级计算天津中心楼房也受损，超级计算机"天河一号"出于安全考虑不得不人工关机。还有，爆炸导致门窗受损的周边居民户数达到 17000 多户，另外还有 779 家商户受损。而且，本次事故对事故中心区及周边局部区域大气环境、水环境和土壤环境都造成不同程度的污染。

事后，经国务院"8·12"专门调查组认定，事故是由于瑞海公司严重违反有关法律法规所致——该公司无视安全生产主体责任，严重违反天津市城市总体规划和滨海新区控制性详细规划，违法建设危险货物堆场，违法经营、违规储存危险货物，安全管理极其混乱，安全隐患长期存在。

调查组同时认定，有关地方党委、政府和部门存在有法不依、执法不严、监管不力、履职不到位等问题。天津交通、港口、海关、安监、规划和国土、市场、质检、海事、公安以及滨海新区环保、行政审批等部门单位，未认真贯彻落实有关法律法规，未认真履行职责，违法违规进行行政许可和项目审查，日常监管严重缺失；有些负责人和工作人员贪赃枉法、滥用职权。天津市委、市政府和滨海新区区委、区政府未全面贯彻落实有关法律法规，对有关部门、单位违反城市规划行为和在安全生产管理方面存在的问题失察失管。交通运输部作为港口危险货物监管主管部门，未依照法定职责对港口危险货物安全管理督促检查，对天津交通运输系统工作指导不到位。海关总署督促指导天津海关工作不到位。有关中介及技术服务机构弄虚作假，违法违规进行安全审查、评价和验收。

在组织管理方面，当下最具代表性的当属企业经营活动。市场上，哪家公司不想冲出亚洲走向世界？哪个企业不想从小到大百年长青？但这些美好愿望如果得不到有效实现，哪怕曾经再轰轰烈烈最终不过昙花一现。"三株"、"巨人"、"飞龙"、"万杰"、"南德"、"秦池"、"爱多"、"亚细亚"、"瀛海威"……这些曾经在中华大地拔地而起、掷地有声、红遍大江南北的企业与品牌，可如今的事实却是"三株"早已枯，"巨人"走不动，"飞龙"折了翅，"万杰"患重病，"南德"再难得，"秦池"醉不醒，"爱多"缺了爱，"亚细亚"虚脱，"瀛海威"无威……如果人们认为这些只不过是已经成为历史的过去的故事，那么我们不妨再看看当下的事实。

"宅急送"今天经营得还算风生水起，可 2008 年差一点陷入关门倒闭的境地。

陈平，"宅急送"创始人，中国民营物流第一人。他 1959 年出生于湖北天门，1978 年参军入伍，1990 年转业留学日本，1993 年回国筹办并于 1994 年正式创办"宅急送"，2006年曾以8亿元身价名列胡润百富榜。

陈平在日本留学的时候，曾给自己写下了"东渡扶桑，无非是为了寻找让自己人生为之一振的事业"的座右铭。1993年回国后，哥哥本来推荐他去当拍卖师——工作高雅，和有钱人打交道。可陈平内心反倒并不热爱"工作就是吃饭、吃饭就是工作"的工作方式。于是，他揣着自己在日本打工挣下的几十万元钱，在北京把日本的"宅急便"业务本土化成他自己的"宅急送"公司。

在陈平的打理下，"宅急送"不久便发展到8000多名员工，1200多辆车。据此，陈平进一步花了5000万元在全国所有的二级城市布点，形成了"天罗地网"。在他的办公室里，曾挂着这样一幅字画："联邦快递，宅急送离你还有多远？"他把世界一流的"联邦快递"作为自己的挑战目标。他就像一个运动员，一门心思只想斩获奥运会冠军。他把自己企业的目标定位在"中国的联邦快递"；他决意要有自己的飞机，要把业务发展到国际。

正逢此时，美国华平投资集团找到了陈平。经过谈判，"华平"和"宅急送"达成合作意向：在2008年向"宅急送"注入3亿元。

陈平的作风是快速、果断。虽然"华平"的资金还未到位，但"宅急送"很快就开始了扩张行动。2007年10月，在陈平的主导下，"宅急送"实施了新一轮的战略转型，其力度之大出乎想象——据"宅急送"内部员工介绍，从2007年10月起，仅仅在半年多的时间里，"宅急送"就在全国新建网点近3000个，新增300辆物流班车，新包租航空线路200多条，新招小件操作人员6000多名。

就在"宅急送"迅速"招兵买马"而陈平也准备大展宏图的时候，却不料一场危机突然悄悄降临：2008年5月，"华平"分期注资的方案先在商务部审批受阻，后来由于美国爆发次贷危机，投资"宅急送"的3亿元最终成为泡影。

为进行转型和扩张，"宅急送"自己已经先行陆续投入近2亿元资金。如果继续改革，资金链完全有可能彻底断裂；如果放弃改革，则意味着前功尽弃，过去一年来所做的所有努力都将付诸东流。而且，之前所有的架构已经拉开，现在突然失去资金支持，这对于"宅急送"来说就好比刚摆开战场就弹尽粮绝，因此企业一下子到了生死存亡的边缘。

2008年9月，"宅急送"董事会做出决策：大面积收缩战线并裁员3000余人，以期开源节流渡过难关。同年10月，"宅急送"宣布陈平暂时休假，工作移交。同年年底，陈平辞去了"宅急送"一切职务，全身而退。

陈平的大哥陈显宝在一次访谈中表述："2008年宅急送发生的危机，表面上看是由于快速扩张，资金链面临断裂的危机，实质上是管理的危机。"因为，企业成功的理由尽管千差万别，但企业失败的原因却永远只有一个，那就是企业构想不能有效变成现实——"宅急送"缺少资金支持只是表象，而深层原因同样是企业的宏伟战略难以落实到位。这一点在后来陈平再次创办和经营"星晨急便"并由盛至衰的事实中得到证明——陈平二度潮起潮落，但"星晨急便"2012年3月之后却不再闪烁。

笔者在国防大学出版社出版的《人格创新人生——高效能人士的11项锤炼》一书中提及林森浩这样一个令世人惋惜甚至同情的反面人物——林森浩，广东汕头人，从小学习刻苦、成绩优秀，高考时以680多分的高分考入中山大学医学院。但进入医学院学习了一年半，他还处于"浑浑噩噩"的状态，听到"医学神圣"之类的话语时，也没有什么感觉。直到他在广东当地一家医院见习后，思想才发生了转变——当时，林森浩在急诊科实习，一次来了一名昏迷患者，其妻子在旁边焦急万分，直到医生说了句"没事"，家属才放下心来。林森浩自此收获了学医的动力，并在一次自愿献血活动中表示："爱心是一个医务工作者必不可少的。"

2010年，林森浩因成绩优异被中山大学推荐，免试进入复旦大学医学院攻读硕士研究生，并安排在中山医院见习，可谓前途无量。可是，2013年3月31日，林森浩却将随身携带的剧毒化学品注入室内的饮水机中，致使室友、硕士研究生黄洋第二天上午从饮水机中接取并喝下。之后，黄洋虽经医护人员全力抢救，但仍于同年4月16日死亡。

就这样，一个本来应该是品学兼优的社会栋梁、青年才俊，只因一时冲动便180度大转向，变成了令人唾弃的杀人犯。

林森浩曾是家族的希望并让家族引为骄傲。事件发生后，他的家人在悲痛欲绝之际，曾想方设法力图留下林森浩这一年轻的生命。他们三番五次赴成都向被害人家属道歉，企求得到被害人家属的原谅；同时更是不断奔走于广州、汕头、上海、北京等地，希望得到相关部门和人员的理解与帮助。他们曾向最高人民法院提交了由谢通祥与多位专家撰写的系列《请求最高人民法院不核准并撤销林森浩死刑意见书》，直到执行死刑前一日，林父还上北京向最高人民法院提交了《暂缓执行林森浩死刑申请书》；同时也向最高人民检察院提交了《林森浩案死刑复核抗诉申请书》，希望能抓住林森浩"重生"的最后一根稻草。

在得到林森浩被判死刑的消息后，复旦大学同学不无惋惜。该校177名学生曾联合签名了《关于不要判林森浩同学"死刑"请求信》寄往上海市高级人民法院，希望国家、社会、法院综合考量，慎重量刑，能给林森浩一个重新做人的机会。附在一起的还有另外一份《声明书》，建议给被告人林森浩一条生路，让他洗心革面，并在将来照顾受害人黄洋的父母。

高中同学小吴曾这样评价林森浩：高中时待人真诚、和善，但性格比较安静，很腼腆。据说大学期间也没有恋情，直到确定好工作，才有了想交女友的意愿。"不过，他有时候有点古怪，不太顾及别人的感受，想做什么就做什么，活在自我的世界中。""会做一些不可思议的事情，比如跟同学一起玩，他不打招呼就跑了。"

一审和二审中，林森浩自己在反思平时个人管理时，也一再检讨：自己有点形成了讲话或者做事不计后果的这种习惯；不考虑事情的后果，不考虑别人的感受。他在一审被判死刑后，还在看守所写下给父母的唯一"家书"，推荐父母和姊妹们读一本叫做《心灵控制术》的书，并嘱咐他们克服自身性格缺点，成为精神富有的人，好好生活、展望未来。后来他还感叹："此生虽然短暂，之前都投入到学业之中，缺乏心灵的滋养，导致酿成大错。希望我的悲剧能让世人吸取教训；希望一起相处的人，能多些体谅和友爱。很多一念之差的错事，希望能借助爱和谨慎，悬崖勒马，铸剑为犁。"

林森浩"缺乏心灵的滋养"和"不计后果的习惯"，换来的是判处死刑、剥夺政治权利终身的结果——2015年12月9日，最高人民法院最终还是下发了核准林森浩死刑的裁定书。同年12月11日，林森浩被依法执行死刑，终年29岁。

"复旦投毒案"虽然随着林森浩生命的消逝渐渐远去，但留给世人特别是那些因林森浩犯罪而牵连的被害人亲属的伤害和因林森浩犯罪而牵挂的亲人、同学的伤痛却是永远挥之不去的噩梦与记忆。而且最让人感到惋惜的，是一个天之骄子的自取灭亡。其实只要平时个人管理到位，个人修养到位，则其恶果不但完全可以避免，而且社会为他铺就的可能完全是光明灿烂的锦绣前程。

# 三、抓落实乃领袖"范"

对于决策者来说，最上心的，莫过于决策的有效性，即其所做的决策在相应范围内是否能充分得到贯彻落实。所以，衡量执行力的标准，就是战略、规划、任务是否得到按时按质按量的完成、落实，包含完成的意愿，完成的能力，完成的程度。

作为中国当代领导者的领袖、榜样与楷模，习近平主席深得人民群众拥戴的范式，多少源于他的"抓落实"。

无论是在上山下乡时代，还是在主政地方党政工作期间，乃至后期职位一步步升迁，习近平最鲜明的工作作风都集中于务实。特别是在担任中共中央总书记、国家主席、中央军委主席之后，习主席更是注重"抓落实"，并一再教导"一分部署，九分落实。"足见其对于"落实"、对于执行力的高瞻远瞩。

早在 1990 年 4 月 12 日，中共宁德地区委员会召开会议，学习传达七届全国人大三次会议精神。时任地委书记的习近平在会议中就反复强调：核心问题是工作要抓落实，而且必须从细节做起。他的第一条意见：把七届全国人大三次会议精神迅速传达到各级各部门；各县（市）要认真组织学习人大会议的有关文件，结合各县（市）的实际抓好落实。最后习近平还强调：要把会议精神落实到抓好经济建设、党的建设和惩治腐败上来。并要求领导干部的主要精力要从会议转移到抓落实的迫切问题上。

自 2003 年 2 月 25 日开始持续到 2007 年 3 月 25 日的《之江新语》，曾是《浙江日报》头版的特色栏目，累计发表 232 篇短评。这些文章的作者正是时任中共浙江省委书记的习近平。在《之江新语》中，习近平曾在《落实才能出成绩》一文中提到："正确的战略需要明确的战术来落实和执行。落实才能出成绩，执行才能见成效。"

2011 年 3 月 1 日，习近平在中央党校春季开学典礼上，更是以"关键在于落实"为专题发表讲话。他指出：新中国成立已 60 多年，在革命、建设、改革各个历史时期党和人民的事业之所以能够不断取得伟大的成就，在全国各族人民中我们党之所以能够享有崇高的威望，靠的就是全党同志团结带领人民群众一步一个脚印地把党的路线方针政策变成认识世界和改造世界的巨大精神力量与物质力量。同时强调：我们的所有成就，都是干出来的。这里的关键，就是始终注重抓落实。"如果落实工作抓得不好，再好的方针、政策、措施也会落空，再伟大的目标任务也实现不了。"他还进一步引用典故，说明"抓落实"的重要性——比如战国时期的赵括，只会纸上谈兵，以致40万赵军全军覆没，赵国从此一蹶不振直至灭亡。此类误国之鉴，发人深省。

习主席指出：反对空谈、强调实干、注重落实，是我们党的一个优良传统。他引用毛泽东"一件事不做则已，做则必做到底，做到最后胜利"和"什么东西只有抓得很紧，毫不放松，才能抓住。抓而不紧，等于不抓"等经典话语，说明"抓落实"的必要性。

习主席指出：有些地方、部门和单位抓落实之所以成效不佳，往往与缺乏经常抓、反复抓、持久抓有关。如果抓一阵子松一阵子，热一阵子冷一阵子，不能一抓到底，那怎么能把工作落实好呢？抓落实，一定要防止虎头蛇尾。目标确定了，任务明确了，就要咬定青山不放松，不达目的不罢休。

习主席还借用一幅对联，警示形式主义者。他说：有一副对联，上联是"你开会我开会大家都开会"，下联是"你发文我发文大家都发文"，横批是"谁来落实"，这是对"文山会海"的讽刺。开会是为了了解情况、倾听意见、集思广益，发现矛盾、分析矛盾、解决矛盾；制定文件是为开展和落实各项工作提供遵循和依据。因此，开会和发文件是必要的，也是工作的重要环节。但是会议精神和文件再好，如果不落实，仍会劳而无功。

习主席强调：抓落实的重心一定要放在基层一线，解决落实不到位问题的思路和办法也要到基层和群众中去寻找。

习主席指示：领导干部在重大决策和部署作出之后，还要研究具体办法，明确具体责任，一环扣一环地去抓，这样才能实现各项决策和部署的全面落实。

习主席教导：抓好落实，建立科学管用的制度和机制很重要。要制定强有力的组织措施、考核措施、激励措施，健全抓落实的工作机制。特别是要健全人人负责、层层负责、环环相扣、科学合理、行之有效的工作责任制。

习主席嘱咐：要抓好工作落实，必须完善领导干部考核评价机制。对干部干与不干、干好干坏、干多干少要有明确的区分。要褒奖那些埋头苦干、狠抓落实的干部，教育和调整那些只会空谈、不干实事的干部，问责和惩处那些因弄虚作假、失职渎职造成重大损失和严重后果的干部，努力营造崇尚实干、恪尽职守、

勇于奉献的工作氛围。

自 2013 年 12 月全面深化改革领导小组成立之后，中央已经围绕改革问题举行了 30 多次小组会议。据有关专业工作机构统计，在这 30 多次的小组会议中，习近平主席几乎每一次都提到并强调严格落实各项改革要求的话语。看得出，真抓实干、落实各项改革措施，一直是习近平强调的重中之重。

习主席在 2014 年 2 月举行的中央全面深化改革领导小组第二次会议上明确表示："要把抓落实作为推进改革工作的重点，真抓实干，蹄疾步稳，务求实效。"

2014 年 6 月 6 日上午，习近平主持召开中央全面深化改革领导小组第三次会议又指出：要着力提高改革针对性和实效性。强调：要聚焦、聚神、聚力抓落实，做到紧之又紧、细之又细、实之又实。后来在第四次和第五次小组会议上，又多次强调要将实施方案抓到位，严把改革方案质量关和改革督察关，确保改革改有所进、改有所成。

2014 年 10 月 10 日，全国党委秘书长会议在京召开。习近平主席对此次会议高度重视，在会前作出重要批示：崇尚实干、狠抓落实是我反复强调的。如果不沉下心来抓落实，再好的目标、再好的蓝图，也只是镜中花、水中月。党的十八大以来，党委办公厅系统为落实中央决策部署做了大量工作，发挥了重要作用。这次全国党委秘书长会议又专题研究抓落实问题，希望各级党委办公厅（室）更好地发挥基本职能作用，投入更大的力量、采取更有力的措施推动中央精神的贯彻落实，确保中央政令畅通、决策落地生根。

2015 年 1 月中央召开全面深化改革领导小组第九次会议。作为 2015 年度首次关于改革的会议，习近平强调：各地区各部门要明确任务、落实责任，及早部署，精心组织，提高改革方案质量，加大改革落实力度。

最近的 2017 年 2 月 6 日上午，习近平主席主持召开了中央全面深化改革领导小组第三十二次会议。他不但亲自作了重要讲话，还突出强调：党政主要负责同志是抓改革的关键，要把改革放在更加突出位置来抓。不仅亲自抓、带头干，还要勇于挑最重的担子、啃最硬的骨头，做到重要改革亲自部署、重大方案亲自把关、关键环节亲自协调、落实情况亲自督察，扑下身子，狠抓落实。

法国作家巴尔扎克曾说：风格就是人品；美国作家爱默生亦说：风格是一个人的心声。一个人的语言风格、行为风格等均反映了他内心最真实的想法。综观习近平的领导风格，不难发现总书记自履新以来，多角度、全方位地向全国乃至世界人民展示最多的是他的"抓落实"。在此，我们不妨选取 2015 年 2 月 10 日习近平主持召开中央财经领导小组第九次会议时的一些片断，管窥蠡测习近平的领导风格。

风格一：抓落实，见诚信。他在会议上指出："两年来，中央财经领导小组已经召开了八次会议，确定了不少要办的大事，有必要检查一下这些事是不是落地见效了。"俗话说，人无信则不立。诚信不但是领导者威信的基石，也是最基本的道德规范。只有讲诚信，人与人之间才能互相沟通、尊敬，进而达到社会关系和谐。习近平就是这样一个人，他的行为展现出"钉钉子"精神。对于定下来的决策，他更重视它的落实情况。他奉行一贯的原则：要么不说，说了就要去做，就要为自己的话负责。在这次会议上，他重视之前的决策是否落实了，正体现出他"言必信，行必果"的风范，体现了他是诚实守信的践行者。

风格二：抓落实，重实干。习近平在会上强调："中央财经领导小组是党领导经济工作的重要平台。落实中央财经领导小组确定的事项，要真抓实干。"古人云："为政贵在行"、"空谈误国，实干兴邦"。这是人们在历史的教训中总结出来的重要经验。实干，就要老老实实地干，就要按客观规律干，就要实事求是地干。习近平深知实干的重要性，在《摆脱贫困》的"为官一场，造福一方"专题中，就曾论述过他不主张多提口号，而是提倡行动至上。他一贯重实干，进而让一个个英明的决策得以开花结果。

风格三：抓落实，讲方法。习近平在会上指出："要明确主体责任，主动作为、形成合力。"责任主体明确了、到位了，才能将工作任务落实到人头，才能明确工作职责、工作任务。中央财经领导小组是指导全国各地发展经济的指挥部，其确定的经济大事，涉及中央众多部门。明确主体，大家各司其职，各负其责，协调联动，形成合力，做到全国一盘棋，如此才能落盘有声，声声入胜。

风格四：抓落实，求成效。习近平在会上强调："要重视抓实际成效，善于与时俱进开展工作，确保党中央各项决策落地生根。"各项决策落到实处了，决策的重要性、科学性、惠民性才能充分发挥出来，才能显露出它最大的成效。之前，习近平在《之江新语》中曾语重心长地比喻："抓落实要像敲钉子，钉不到点上，钉子要打歪；钉到了点上，只钉一两下，钉子会掉下来；钉个三四下，过不久钉子仍然会松动；只有连钉七八下，这颗钉子才会牢固。"

不断落实的过程，也是不断解决问题的过程。解决问题需要与时俱进的创新思维、思路、体制、机制，不能按部就班，更不能一阵风、搞形式。一定要不断积小胜为大胜，取得最大的实际成效，让党的形象在落实有为中充分体现出来。

落实是一切工作的归宿，是人们开展工作的全部意义所在。正如中共中央政

治局委员、中央军委副主席范长龙在出席国防大学 2012 学年冬季毕业典礼时强调的：能打胜仗，是我军一切工作的根本出发点和落脚点。"战场打不赢，一切等于零。"

其实从词义上看，"落实"一词实质上包含了两个概念："落"是过程、是措施；"实"是结果、是目标。作出决策和制定政策，事情只是做了一半，另一半而且是更重要的一半，就是努力贯彻到位、获得结果。由此可见，落实是实现决策意图的关键环节，是发挥决策作用的唯一通道。组织与组织、个人与个人的发展差距，其实皆源于目标的落实程度。因此古人云："道虽迩，不行不至；事虽小，不为不成。"

领导之要，贵在力行。目标确定之后，实践和实现是最为关键的。否则，再好的规定，如果不执行，就会形同虚设；再完善的制度，如果执行不力，也会流于形式。正如马克思所言：没有强有力的执行力，任何规定都会变成"来势汹汹的稻草人"。

习近平重视落实，且善抓落实。他抓落实中体现的诚信之风、实干之风、责任之风、成效之风齐头并进，必将融汇成一股强大的落实之风，成为"习式风范"的闪光点，进而成为各级各类组织领导者、管理者的学习点。

# 四、方式一转奇迹现

有这样一个故事：有一年秋天，一位著名的禅师让众弟子坐在他的周围，弟子们已经有些日子没有听到大师讲禅了，于是都期待着师父告诉他们人生的奥秘。没想到，这次禅师竟然只是问了弟子们一个特别简单几乎没有智慧含量的问题："寺庙后山上有几块地已经荒芜很久了，长期杂草丛生。大家都谈谈怎样才能除去地里的杂草吧。"弟子们失望地摇摇脑袋，不屑地在内心表示：没想到大师会问这么简单的问题。一个弟子首先充满自信地说道："这还不简单，用铲子把杂草全部铲掉不就完了！"禅师听后微笑地点了点头，似乎在肯定的同时又有点不满意。另一个弟子善于察言观色，见此情景，便纠偏性地回答："我看可以放一把火将草烧掉，这样又快又好！"禅师依然微笑地点了点头，似乎还是在肯定的同时又有点不满意。第三个弟子平时就总是以点子多、方法新而深得师父的偏爱，刚才趁其他师兄回答问题间隙，他就在以独特的"智多星"思维对问题进行不同的求解。他胸有成竹地说："把石灰撒在草上，这样不但可以除去杂草，而且还能让杂草以后不再长起来。"没想到，这回禅师还是同样地微微一笑，依然似乎在肯定的同时又有点不满意。第四个弟子看了看几个尴尬的师兄，显出几分拘谨又略带几分试探地说："他们的方法都不理想。俗话说：斩草必须除根。我想应该把杂草连根一起都挖出来。"可是，禅师还是不加肯定地和蔼地笑了笑……等到弟子们都讲完后，禅师说："你们讲得都不错，但措施都不一定最理想。这样吧，我将这些地分成小块，包括我在内，每人分得一块。从明天起，我们就按照各自的方法去除草，明年的这个时候用事实检验各种措施的效果吧。"

第二年秋天，弟子们如约相聚在那些地块的旁边。可映入他们眼帘的是，禅师所承包的那块地已经不再是春风吹又生的杂草丛生景象，取而代之的是金灿灿的庄稼。

弟子们顿时恍然大悟：在杂草地里种上庄稼，才是除去杂草的最好方法！

人世间常常就是如此，不管是个人提升还是组织发展，墨守成规可能山穷水尽，但换一种方式，展现给人们的就是海阔天空、前途灿烂、前景光明。

军营民谣创始人"小曾"（曾德洪）是西部战区陆军文工团专业创作员，也是笔者的老乡。他退伍18年后二次参军，享誉歌坛、红遍大江南北等人生奇迹，莫不得益于他在走投无路时换了一种发展方式。

"小曾"出生在十分偏僻的井冈山脚下，虽然从小酷爱音乐，但在当时千军万马过独木桥的高考环境下，他连续三年报考江西师范大学音乐系都名落孙山。无奈之下，他没有随大溜地和其他同学一起扛上编织袋南下深圳、东莞打工，而是毅然报名参军，选择了军队这一大平台，来到军营继续寻找他的音乐梦想。在部队，由于"小曾"爱唱歌又会识谱，于是在新兵连时就主动代替班长教歌。"十八岁，十八岁，我参军到部队，红红的领花映照我开花的年岁。虽然没有戴上大学校徽，我为我的选择高呼万岁"，这首歌其实就是"小曾"当时的真实写照。

在20世纪80年代末90年代初毗邻港台的军营环境里，一个士兵在自然状态下的基本心境已经不是《打靶归来》之类的歌曲能涵盖得了的，但港台流行歌曲又与军营气氛格格不入。于是，"小曾"便产生了为这茬兵寻找一种新的表达方式的冲动。他深知自己在音乐创作方面功底不够，在音乐歌唱方面又嗓门不行，于是他主动避开常规音乐创作路子，将"野路子"的民谣大胆引进军营，自己作词作曲创作抒发战士情感、表达战士心声、专属战士的"军营民谣"。于是《你有些想家吗》，即《新兵想家》原稿就这样在新兵连诞生了。可惜，义务兵军旅生涯转眼间就结束了。"小曾"和当时大多数战友一样，三年义务服役期一满，他也不得不带着对部队的无限眷恋，重新回到了他祖祖辈辈生活的那片偏僻山乡。

不能像转业军官一样获得正式工作，"小曾"选择县文化馆先栖身；不能再作为在校学生参加高考，他选择报考成人高校。由于在部队积累了音乐创作经验，"小曾"在1993年重拾课本考上了江西教育学院。

"退役不褪志，退伍不褪色"。曾德洪（"小曾"）时刻牢记向军旗告别时部队领导的教导。他想：虽然已经不是现役军人，但"退伍军人"就是永远的军人。脱下军装的"小曾"依然想念着部队，想念着在那军旗下起步的"军营民谣"。于是他在江西教育学院又抱起了吉他，创作了《当过兵的战友干一杯》、《我的老班长》等兵味十足的歌谣。后来，"小曾"干脆穿上没有军衔、军徽的军装，上高原、下海岛，为包括国旗班、三军仪仗队、李向群部队，中蒙、中哈、中越、中缅边境边防部队在内的全国海、陆、空、武警、火箭军、战略支援部队等各军兵种部队举行600多场个人专场义演。

1996年，"小曾"以一首《我的老班长》登上全国各大城市电台排行榜；后来，《军中绿花》、《老兵你要走》、《杯中酒》、《一个退伍兵的爱情故事》、《兄弟情深》、《离开部队的那一天》、《送战友》、《战士》、《当个英雄》、《战友还记得吗》等歌曲也都成为部队广为传唱的曲目。

虽然早已离开部队，而且嗓音也缺少那么一点点音乐天分，甚至学历也不够那么科班，但这一切都没有阻碍曾德洪"军营民谣"的梦想。就这样，"小曾"始终都没有停止他的"军营民谣"步伐。后来，他多次受到国家领导及军委领导的亲切慰问，还被联合国世界和平基金会中国秘书长授予"联合国人类和平使者奖"。直到2009年5月，当时的成都军区战旗文工团将曾德洪特招入伍，"小曾"才再一次正式穿上军装，成为专业的军队文职创作员。

"小曾的声音不是专业的华美，却是少有的特色"。这是著名已故音乐家阎肃老师对曾德洪的评价。确实，如果"小曾"一直坚持在传统音乐界摸爬滚打，可能一辈子"没门"。但他换了"军营民谣"这样一种形式，反而比那些"高大上"的音乐及音乐人更有了得天独厚的优势。

2016年4月15日，"中国空军"网以《他们转身，用军人的精神与品质走向另一片海阔天空》为题，报道了5位军队转业干部"打拼出新的精彩"的鲜活故事。这些军中前辈尽管人生道路各有不同，但他们与"小曾"一样，在现实环境严重威胁个人发展时，只是积极用理想去照亮现实，又用现实去支撑理想。

不难看出，人生的"出局"与"出彩"，全在于人们为人处世的方式选择，特别是直接取决于人们对于现实与理想的组合。有人以现实为标准去衡量理想，因而一切对于他们来说都变得"不可能"，进而心灰意冷视一切奋斗为多余。当然也有人以理想为标准去丈量现实，因而他们感觉的现实都是"没意思"，进而破罐子破摔视一切困难为刁难。但事实上，现实如果与理想一样美好，奋斗就没有必要；现实如果不能通过理想变得美好，现实就永远是丑陋而没有开发价值。可见，现实好比那些准备开发的凹凸不平又乱七八糟的土地，理想则是针对那些土地进行规划设计的蓝图，而开发者的价值就在于能面对现实用理想去把丑陋变成美好。高效能人士的高明之处，在于他们勇于面对困难，善于因势利导。换一种活法，人生就由出局变成出彩。

人生如此，组织的发展更是如此。张贵平教授是我国知名经营管理效能优化专家，也是中国社科院主管的《中国经营报》联合10家强势媒体评选出的"2011中国十大创业教练"。他在研究创业成功规律时就发现：在充分竞争的市场环境中，任何一家创业企业要想取得成功，就好比是在已经被瓜分完了的市场中要分得一杯羹。这时的创业企业如果不能以独特的经营管理方式跻身市场，后果必然是在跟随别人亦步亦趋之后最终被成熟企业排挤出市场。于是，张贵平教授指

出：所有成功的创业企业，一定是出奇制胜的结果——"小米"公司以不生产手机而只做互联网软件跻身手机市场；"爱国者"公司以竞合而不竞争的措施立足数码产品市场；"新东方"集团以轻松愉悦调侃开涮而反传统教育的方式雄踞教育鳌头……濒临倒闭的日本航空公司在引进"京瓷"成功经营模式"阿米巴"后，不但起死回生，而且成为世界500强企业。据此，张贵平教授撰写了《制胜有道——创业超常案例解读》一书，教导创业者：出奇制胜方能市场取胜。下面，我们不妨选取其中的一个平凡小案例，帮助读者理解"方式一转奇迹现"这一主题的深刻内涵。

在饲料价格不断攀升、销售价格越来越低、工人工资连年上涨、市场需求持续萎缩、行业竞争恶性加剧的形势下，有一家鸽子养殖小企业几乎被逼到了关门歇业的境地。多少年的行业感情与经营心血，无论如何叫企业创始人鸽子李都难以接受企业倒闭的后果。于是他彻夜难眠，反复梳理经营思路，寻求新的经营模式：养殖鸽子如何赚钱？过去把鸽子养大，然后去集市出售——这样，自己赚取了肉鸽钱，但这种粗放经营模式无非获得的是低端利润；不妨把鸽子养大，然后让鸽子生蛋，这样，就可以赚取鸽蛋与肉鸽钱；还可以把鸽子养大，然后让鸽子生蛋，再让鸽子将鸽蛋孵化成小鸽，这样，就可以将普通鸽子变身为种鸽，从而赚取种鸽种蛋钱；更可以把鸽子养大，然后让鸽子生蛋，再让鸽子将鸽蛋孵化成小鸽，再让小鸽子长大成大鸽子，然后从事训练信鸽、鸽子系列繁殖与产品深加工……不过，所有这些经营方式，最完美的方案也都必须自己花成本买饲料。

有没有可能让别人花钱买饲料替自己养鸽子而且还能给自己创造饲料销售利润？这种貌似异想天开的想法，后来还真真切切地变成了事实——鸽子李成为了"自家的鸽子别人养，成本为负的养鸽人"。

看，节日的省会都市花团锦簇、彩旗飘飘，鲜花、绿草地、和平鸽、喷泉、林荫大道、典雅大楼、如织人群等生活元素，构成了一幅大手笔、大气魄的现代立体图画。

在八一广场一处宽阔的草坪上，一群鸽子一会儿站立在人们的肩头，一会儿又栖立于人们的手掌；一会儿俯冲到草坪上啄食，一会儿又展开翅膀朝向蓝天翱翔。

一旁的鸽子李，本来是想趁着节日的空闲来他的和平鸽养殖合作社经营点视察工作的，不想，几个员工正愁人满为患，于是鸽子李也就亲自加入到销售员队伍，应接不暇地向人们销售着鸽子饲料。尽管忙得不可开交，但鸽子李依然笑容可掬——他能不笑吗？自己的鸽子由别人养，不花成本反赚钱，这样的生意真是打着灯笼也难找。那一小袋一小袋的玉米，实际上是鸽子李大批量从农民手中低价批发来的鸽子饲料，没想到，现在经小袋一分装，身价居然涨了 10 倍以上。更有意思的是，本来应该自己承担的成本，现在反倒大家争相付钱转化为利润了。

就在鸽子李遐想时间，又有人来买饲料。他们买了几包撒在地上不过瘾，又再买了几包一粒一粒地抛在地上逗鸽子玩。

再看自己家的鸽子，有的跟随着游人的手势和飘落的玉米，漫不经心地啄食；有的咕嘟咕嘟欢叫着，不断在草丛中寻觅粮食；有的相互之间啄着嘴巴，既像在清理着残食，又好像相互嬉戏的情侣在亲密地相吻。此情此景，乐得鸽子李嘴巴一直就没有合上。

鸽子李原本是养肉鸽的，就是因为之前养肉鸽不赚钱，逼得他走投无路才不得不重新定位鸽子的价值：除了食用之外，其实还可以作和平鸽供人观赏、寄托情感。按照新的经营方案，鸽子李最先找到人民公园，希望承包养鸽子的业务。他的条件让公园负责人感到惊讶：不要工资，更不要鸽子本钱；三年之后，反交承包利润。

就这样，鸽子李以完全双赢的方式谈下了一家又一家公园养鸽业务，之后就成立养殖专业合作社进行双向连锁经营——前端主要向游人提供（销售）小包鸽饲料；后端主要对鸽子及其产品进行系列化、产业化开发；再后来，他把他的"和平鸽"业务扩大到各大广场，以及各类大型庆典现场。

同样是养鸽子，同样可以做肉鸽、卖鸽蛋、养种鸽、孵小鸽、训信鸽、深加工，只不过换了一种方式，鸽子李从"山重水复疑无路"发展成"柳暗花明又一村"。

# 五、神奇背后有推手

细心的人们不难发现，人世间许多的奇迹，不但常常表现为山穷水尽之后的柳暗花明，而且大多是由没有条件的组织或个人所创造。例如当年国民党不屑一顾，甚至小瞧为"匪"的中国共产党，从小到大，从弱到强，不但以"小米加步枪"战胜了日本帝国主义，而且还打倒了国民党反动统治阶级，并且在抗美援朝战争中打败了强大的美帝国主义；学历不过中师，没进过军校深造，甚至几乎没怎么摸过枪的毛泽东，竟成为举世闻名的杰出政治家、军事家、思想家、战略家、诗词作家，成为中华人民共和国的缔造者；不会计算机、不懂互联网、更没有强大社会关系网支撑的马云，虽然当年在创业初期被人嘲笑为不自量力，但几年之后却真真切切地打造了一个让计算机专家、互联网专家都自叹弗如的互联网"王国"。诸如此类，不胜枚举。

如果人们感觉以上事实仅仅只是绝无仅有，那么我们不妨再看看身边的一些鲜活事例。

2016年1月18日是笔者终生难忘的日子——这天，父亲的至交、江西省某行业协会副会长亲自驾驶他的豪华奔驰车把刚刚从军校毕业的笔者送到东部战区空军某部队。这位笔者称其为胡叔叔的知名企业家，就是当年手拿7角5分钱勇闯省城，现如今已创下几十亿元资产，拥有三家成规模的工业园企业集团的老总。

记得胡叔叔在北京大学参加EMBA结业典礼时，学校为他安排了一场创业专题论坛。当学生们了解他是一步一个脚印打拼出来的成功创业者后，饶有兴趣地提出问题：您在创业路上遇到的最大困难是什么？您是如何克服困难的？

胡叔叔稍加思索后，平淡地回答道：

"我最艰难的日子是在创业初期，那个时候我没有钱也没有当地官方人际关系。因为没有钱，我租不起更大的加工场地；因为没有当地官方人际关系，企业遭受困难时常常上天无路入地无门。

他接着介绍：记得有一次城管队员又来查占道经营，他们二话没说就把我加工好的产品连同加工设备一起扔上了执法车。要知道，那可是我当时所有的营生资本。当时我气愤、我不解，恨不得冲上前去与他们拼命。然而，尽管我强忍愤怒苦苦央求，执法车还是无情地载着我的血汗产品与工具扬长而去。

痛定思痛，我没有责骂，没有和其他商户一起去武力强闯城管大院，当然也没有死气白赖装可怜。当时我只是想，他们之所以会这样对待我，是因为我与他们非亲非故，他们既不了解我，也没有义务帮助我。所以，我想不如干脆以此为契机，让他们认识我、了解我，进而让他们成为我的朋友帮助我。

于是，我调动一切可以调动的力量，采取一切可以采取的措施。我不卑不亢、不厌其烦地找他们沟通，让他们深入了解我的工作与生活。最终，精诚所至，金石为开，他们成为了我的朋友，成为了我创业路上的一个个贵人。

后来，我如法炮制，因此有了越来越多的官方朋友，当然也有了更多的其他各行各业的朋友。正因为身边有了越来越多的贵人、高人，所以我后来的事业也就越做越轻松，企业也自然而然地越做越大了。"

这也许是一个普通得不能再普通的故事，却折射出成功者成就事业背后的内在本质、必然的因素——人格。人们不难发现，所有成功者在生活中其实都平淡无奇，但他们为人处世的方式却总是高人一筹。试想：假如当你的血汗产品与工具随执法车扬长而去时，你会有什么作为？会不会像胡叔叔一样"不如干脆以此为契机，让他们认识我、了解我，进而让他们成为我的朋友帮助我"？

父亲常常提起胡叔叔这位朋友，称他是一位十分有智慧的人。父亲说，聪明的人能发现事物的空子，善于投机取巧；而有智慧的人却能够掌握事物的规律，于是他们站得更高，走得更远。

父亲说起胡叔叔与普通人的最大区别有三：一是没事就请客。他不但喜欢邀请直接的朋友吃饭，而且更喜欢让直接的朋友再带间接的朋友一起赴宴，如此不断扩大自己的人脉关系圈。有人问起个中原因，胡叔叔说："没事请客是人情，有事帮忙成友情。"事实上，当他经营中"有事"的时候，他的朋友，包括之后成为朋友的朋友的朋友念他平时的人情，自然不再袖手旁观。二是"装憨卖傻"。他时常对请示他拿主意的人说"我哪懂呢"，并要来人去先问问有关专家。有人甚为不解，而他却说：自己太懂自我设限，自己不懂突破极限。正是他的大智若愚，使他的事业没有因为他的个人能力成为上限。三是宁愿花 100 倍的代价去赞助，也不愿以百分之一的代价被摊派，这是胡叔叔的又一大习惯。例如有一次，南昌市青山湖区上海路街道办事处要举办大型活动，要求辖区企业赞助条幅。本来政府只要求每家企业出 30 元赞助一条，没想到胡叔叔却找到街办要出 3000 元赞助 100 条。就在街办干部因为省心偷偷窃喜时，胡叔叔却顺便提出在落款处印上××公司宣的请求。街办感觉政府活动有企业积极参与，表明政府工作深得社会认同，于是也就欣然答应。后来，当有人说胡叔叔是财大气粗摆阔气时，没料想胡叔叔这样解释：企业可以多投资，但绝对不可以多开支——出 30 元什么回报都没有那是纯开支；出 3000 元做成了广告那就是正当投资。也许胡叔叔并不懂得经济学理论中"沉没成本"与"追加成本"这对概念，但他对"开支"与"投资"的科学区分及其科学转化却不得不令管理者赞叹。

其实，胡叔叔只是千千万万成功者中的一个代表，他与众不同的为人处世特点，让我们清晰地发现：所有成功者并非三头六臂，而且零距离接触他们，你更会感觉到他们竟是普通得不能再普通的人。但不容置疑的是，他们在一定领域和某种程度上创造了奇迹。而我们把所有成功者的成功要素集中起来考察，便会发现一个惊人的事实：成功者取得成就的决定因素，不在其技能，而在其人格。

个人的成功背后会有"人格"这一神奇的"推手"在推助，而组织的成功更是少不了神奇的"推手"来推进。

小孩子与大力士搏斗谁能赢？"佳能"与"施乐"的市场竞争现实地回答了这一问题。

施乐公司是美国一家成立于 1906 年的全球明星企业。它是静电复印机的开发者，其"施乐"品牌曾经是复印机行业的代名词。仅 1959~1976 年，"施乐"生产的 914 复印机就超过 200000 台。至今在世界上有些地方，914 复印机仍然在一些公司使用。在南美洲，施乐公司就还在维修着若干台 914 复印机。

"施乐"曾经是美国企业界的骄傲，是在"苹果"之前的美国历史上第一家依靠一项技术在十年之内收入达到 10 亿美元的公司——早在 1968 年，施乐公司的年销售额就达到 11 亿美元。

对于众多美国人来说，"施乐"就是一个神话，而且是一个延续了 70 年的神话。它是美国文化极力推崇的白手起家的典型例子。今天，"施乐"俨然已成为美国历史的一部分。

从开发出世界上第一台静电复印机开始，特别是在 20 世纪 60 年代和 70 年代初，美国施乐公司一度长期保持着全世界复印机市场的垄断地位。在复印机随处可见的今天，人们也许已经不容易理解"施乐"向市场推出静电复印机时所引起的轰动。

20 世纪 50 年代，最好的复印是一种名为蓝图的技术。然而，经其设备复印出来的东西味道很重，而且湿乎乎的。"施乐"静电复印机一推出，立即征服了全球复印市场。它不但迅速、洁净、清晰，而且可以直接使用普通纸——"施乐"

当时推出的最著名的复印机，因为使用的纸张尺寸为 9 × 14 英寸，所以命名为914 复印机。

由于"施乐"的盈利能力似乎给公司创造着"花不完的钱"，于是公司在大手笔地投资于各个领域的同时，还为员工提供着大量的福利，包括自由工作时间制、育儿补助、运动设施、高龄者医疗服务、在家办公，等等。"施乐"对其所属研究机构内的科学家不布置任何任务，他们可以任意研究自己感兴趣的项目，而公司都据实买单。时至今日，还有众多计算机核心技术都是"施乐"所属的PARC（Palo Alto Research Center）研究机构所发明——如图形界面和下拉菜单。

为了阻止竞争公司的加入，从而保持一家独大的市场领导者地位，"施乐"先后为其开发的复印机申请了 500 多项专利，几乎囊括了复印机的全部部件和所有关键技术环节。

古人言：福兮祸之所伏。就在"施乐"认为完全可以高枕无忧时，市场争夺战却悄然而至。

佳能公司是一家晚于"施乐"30 多年创建于日本的小字辈企业。不过，这家公司创业以来，就始终秉承"共生"的企业理念，并以创造世界一流产品为奋斗目标。发现静电复印机市场如此火热，"佳能"便开始对施乐进行研究。"佳能"从"施乐"产品那些不能满足人们需要的地方入手：他们一方面走访"施乐"的用户，了解他们对现有产品不满意的地方；另一方面又走访那些没有买过"施乐"复印机的企业，寻找客户不购买的原因。"佳能"认为：只要消费者需求没有得到满足，那就意味着市场给自己预留着机会。

通过走访，"佳能"发现"施乐"有以下硬伤：

（1）"施乐"复印机是大型的，虽然速度和性能都非常好，但价格昂贵，并非有复印需求的组织或部门都能消费得起。

（2）假设一个单位办公楼有 10 层，集中复印意味着所有人哪怕复印一张纸也要跑到固定的地方，很不方便。

（3）如果要复印一些涉密的东西，同样要把文件交给专门掌握复印技术的人，如此保密性极低。

根据调查了解的问题，"佳能"开始着手开发针对性的解决方案：

（1）设计一种小型复印机，把造价降低 10~20 倍；

（2）将复印机做成像傻瓜相机一样的产品，简单易用，无须专人负责。

仅仅从技术上解决问题还远远不够，"佳能"深知："施乐"是复印机大王，自己即使将新型复印机生产出来，一旦推向市场，"施乐"必然就会反击。此时的"佳能"可谓势单力薄，而"施乐"只要伸伸胳膊抬抬脚，就足以把"佳能"置于死地。

"小孩子"要战胜"大力士"，唯一的选择是联合。于是，"佳能"负责开发新型复印机，并找东芝、美能达、理光等10多家企业商量：复印机市场前景广阔，但任何小企业单挑"施乐"都无异于自取灭亡。如果大家联合起来，不但可以抱团制敌，而且：第一，投产时间要快一年多；第二，开发费用一分摊每家也就1/10。

经过"佳能"的不懈努力，10多家日本小型电子企业结成了一个庞大的复印机企业联盟。在"佳能"领导的企业联盟的全力攻击之下，"施乐"最终寡不敌众。1976~1981年，"施乐"在复印机市场的份额从82%直线下降到35%。就这样，"佳能"这个"小孩子"最终战胜了"施乐"这个"大力士"——由于"施乐"过去的用户都是一些大企业，以至于后来更多的用户接受的是"佳能"。特别是之前没有用过复印机的人，后来都公认"佳能"才是复印机行业的老大。由此，"施乐"在复印机市场中的领导地位逐渐被"佳能"所替代。

"佳能"战胜"施乐"表面上看是一个偶然的商业奇迹，但其内涵上却蕴藏着失败与成功的必然内在规律——这是正和博弈与零和博弈较量的结果，是合作博弈力量的彰显及其市场魅力的充分体现。

大家知道，现实中的社会关系常常有损人利己（赢/输）、损己利人（输/赢）、两败俱伤（输/输）、独善其身（单赢）、好聚好散（不合作）、利人利己（赢/赢）6类形态。这里的损人利己（赢/输）虽然能够短时间实现自身利益最大化，但长远却无异于自掘坟墓；而损己利人（输/赢）虽然貌似忘我奉献，但长此以往却会损伤奉献后劲；两败俱伤（输/输）虽然能够宣泄愤怒，但却难免伤及自身，代价太大；独善其身（单赢）虽然表面看去与他人无关，但却在本质上表现为事不关己高高挂起的极端自私；好聚好散（不合作）虽然不违中庸之道，但却不过是厌世遁世的消极之举；唯有利人利己（赢/赢），即为自己着想又不忘他人权益，进而谋求多边共赢且着眼于两全其美，这种社会关系才是真正令人满意、乐于合作、有益发展的高效能措施。

当今社会正处于全球一体化、经济共同化、市场共享化时代。在这样的社会背景下，社会组织越来越朝向相互依存的方向发展——社会组织相互依赖的加深已经改变了博弈的结构。虽然当今社会不同组织实力有弱有强，但其资源却各有优势。如此，一方实现其目标的能力，很大程度上依赖其他各方可能作出的选择或决策。随着全球化的深入发展，全球性问题也越来越突出：自然灾害、环境污染、恶性竞争、经济掠夺等问题在威胁着社会和谐发展的同时，也威胁着社会各类组织的生存与发展。在此背景下，当今的社会组织其实早已经形成了一个命运共同体，任何组织实际上已经不可能在脱离其他社会组织的情况下孤立地维持和存在下去。

据此，世人都有必要转变观念。正如 2015 年 3 月 28 日习近平主席在博鳌亚洲论坛上强调的：要摒弃零和游戏、你输我赢的旧思维，树立双赢、共赢的新理念，在追求自身利益时兼顾他方利益，在寻求自身发展时促进共同发展。

"佳能"的胜利，其实不过是"合作"推助的结果。

# 第二部分

# 高效能的执行源于高效能的机制

一流的战略加上一流的执行能够成就伟大的组织；一流的战略加上二流的执行可能成就优秀的组织；一流的战略加上三流的执行只能成就盛极而衰的组织。相反，二流的战略加上一流的执行能够成就卓越的组织；二流的战略加上二流的执行能够成就成功的组织；没有战略只要有一流的执行同样能够成就发展的组织。可见"执行"对于组织的发展至关重要。

事实上，从苹果、阿里巴巴、盛大、华为、腾讯、百度、吉利等创业组织的发展历程中，我们依稀可以窥其一斑而略知其概貌。

当然，在日常生活中，战略与执行不同水平的组合，同样处处显现出"执行"的魔力。

不过，无论是组织现象还是生活现象，高效能的"执行"都无不归功于高效能的机制。

# 一、生活现象藏玄机

空气是人类生活中平常得时常让人不会多加注意，甚至常常忘却的生命物质——人们也许会因为热情的朋友请你吃饭而心生感谢，也许会因为见义勇为的路人救你一命而感恩终生，但却很少会因为时刻伴随的空气而激动不已。然而尽管如此，空气却不会因为人们的忽视而失去价值，更不会因为人们的忘记而改变其对于人类生命的意义。机制就好像是人们生命中的"空气"一样，虽然平静而平凡，虽然谦卑而卑微，但却不失伟大而神奇——它决定组织的绩效与效能，甚至影响组织的生存与发展。可以说，没有"机制"，组织的目标就难以执行到位；没有机制，再好的组织战略可能永远只是一厢情愿的希冀。生活与工作中，"机制"神奇而妙不可言。不过，在讨论"机制"这样貌似高深莫测的问题之前，我们不妨先来借助日常生活现象以分而识之。

我们的社区曾经是市政府打造的样板小区，不但东侧有人工开发的玉带河，而且小区中心有四季常青的松树林。就在松树林与玉带河之间，当年开发商在这里建设了小区休闲长廊和健身广场。长期在小区生活的人们，自然把健身广场当作日常户外活动的理想去处。尤其是老人和小孩，总是把这里当作活动中心，好不热闹。

一天，一对年轻的夫妇领着他们蹒跚学步的孩子来到健身广场学步。起先，孩子坐在学步车里，好像预感父母要给他制造困难似的，无论如何不愿出来。后来，在玩具的引诱下，孩子虽然勉强地离开了学步车，但就是站在原地一动不动，任凭父母在那一遍又一遍地以"勇敢些"、"乖孩子"等激动人心的话语召唤。万般无奈之际，年轻的父亲从旁边小摊上买来金黄透亮的小糖马，顿时，小孩迈开脚步，几乎是"飞奔"冲刺般扑向父亲。

以上这种场景，也许常见得不能再常见、普通得不能再普通。但通过故事现象，我们不妨思索：父母本意是为了孩子练习成长，但苍白的召唤为何不起作用？小小的糖马为何能够让小孩"飞奔"？

说到这里，让我联想到自己小时候父亲特有的教育方法：父亲要我学习一些课外读物时，很少指令我要学什么不要学什么，而是事先约定和我讨论"某问题"。为了能和父亲讨论"某问题"，我自然而然地需要阅读相关图书、查看有关资料。不经意之间，父亲就这样实现了他的意图和目标，而且我还是心甘情愿地不辞辛苦地学习。至今想起来，我对父亲的妙招依然心悦诚服。

其实，好的机制就是这样，总是让人自动自发地将目标落实到位，而且常常并未直接提及目标或强调目标。

"猎人和猎狗"也许是大家熟知的一个寓言，今天，我们不妨重温这一寓言，以进一步感悟"机制"的奇妙。

从前，有一个猎人视猎狗如手足，其关怀程度可谓无微不至，关爱有加——打猎时不忘自己冲锋在前，烹饪猎物时更是不忘与猎狗分享。

猎狗对主人的关心也是看在眼里，记在心上。每当看到主人冲锋在前，除了备受感动，更是伺机感恩。后来打猎时，猎狗每每争先恐后，好像只有这样，才能对得起主人的关爱。

再后来，猎人逐渐富裕起来，开始享受荣华富贵的生活。而猎狗，当然还只是在主人烹饪猎物时获得分享美味的机会。

慢慢地，猎狗心里感到有点不平衡。于是，后来每次与主人一起打猎时，虽然仍能理性告诫自己要努力，但就是无论如何不能进入过去那种拼命的状态。

一天，猎狗又将兔子赶出了兔窝，而且一直拼命追赶，可追了很久累得气喘吁吁最终仍然没有捉到。

牧羊犬看到此种情景，讥笑猎狗说："你们两个之间，竟然小的跑得比大的快，真是可笑极了。"

猎人听了牧羊犬的话，想来想去也感觉实在窝囊。倍感别扭之际，终于悟出其中奥秘：其实，猎狗与兔子两个的"跑"在本质上是完全不同的——猎狗仅仅是为了获得一顿美味的分享机会，而兔子却是为了保全性命而竭尽全力！

于是，猎人开始琢磨：我要想得到更多的猎物，就必须改革猎狗单纯依赖猎人而旱涝保收的大锅饭体制，必须让猎狗的业绩与其回报紧密联系起来。

猎人买来了几条新猎狗，规定：从今往后，凡是能够在打猎中捉到兔子的就可以得到几根骨头，捉不到的就没有饭吃，新老猎狗一视同仁！这一招果然管用，新规一出，猎狗们纷纷去努力追兔子，它们谁都不愿意看着别的猎狗有骨头吃而自己却只能挨饿。

这样过了一段时间，新问题又出现了：按照规定，捉到大兔子得到的奖赏和捉到小兔子得到的奖赏并没什么区别，但大兔子非常难捉到，而抓小兔子相对就要容易许多。所以，起先那些善于观察的猎狗们发现了这个窍门，于是个个都热衷于捉拿那些小兔子。慢慢地，所有的猎狗都发现了这个窍门，随之猎人得到的猎物越来越小。

猎人召开全体猎狗会议，责问：为什么最近你们捉的兔子越来越小了？猎狗回答说：您可没有规定我们要抓大兔子呀？而且抓小兔子和抓大兔子也没有什么大的区别，我们为什么要费更大的力气去捉拿那些狡猾而疾速如风的大兔子呢？

猎人经过思考，决定不再将猎狗分得骨头的数量简单地与捉到兔子的数量挂钩，而是定期统计每只猎狗捉到兔子的总重量，并且按照重量来评价猎狗的业绩，并以重量这一新的业绩考核指标为依据，决定一段时间内的猎狗待遇。

从此，猎狗们捉到兔子的数量和重量都相应增加了，猎人非常开心，他不由得沾沾自喜起自己的管理措施。

可是过了一段时间，猎人发现猎狗们捉到兔子的数量又少了，而且越有经验的猎狗捉到兔子的数量下降得越厉害。于是猎人又开始深入基层开展调查研究。他问猎狗：之前大家捉到兔子的数量和重量都相应增加了，怎么现在越是有经验的猎狗反而捉到兔子的数量越急剧下降呢？

猎狗回答说："尊敬的主人，现在我们把最好的青春时光都奉献给了您，但是我们随着时间的推移是会衰老的。当我们捉不到兔子的时候，您还会给我们骨头吃吗？"

针对猎狗们的顾虑，猎人考虑改变只有奖赏没有分红的激励机制。他分析与汇总了所有猎狗捉到兔子的数量与重量，做出了业绩分成、论功行赏的决定：如果有猎狗捉到的兔子超过了一定的数量，即使捉不到兔子，每顿饭也可以得到一定数量的骨头。新规一出，猎狗们都很高兴，大家开始一心一意努力去达到猎人规定的"一定数量"。虽然任务指标订得有点高，但一段时间过后，终于有一些猎狗达到了猎人规定的数量。

这时，其中有一只猎狗开始抱怨：我们这么努力，得到的回报就只是几根骨头，而我们捉到的猎物远远超过了这几根骨头。与其长期为猎人打工，我们为什么就不能自己创业呢？

于是，开始有一些年富力强的优秀猎狗陆续离职。它们单干的单干，承包的承包，即使暂时未离职的猎狗大多数也都在计划如何离开猎人从而真正为自己捉兔子。

猎人很快意识到猎狗正在流失，并且那些离职的猎狗（野狗）和自己的在职猎狗抢兔子。眼看情况变得越来越糟，猎人不得已利诱了一条野狗，以探究竟。"猎狗贡献的是肉，可自己吃的却只是骨头啊！"野狗叹息之后，转而说："其实也不是所有的野狗都顿顿有肉吃，甚至大部分最后连骨头都没得舔！不然我也不至于被你利诱。"

猎人得到启发，于是进一步进行了改革，规定：每条猎狗除获得基本骨头外，还可获得其所猎兔肉总量的 N 成分红，而且该比例可递增——服务时间越长，贡献越大，比例越高。并且，同时还有权分享猎人总兔肉的 M 份股份。就这样，猎狗们与猎人一起努力，终于将野狗们逼得叫苦连天，纷纷强烈要求重归猎狗队伍。

转眼又一年冬天到了，兔子随之越来越少了，猎人的收成也一天不如一天。可是即便如此，那些老得不能再捉到兔子但服务时间长的老猎狗们，按规定仍然可以无忧无虑地享受优厚待遇。

再这样下去可能就要坐吃山空了！终于有一天，猎人再也不能忍受老猎狗们坐享其成的压迫，终于痛下决心：宁愿暂时承担高额赔偿金，也要把老猎狗们扫地出门——因为猎人更需要身强力壮的猎狗……

被扫地出门的老猎狗们得到了一笔不菲的赔偿金，于是他们成立了 MicroBone 公司。他们采用加盟连锁的方式招募野狗，向野狗们传授猎兔的技巧，并通过教育服务从猎得的兔子中抽取一部分作为管理费。它们把赔偿金几乎全部用于广告，由此终于有了足够多的野狗加盟。

连锁加盟对于野狗来说，远比多吃两根骨头更加实惠。于是许多野狗拖家带口地加盟了 MicroBone 公司，甚至一些在猎人门下的年轻猎狗也开始蠢蠢欲动。更有意思的是，很多经营艰难的猎人也想易帜加盟。

不久，许多大同小异的同类公司像雨后春笋般地纷纷成立了。一时间，森林里热闹非凡，创业之风吹遍大地。

猎人决定与 MicroBone 公司合作。未曾想，老猎狗出人意料地顺利答应了猎人的要求，并把 MicroBone 公司卖给了猎人。

老猎狗们从此不再经营公司，于是猎人再次劝说它们发挥余热——组织它们写作创业自传——《老猎狗的一生》，同时还编写《如何成为出色的猎狗》、《如何从一只普通猎狗成长为一只猎狗高管》、《猎狗成功秘诀》、《猎狗成功 500 条》、《穷猎狗，富猎狗》等经营管理读本，并且将老猎狗的故事搬上屏幕，取名 《猎狗传奇》。

在猎人的精心组织下，有的老猎狗开始组织猎狗沙龙，有的老猎狗开始组织开办猎狗培训班。更有意思的是，猎人还组织那些自己抓不好兔子的猎狗，给兔子们写了一本《叫我如何不抓你》的秘籍，赚取兔子们的版权费。

　　故事之后，我们是否感悟：猎人与猎狗的博弈，既是"机制"的妙趣，更是"机制"的神奇！

# 二、成功措施在机能

　　1927 年秋，由毛泽东在江西省永新县三湾村领导的举世闻名的"三湾改编"，是中国人民军队及中国共产党历史上具有里程碑意义的重大改革。这次改革不但创造性地推行了"党指挥枪"、"支部建在连上"、"官兵平等"等一整套崭新的治军方略，而且解决了如何把以农民及旧军人为主要成分的革命军队建设成为一支无产阶级新型人民军队的问题，有效实现了党对军队绝对领导之目标，是中国共产党建设新型人民军队最早的一次成功探索和实践。

　　"三湾改编"之前，已经诞生达六年之久的中国共产党其实还未曾拥有一支能够独立行使指挥权的革命军事武装力量。当时，中国共产党虽然整合和影响了一些国民党军队，并在军队中建立了党的组织，但党的基层组织（支部）都是设在团一级，由团政治指导员办公室直接管理连队政治指导员，而且政治指导员只做宣传教育工作。当时，一方面，部队没有建立基层党组织，党不能切实掌握部队；另一方面，雇佣军队的影响还严重存在，军阀习气非常严重。加之作战失利，连续行军，斗争艰苦，一些意志不坚定的投机分子不断动摇，士兵纷纷逃跑。同时叶挺部队、贺龙部队等在南昌起义、秋收起义、广州起义三大起义中连连受挫，由此可以管窥中国共产党不能更好地掌控军队，军队缺乏党的绝对领导是一个主要原因。

　　1927 年 9 月 9 日，毛泽东领导的湘东赣西秋收起义爆发。秋收起义部队到浏阳文家市集合后，毛泽东否定了"浏阳直攻长沙"的错误意见，转而把部队引向罗霄山脉建立革命根据地。当部队走到萍乡芦溪镇时，不料遭遇敌军和地主反动武装的偷袭，部队伤亡 1/3。加上其他非战斗减员，原有 5000 多人的秋收起义部队，这时仅剩不足 1000 人和 48 匹战马，随之士气更加低落，而且组织已不健全，思想相当混乱。当部队到达赣西莲花县三板桥时，毛泽东找了一个上井冈山途中的安全休整地——三湾。在这里，毛泽东主席连夜作出了"三湾改编"的重大决策。

　　一是把部队由一个师缩编为一个团，称谓"工农革命军第一军第一师第一团"。团长由陈浩担任，这实际上取消了当时的师长、革命动摇分子、后来的革命叛变分子余洒度对军队的指挥权。随之原有的军官队也被取消，并资遣革命意志不坚定的人员，宣布：所有人员愿留的则留，愿走的发给路费，将来愿意回来的还欢迎。这样极大地纯洁了革命队伍。

二是创造性地提出了支部建在连上的原则，设立了党代表制度——排有党小组，班有党员，营、团以上有党委，如此在军队中各层级逐步形成双首长负责制，让军队在体制上从基层开始一级一层完全掌控在党的手中。

三是在军、团、营、连均建立士兵委员会这一官兵平等、经济公平的民主制度，士兵有权参加军队管理、维持军队纪律、监督军队经济、领导群众运动、实施政治教育。如此破除了旧军队雇佣关系，确立了新型官兵关系，充分调动了全员积极性。

四是初步酝酿出"三大纪律、六项注意"这种规范的理念与行为标准，明确宣布了行军纪律：一切行动听指挥、筹款要归公、不乱拿群众一个红薯。

在军队内部实行民主主义，这一新兴事物给当时的士兵群众留下了深刻印象。几十年后他们回忆起这段历史，仍然记忆犹新——曾经担任过士兵委员会主任的宋任穷同志曾经回忆说："我在营里担任士兵委员会主席。士兵委员会是选举产生的，按选举名额，由连里选出一些委员来，三个连的委员组成营士兵委员会。士兵委员会没有设立什么机关，没有专职办公，只是遇事开会研究。士兵委员会是党代表工作的一个重要组成部分。士兵委员会的工作，主要放在连里面：一个是政治民主，一个是经济民主——分伙食尾子、管理伙食、管理经济。那时来自旧军队的军官很多，打人骂人的军阀习气严重，士兵委员会就同他们那种旧习气作斗争。"自从实行了以士兵委员会为组织形式的民主主义制度，士兵群众的利益得到了保障，士兵群众的革命热情大大地被激发起来。士兵有了当家做主的感觉，对部队建设的责任感也明显加强。

"三湾改编"是毛泽东治军思想的重要组成部分，是真正的历史大手笔。这一点我们可以从历史对比中看清本质。

中国历来的治军原则有两条，一条是上下同欲者胜，即强调上下一条心；另一条是赏罚分明，严格军纪。商鞅变法时为了使士兵勇于作战，就曾提出"有军功者，各以率受上爵；为私斗争，各以轻重被刑"，以奖励军功而禁止私斗。吴起治军主张严刑明赏、教戒为先，曾斩一味奉令即进击敌军的材士以明法。而吴起做将军时，则和最下层的士卒同衣同食，而且睡觉时不铺席子，行军时不骑马坐车，亲自背干粮，和士卒共担劳苦。士卒中有人生疮，吴起就用嘴为他吸脓，如此实现"士为知己者死"。后来的蒋介石非常推崇曾国藩，曾给部下官兵发《曾胡治兵语录》。其实，曾国藩控制军队的方式主要有以下几点：一是思想控制，用儒家学说对抗太平天国的拜上帝会，聚集了一批保卫"名教"的文人做骨干；二是用同学、同乡、师生构成一个庞大的控制网；三是用劫掠财物、封官赏爵的办法鼓舞士气。

剖析蒋介石：蒋以孙中山的继承人自居，以"三民主义"为招牌；他起家靠黄埔军校，用师生关系控制嫡系部队。部下以天子门生自居，也特别重视同乡关系——浙江人尤其是奉化人很受重用。

但是，中国历代治军方法中，有一个致命弱点，就是过分强调指挥者的意志。为了做到令行禁止，作出了一些当时为人称道但后人看来不近人情的事情，即拿下属和士兵的生命不当回事，靠杀人立威。

毛泽东及其"三湾改编"一改历史传统，充分发挥"组织"这种超越个人力量的群体作用，发挥共产党在军队中的影响力和凝聚力。"三湾改编"在确立党的领导地位的同时，不但用共产主义理想激励士兵，而且在连以上建立士兵委员会，实行官兵一律平等，规定官长不准打骂士兵，士兵有开会说话自由。当时的士兵委员会有很大的权力，可以参加对部队的行政管理和经济管理，并有权对官长进行监督——政治民主，体现在只有职务和分工的不同，没有高低贵贱之分；经济民主，让士兵选出的代表协助首长管理给养和伙食，让每人能从每日五分钱的油盐柴菜金中节余一点作零用，名曰"伙食尾子"；军事民主，实行官兵互教，兵兵互教，并实行在火线上发动士兵群众讨论如何攻克敌阵，如何完成战斗任务。

另外，军纪是治军的一个重大问题。中国历史上虽然强调"王者之师"，强调"秋毫无犯"，但军纪好的部队并不多。王者之师往往只是幻想，甚至军纪较好也只有少数部队能做到。如岳家军曾提出"饿死不掳掠，冻死不拆屋"；宋朝大将曹彬攻下南唐首都江宁后，也曾整肃军纪，严禁杀掠，安抚降卒城民，得到赵匡胤的赞赏；农民起义军领袖李自成确实提出过"杀一人如杀我父，淫一人如淫我母"的口号。但是，历史上许多军队为了维持士气，经常"放假三天"。当时的"放假三天"，其实就是允准抢掠三天。例如曾国藩虽然以保卫"名教"为号召，但湘军军纪非常差，经常抢掠、强奸；成吉思汗虽然纵横天下，但元军杀人、放火、抢劫、强奸却是家常便饭，与强盗并无二样。

"三湾改编"则大不相同：当时宣布的三项纪律，"第一，行动听指挥"；"第二，打土豪款子要归公"；"第三，不拿老百姓一个红薯"。这里摆在首位的是"一切行动听指挥"——一支军队如果自行其是，规模再大，装备再好，最终也形成不了统一的意志和行动。而形同一盘散沙的组织，无论如何都不可能取得胜利。

"三大纪律"的第二条是"打土豪款子要归公"，这样便能有效避免个别人为了私利乱打土豪，把打土豪当作个人发财的手段。

"三大纪律"的第三条是"不拿群众一个红薯"，这样便在人民群众中建立了与众不同的人民军队新形象，进而有利于发展军民鱼水情。

与此同时，"三湾改编"还宣布了六项注意：上门板；捆铺草；说话和气；买卖公平；借东西要还；损坏东西要赔。这六项注意都与军民关系有关，因而从细节上非常具体、非常具有可操作性地为缔造一支真正受老百姓欢迎和拥护的王者之师、仁者之师奠定了基础。

"三湾改编"的效果主要有两点：一是在内部出现了全新的领导力、执行力、凝聚力、战斗力，整个队伍的精神面貌大变；二是在外部树立了全新的社会形象和口碑，形成了全新的民心所向的群众基础，以及全新的号召力。内部有了精气神、外部树立了好品牌，一切的转机和生机随之开始。

"三湾改编"给予人们的一般启示，可以简要归纳为如下两点：

其一，"三湾改编"最重要的启示，是以组织"机制"彻底提升了队伍的战斗力，其结果绝不是业务上发力所能企及的。从"三湾改编"不难看出，毛泽东是一个组织高手，而不是一个业务能手。事实上，他戎马一生，但从来不拿枪。现实中社会各界也常常有这种领导人，他们把事业把组织打造得很精彩，但其个人却并不是行家，更不是专家。所以，我们从"三湾改编"得到重要启示：应该注重从组织机制来寻求实现组织目标，而不要单纯从业务上发力追求治标不治本的效果。

其二，机制是落实组织目标的手段，其建设的基本风格应当务实，因陋就简、管用为上，不求全、不求高、不求雅。毛泽东一行人到达三湾的当天晚上，其实是在杂货铺里召开了会议并作出了改编的决定，前后仅用了 5 天时间。所以，现实中各类组织搞改革、搞管理，一定要因地制宜，不苛求条件——"三湾改编"发生在撤退的路上，其条件之艰苦不言而喻。但毛泽东实事求是，从实际出发，不怕简陋，不畏艰难，完成了举世闻名的伟大创举。

从组织发育与建设的角度，我们也不妨如此来感悟"三湾改编"：

第一，搭起大架子，收拾小摊子。当时的"大架子"就是中国工农革命军第一军第一师，毛泽东实际上把它收缩成一个"小摊子"——一个团，如此建设了切实可行且伸缩自如的体制。由此对照现实，我们会发现很多组织在组织架构上就欠科学，而且搭完架子以后不知道收摊子。

第二，建立起贯通最高层到最底层的组织体系。这实际上就是政通，即做到上情下达，下情上传——班有党员、排有党小组、连有党支部、营以上有党委，这种体制，绝对保证了上下贯通，政令统一，指挥高效。

第三，尊重和信任成员，调动全员的积极性和创造力。火车跑得快，动力要换代。"三湾改编"建立的士兵委员会这种管理机制，使人人自觉、自愿、自发、自动地参与军队建设，因而全员动力得到高效调动与发挥。所以，我们有必要记住：任何时候与任何单位，群众路线永远是组织的制胜法宝。

第四，培育统一的组织文化体系。"三湾改编"在体制上进行改组的同时，还发银圆遣散革命意志不坚定、革命动机不纯洁者，如此进一步明确了共产主义理想与信念。特别是出台"三大纪律"和"六项注意"，从制度上初步形成了与共产主义理念文化相统一的文化机制。

第五，顶层设计加中层发育。在整个"三湾改编"里面有一个非常重要的内容，即支部建在连上。重点在连上建立支部和士兵委员会，而没有放在排和班那个基层里，也没放在团和师那个高层上，如此确保了中层健康发育、承上启下。

第六，建设软实力，搞好大整合。毛泽东当时直接带领的队伍只有 1000 来人，后来将彭德怀部队整合了，将朱德部队整合了。他之所以能整合高人、能人，关键是做到了求大道、树正气、立新风，让大家感觉到跟着共产党才会有前途。

组织的基因决定未来。"三湾改编"以后，在毛泽东和其他老一辈革命家的精心培育下，中国共产党及其领导下的人民军队从此由小到大、由弱到强，逐步壮大。可以说，"三湾改编"是中国现代革命历史上具有重大意义的一次军政变革。从"机制"角度考察，我们不难看出，虽然"三湾改编"的核心目标是在军中肃清旧军队残余，建设一支保证共产党绝对领导地位的新型人民军队，但这种目标就像看不见的框架。不过，进一步从"三湾改编"目标的最终高效能实现这一历史事实我们不难看出，"缩编"、"把支部建在连上"、创建"士兵委员会"等措施，其机能是改革"体制"或者说创建"体制"。而"三大纪律"和"六项注意"，其机能则是创立"制度"。除此之外，"共产主义理想"等，则是组织文化体系中的深层文化，即思想理念文化。这一系列措施，高效能构建了中国共产党领导下的人民军队的"军魂"，且内在地奠定了政治建军基础。

# 三、机制应用如工具

有过超市购物经历的人都不难发现，老太太的力气小，但一部能推着走的购物车即刻让她们本来蹒跚的步伐负重时竟也行动自如。对于组织而言，"机制"就是这样常常表现得像老太太手中的购物车，让所执行的活动及其过程变得轻松、容易、高效。

有一家小企业，对于杜绝员工上班迟到问题可谓费尽心思。虽然措施频出，但收效甚微。于是，他们决定去找本市一家大企业学习取经。临行之前，董事长亲自召集调研小组全体人员开会，特别交代要想方设法获得大企业杜绝员工上班迟到的相关规章制度。不想，调研小组深入接触大企业之后，发现这家大企业其实并没有什么好的杜绝员工上班迟到的规章制度。之所以很少有人迟到，可能主要得益于公司的定点班车——班车不迟到，员工自然不会迟到；员工平时不是在考虑如何不迟到，而是想方设法不错过公司班车。

可见，在一个组织中，机制就是组织管理系统的结构及其运行机理的外在形式。组织机制本质上是组织系统的内在联系、功能及运行原理，是决定管理功效的核心问题。

曾经，有七个和尚同住在山上一个寺庙里，他们每天需要分一桶粥。可要命的是，僧多粥少，每天都是总量不足。

一开始的时候，他们通过抓阄决定分粥，每个人轮流值日一天。于是每周下来，他们七个人都感觉只有一天是吃饱的，那就是自己执行分粥的那天。

后来他们开始反思，于是推选出一位道德高尚的僧人分粥。理论上这样似乎更公平了，不过更严重的问题随之出现：强权随之产生腐败。

一开始，一个和尚去讨好他，得到好处。渐渐地大家都开始挖空心思去讨好他、贿赂他，搞得整个寺庙乌烟瘴气、乱作一团。

接下来，他们又开始探讨更好的分粥方法。大家研究决定：组成三人分粥理事会和四人分粥监事会。

这个办法貌似很现代，可结果是平静了一天后，就开始互相攻击、互相扯皮。特别是分粥过程一长，虽然粥是比以前分得均匀了，但到吃的时候热粥已经变成凉糊。

难道就没有更好的方法了吗？

最后，有一个和尚想出一高招：每个人轮流分粥，但分粥的人要等到其他人都挑完后，再领取那剩下的最后一碗。

从此，为了不让自己吃到最少的那碗粥，每个和尚值日时都会尽量分得均匀，即使最后自己吃亏也再无怨言。

从此，大家心悦诚服，快快乐乐。

由此故事可见，现实中执行力的强弱，虽然从领导力角度看与必要的思想引导有关，但从执行力角度考察，任何伟大的战略都需要可行的机制！所以，一个组织中如果有工作目标实现不理想的情况发生，管理者则必须反思：在布置工作时，是否建立起相应的机制？

我们曾经考察过一个复员军人创办的劳动密集型制鞋企业，这个企业员工有2万多人，他们学历大多在高中以下，而且基本上来自农村。可企业老板曾经的军旅生涯让他养成了整齐划一的偏好。于是，他要求全体员工在大操场列队时同样要达到部队阅兵的标准：横看、竖看、斜看都必须成直线。标准既出，可如何做到却让众干部犯了难。开始，有人提议让企业中的复员退伍军人组织大家军训——但因为停工面广，对生产经营的影响大而被否决。后来，又有人提议把现有员工淘汰了，全部换成复员退伍军人——这也由于现有员工规模过大，要想一下子全部换个干净彻底实在不切实际、近乎异想天开。怎么办？就在行政办公室主任一筹莫展之时，有天晚上电视节目的一个画面突然触发了她的思考——电视中，武术学校的一群学生站立在木桩上，他们不断前后左右运动，但由于每人始终脚踏木桩，因此尽管队伍不断运动，但队形永远整齐划一。于是，她让施工队在宽阔的草坪上每隔75厘米安置了一块6角形的红色地砖，足足安置了2万块。远远望去，万绿丛中点点红，既十分美观，又简单实用。于是，这个企业每逢大型活动，那些尽管没有任何军队经历，甚至连基本军训都没经历的农民工，每人只需站立在地砖上，全体人员左右前后移动，同样齐刷刷像天安门阅兵式的方队一样，整整齐齐。其结果实现的奥妙，只在于地砖这一"机制"。

所以，机制就是组织管理工作的高效工具，它能轻松、简单地解决貌似比登天还难的管理问题，其作用犹如钥匙对于铁锁——

一把坚实的大锁挂在铁门上，一根铁杆自恃力大，想要把锁打开。但它费了九牛二虎之力，还是无法将它撬开。

这时钥匙来了，它称自己能打开锁。铁杆感觉十分可笑，于是不屑地瞅着钥匙瘦小的身躯。

钥匙对铁杆的不屑毫不理会。它灵活地钻进锁孔，轻轻一转，那大锁果然"啪"的一声打开了。

铁杆傻眼了，奇怪地问："为什么我费了那么大力气也没有撬开，而你却轻而易举地就把它打开了？"

钥匙自信地回答："因为我方法对路，而且我走进了它的心。"

科学的"机制"就是这样，往往并不在于人们如何下"苦功"，而更在于人们如何使"巧劲"。尤其是在组织管理这种"软性"工作方面，更需要人们应用"软性"工具。

"科学管理如同节省劳动的机器一样，其目的在于提高每一单位劳动的产量"。这是科学管理之父弗雷德里克·温斯洛·泰罗（Frederick W. Taylor）在《科学管理》一书中曾经说过的一句话。1898~1901年，泰罗曾用"职能工长制"、"标准化"、"差别计件工资"等机制在伯利恒钢铁公司进行试验，结果极大地调动了工人的积极性，加强了企业的经营管理，从此解决了资本主义初期企业诸多管理困惑，创建了科学管理理论体系。

19世纪末20世纪初，当时美国资本主义经济发展很快，企业规模迅速扩大，但由于生产混乱，劳资关系紧张，工人"磨洋工"现象大量存在，导致企业生产效率低下。

泰罗所处的时代，正是美国工业革命从纺织业进军大型钢铁等产业的时期，传统的以经验、习惯为主的管理模式已经无法适应大型企业的管理需要。为了提高企业的生产效率，泰罗首先研究出新的工时制。

泰罗的工时制是在精心调查的基础上，计算出完成每项工作所需要的合理时间，从而为每项任务制定完善而又公正的日工作标准。这是科学管理的真正开始，它克服了单凭传统和经验进行管理的理念，把科学的、合理的工作方法引进到企业管理之中。工时制的确立，是当时企业管理理念、管理方法的一场革命，极大地提高了劳动生产率。

在工时制的基础上，泰罗创立了新的计件工资制。这一制度主要包括三大部分：一是通过工时研究进行观察和分析，以确定工资标准，防止因缺乏科学的工资标准而影响工人的生产积极性；二是实行差别化的计件工资制，体现劳动的强度和难度；三是"把钱给人而不是给职位"，或者说根据劳动结果而不是岗位计酬。这三方面的制度设计，解决了一个组织薪酬与激励制度中的最核心、最基础的问题，成为科学管理中的必不可少的要素。在《车间管理》一书中，泰罗认为通过新的计件工资制，每一个部门应该实现三方面的工作目标：应让每一个工人做他力所能及的尽可能高级的工作；应要求每一个工人在不损害健康的情况下生产出他自己级别中头等工人所能生产的最高数量的产品；当一个工人以头等工人的最大进度生产时，他除了获得他这个级别的工人的平均工资外，还应按其工作性质获得30%~100%的工资。计件工资制打破了传统的工资分配方案，使工资分配科学化、合理化和公正化，从而为组织内部的科学管理打下了基础。即使历史发展到今天，计件工资制中的某些激励原理对于现代组织管理同样具有现实意义。

为了进一步完善企业的科学管理，泰罗进行了任务管理制的大胆尝试。他给"管理"下的定义是："确切了解你希望工人干些什么，然后设法使他们用最好、最节约的方法完成它。"在他看来，管理者既是计划的拟定者，还是生产的指导者。管理者的首要职责是制订周密合理的计划，然后将这些计划一一落实；分配工作任务时，要附有关于这项工作的详细的书面指导以及确切的工作要求和时限规定；提供的方法、工具及原料都应尽可能标准化。当时，管理人员既缺乏计划意识，又缺乏计划能力，以口头布置任务为主。泰罗的制度设计，将科学管理中非常重要的"计划"工作专门化并推向了一个新的水平。同时，泰罗要求将计划和执行加以区分，设立负责执行的专门人员。在管理人员的选拔上，他强调知识是主要的；向工人下达命令要以管理员或领班的专业化知识为基础，而不应依靠职位所固有的权力。任务管理制是管理实践中职能分化和优化的开始，在科学管理中具有十分重要的地位。

弗雷德里克·温斯洛·泰罗总结并提炼的以工时制、计件工资制和任务管理制为核心的管理体系，被后人称为"泰罗制"。

除了工时制、计件工资制和任务管理制，泰罗还总结出管理实践中的其他制度和原则，并将这些统称为"科学管理原理"，以和传统的、以经验为主的管理方式相区别。科学管理原理在组织管理中的广泛推广和运用，给组织和社会创造了巨大的经济效益和社会效益。

事实上，泰罗关注的不仅是企业的效率，而且关注国家和人类活动的效率。他在《科学管理原理》中指出，"由于我们在几乎所有的日常行为中不注意效率而使整个国家正在遭受巨大损失"；"科学管理原则适用于各种人类活动——从最简单的个人行为到需要进行充分的精心协作的大公司的活动"。的确，从个人到企业，从团体到国家，以及人类的所有活动，无不需要采用科学的管理制度和方法。泰罗留给我们的，不仅是一笔科学遗产，而且是一种宝贵精神，一种顺应时代发展需要的锲而不舍的进取精神，一种关注国家和社会命运的宽阔胸怀与博大精神。无论是管理实践者还是管理研究者，都应具备这种睿智、远见和精神。

泰罗的科学管理揭开了几千年来遮罩在管理上的神秘面纱，并创建了一系列行之有效的机制，进而解决了一系列貌似山穷水尽的组织管理问题，成为人类管理史上的一个里程碑。但是，与其他历史人物的思想一样，由于历史环境等因素的影响，"泰罗制"同样存在种种局限，如认为工人的主要动机是经济的，工人最关心的是提高自己的金钱收入等，这种"经济人"假设，在今天看来显然有失偏颇。

不管社会如何发展或者制度如何变化，单纯从管理技术角度考察，泰罗创建的各种机制，对于组织管理工作特别是解决企业问题来说，那就是一种神奇的工具。这种"工具"功效，我们在当今社会现实中同样可以窥见其影，尽管形式不同、内容不同，但其本质上却殊途同归。

我们说"机制是组织管理工作的高效工具"，只因为生产工具是人在生产过程中用来加工制造产品的器具，本质上是利用外界物体作为身体功能的延伸，以达到某种目的。它能让人工作时省劲省力、轻松自如。因此，管理工作也常常需要借助工作本身以外的某些机制，方能高效能实现目标。正如当代管理大师德鲁克所言："创新是企业家的具体工具，也就是他们借以利用变化作为开创一种新的实业和一项新的服务机会的手段。"

有一家机械制造企业，曾经频频出现机床砸伤工人手掌或手指事故。这不但对员工身心造成伤害，而且耽误工期，还额外增加了医疗费、营养费等企业计划外支出，让管理者好不操心。后来，有人提出合理化建议：把机床开关由一个改装为两个，各置于工人左右手位置。机床做工时，只有同时按下两个开关，方能接通机床电源的火线与地线，这样就能万无一失地保证工人生产安全。这一建议被采用后，因为工人操作时两手都占用在开关上，所以企业从此杜绝了"伤手"事件。

这就是"机制"的工具性效能！

# 四、目标落实需机制

生活中的"机制"应用事例可谓俯拾皆是，比如在视线开阔、路线笔直的公路上，许多的限速提醒却不抵在关键路段安装凸出的减速线有效。究其原因，就在于乏力的号召缺乏有效的落实机制。

"二战"期间，美国空军降落伞的合格率为 99.9%，这就意味着从概率上来说，每一千人次跳伞的士兵中会有一个因为降落伞不合格而丧命。军方要求厂家必须让合格率达到 100%，但厂家负责人说他们竭尽全力了，99.9% 已是极限，除非出现奇迹。为解决这 0.1% 之争，军方只好改变检查制度：每次交货前从降落伞中随机挑出几个，让厂家负责人亲自跳伞检测。从此，奇迹出现了，降落伞的合格率达到了 100%！

这就是"机制"创造的奇迹。那么，什么是"机制"？

为了帮助人们理解机制的概念，我们不妨再看一个与汽车有关的生活事例。

当代人大多会驾驶汽车，或者起码乘坐汽车行驶过高速公路。在高速公路上，我们时不时会发现一路上在地面或右护栏或正前方设置有"限速每小时 120 公里"或"每小时 80 公里"形式不同的标志。但高速公路上行驶的汽车驾驶员，往往极容易超速行驶。这绝不是个别性的视而不见现象。但是，在距离各个出口处，那"离下一个出口处 1000 米"或"离下一个出口处 200 米"等系列提示标志，对于要出高速的驾驶员却能特别引起重视。人们真正离自己的出口处不远时，即使没有减速提醒也都会下意识地降低时速，特别是右转向进入盘旋的出口弯道时，尽管已经完全没有限速标志，但人们普遍会将时速降到每小时 60 公里以下——这主要不是为交通规则，而是避免让自己飞出护栏掉下山坡。

据此理解，"机制"好比那高速公路出口处的弯道，它能让人们自觉自动地去执行相关指令，并实现管理者所期望的目标。

简而言之，管理机制就是将内在的目标外在化，将笼统的要求具体化，将复杂的管理简单化，将系统的工作程序化，将执行的行为自觉化。

笔者是全国、全军首批 3 名军事人力资源管理硕士之一，而且在 3 名军事人力资源管理硕士中又有幸成为唯一的军事人力资源管理实践者——基层部队的直接带兵人。由于所学专业的原因，笔者日常管理中不免习惯以"资源"的视觉对待人、重视人、培养人、发展人，并以人本管理的理念创新新时期军队管理工作。基于此，我将现代人力资源管理理论与部队管理实践相结合，形成了以"6个1工程"为形式的军人自主管理与发展机制。现将"6个1工程"作一简介，并借此作为实例帮助人们理解"机制是目标落实的高效能作用方式"这一机理。

"6个1工程"具体内容如下：

## （一）养成一个好习惯

目标：教会官兵科学进行自主时间管理，培养军人高效能时间管理习惯，避免人生迷茫现象，让军营生活更加丰富而充实。

机制："自主时间安排表"。

机理：人生是由时间雕刻的。虽然时间的长度有限，但其宽度、密度、质量却是无限的。研究古今中外成功者，他们与普通人的最大区别，无不表现在时间效率上。

提高时间利用率，保障要素有三：一是人们在日常行为中，要始终分清轻重缓急，保证把"重要"的事情摆在优先地位，并确保时间。二是要有好的身体，正所谓身体是"革命"的本钱。没有体能作保证，其他一切仅为愿望，甚至已拥有的也会即刻变为"零"。三是要有好的精神状态，一个人精神状态的积极还是消极，不但影响效率，甚至决定人生方向。

通过"自主时间安排表"的事先计划，让有利于官兵发展的事情在时间上得到保证。长此以往成为习惯，便能使官兵有计划地管理时间、分配时间，特别是能够有效利用业余时间和碎片时间。只要有规律地生活、有计划地进步，便能积跬步而至千里。

习惯成自然，自然成个性。通过日积月累的不懈坚持，集腋成裘，平凡即变为非凡。

操作：根据军人生涯规划，找出人生目标与现实的差距，并把切实可行的"补差"措施作为"有利于发展的事情"，进而保证主要的自主时间安排于"有利于发展的事情"。

## （二）结交一个好朋友

目标：引导官兵近朱远墨，实现人际互助相长，营造工作人脉关系，开创事

业人脉网络。

机制："答疑解惑笔记"。

机理：人是群居动物，社交是人的本性。因此，人生最可怕的不是困难而是孤独。然而，近朱者赤、近墨者黑。而防止近墨者黑的最有效措施，即是先行引导人近朱者而赤。

俯瞰现实，平庸者仅以个人喜好交朋友，喜欢和自己差不多或是比自己差的人交朋友；成功者则爱结交一些比自己强、能够对自己的事业有帮助或是能提升自己的人。

因此，现代有志人士的交际活动应该是有目的、有选择的理性社会活动——时间及人的精力总是有限的，交际活动可以选择满足个人情欲的吃喝玩乐，也可以选择对人生及事业有帮助的兴趣小组。现代军人要想有所发展，更不可唯交际而交际，而应选择与事业相结合的高雅活动。

操作：参与"军人自主管理"活动的官兵，平时每周寻找出工作、生活、人生中的疑难或困惑，并作出"答疑解惑笔记"，然后在军营内外或通过军网、互联网交友平台，至少联系上一名相关专家、行家，求解后详细作出"答疑解惑笔记"，并从此与这名专家、行家定期保持联系，成为朋友，并争取将德高望重者发展成为自己人生中的高人或贵人。条件成熟时，提倡多多转介绍给自己身边的战友，实现资源共享。

## （三）研究一个成功者

目标：树立学习榜样，激发进取之心，探索成功轨迹，认识成功之道，复制成功行为。

机制："成功故事会"。

机理：榜样的力量是无穷的。每一个成功者，尽管他们处于不同的行业、不同的地区，甚至来自不同的民族，有着不同的信仰和文化背景，但是，成功者的历程却往往是相似的。

然而，当今社会物欲横流，人们常常表现得虚浮不安。成功者展示在人们面前的表象，往往浮华多于原形。

青年人缺乏人生经历和阅历，他们没有成熟的心理，他们热情高于理智。在现象与本质之间，他们往往缺乏通透的辨析力。他们对成功的认识十分肤浅——羡慕成功者光鲜的结果，却看不见成功者光环背后那艰辛的奋斗历程；他们渴望成功，却不愿做成功者在成功路上所做的事，不愿为成功的过程付出努力。

甚为堪忧的是当下创业热情表象下对物欲的盲动波及军营。这些现象最集中体现于那些热血创业青年——每每问起他们创业动机时，空泛答案以"实现人生价值"者居多，实在答案以"赚钱，有钱就有一切"者居多。更有个别实在者直接表述"自由"，甚至"可以吃大餐、娶美女、开豪车、住别墅"，很少有人回答"尽责任回报社会"。他们虽然也会说说"奋斗"或"努力"之类的大话，但很少人真正理性地认识到追求成功是比常人更艰辛的奋斗，是挑战能力极限的努力。

为此，通过认真而深入地去研究一个自己所崇拜的对象，如此尊重他们的"偶像"，也尊重他们的选择权。这种方式不仅让当代官兵乐于接受，同时也能引导他们客观而全面地认识成功者，全景式剖析成功者，让成功者立体式展现在"粉丝"面前，从而真正让大家明白成功之道，探索成功轨迹，树立学习榜样，复制成功行为。

操作：每个人列出自己最崇拜的人，然后深入研究他的生平、经历，并长期动态地关注自己"偶像"的一切动向或相关报道，然后将这些素材整理成故事，并在定期的"成功故事会"上对大家讲述，以分享成功者的成功经验。

### （四）贡献一本好图书

目标：提高军人文化素质与品位；避免官兵业余时间空虚无聊；杜绝滥读书、读"烂"书；打造学习型组织，建设现代书香军营。

机制："图书漂流（交流）活动"。

机理：人可以战胜困难，但很难战胜寂寞。空虚无聊往往是滋生罪恶的土壤，而网络毒品又诱惑多多。更可怕的是，当今社会泥沙俱下，书刊更是泛滥至极。加上青年人精力旺盛，并缺乏理性，喜欢随意行事，自律、自控能力相对较差。因此，空闲时间如果不由健康文化去占领，丑恶文化必然乘虚而入。

另外，日常生活中有一种普遍现象：自己书架上的书慢慢看，别人借给的书抓紧看。所以，通过图书漂流（交流）活动，能"迫使"现代官兵提高读书效率，保证每人每年至少读10本以上好书，从而使"书香军营"这一倡导真正落到实处。

操作：每个官兵每年至少贡献一本热点读物，并要求该读物必须符合以连、排为单元的学习小组的相关定位，并能纳入团队读书规划，并经团队成员普遍认可。同时值得注意的是：万不可侵犯官兵的自主权和选择权而变相由部队指定书名、指定书店购买。与此同时，每个官兵每个月至少交换阅读物一次，如此让好书不断在更大范围内"漂流"。

## （五）争取一项个人荣誉

目标：营造争先恐后和比、学、赶、帮、超军营氛围；鼓励人人求成长，个个想成才，事事争先进；激励先进，鞭策后进。

机制："喜报信封"。

机理：大力培育当代革命军人核心价值观，必须从思想和行为上激励广大官兵崇尚荣誉、创造荣誉，为有效履行使命提供强大的精神动力。

荣誉感是由自尊心、名誉感、光荣感、好胜心、自爱心、上进心、集体主义情感等组成的一种复杂的道德情操，是使人积极向上、建立功勋的强大动力，是一种自觉维护和追求荣誉的道德情感和价值取向。所以，采取多种形式，激发和增强当代革命军人的荣誉感十分必要。因为对于军人来说，荣誉感能激发军人爱军习武的热忱和克服艰难险阻、顽强战斗的精神。军人一旦有了对荣誉的崇尚和追求，就会凝聚成英雄虎胆，就会"苟利国家生死以，岂因祸福避趋之"。实践证明，军队的广大官兵正是因为胸怀为党、为国、为民献身的崇高追求，所以才能战无不胜、勇往直前。

军队从组建以来就一直重视对军人荣誉感的培养，提倡官兵用自己的勤奋、勇敢去获得荣誉、创造荣誉。作为一名军人，崇尚荣誉、渴求荣誉，正是官兵向上奋进的内心世界的一种具体体现。

"争取一项个人荣誉"，本质上就是鼓励官兵争着为部队建设出力，争着为祖国服务，争着为人民谋利益。也就是说，争取荣誉可以鼓励官兵艰苦奋斗、追求真理、成就事业，从而在本职岗位上有所创造、有所建树、有所奉献。

操作：以连队为单位给每一名官兵发一个盖有"喜报"字样的大信封，然后比谁寄出早。寄出之后，由基层单位及时补充，保证平时每一名官兵都保有一个"喜报"大信封，从而进一步比谁寄出多。年度综合评优评先时，将谁寄出的奖项规格高及谁寄出早、谁寄出多等作为主要评比依据。

## （六）组织一次特色活动

目标：引导官兵明确阶段性目标，并保证阶段性目标与总体目标方向上的一致性，同时脚踏实地地付诸行动。

机制："活动照片"。

机理：成功者立长志，平庸者常立志——平庸者做事如挖坑，挖了一个换一个；成功者做事如打井，看准一个挖一个，不打到泉水不罢休。

在基层部队不难发现，许多官兵的家庭情况相差悬殊，特别是他们父母的文化程度、社会地位、工种职业、经济状况各不相同。然而20年前他们与今天我们的战士一般大时，这些人基本处于同一起跑线，甚至有的人就是同学、朋友，各方面情况相差不大，可能在许多方面非常相近或相似。尤其是一些人20年前和当时的同学、朋友本无根本差异，20年后，他们之间却相去甚远，甚至当年不如自己的人如今却遥遥领先。究其原因，主要因素即为目标明确程度不一，或行动中的曲直不一。

人生要有目标，为人要脚踏实地，这一训诫几乎是父母、长辈、老师、领导重复了千万次的共同教导。这一"知识"可谓妇孺皆知、深入人心。可叹的是，少有人真正将这一知识变成"文化"，即没有真正在人生中将这一知识转化为实际行动。

不积跬步无以至千里，而"至千里"又须"两点间的距离直线为最短"。每人每月至少添加一张对人生而言有意义的新相片，这样既可以纵观自己人生道路的曲直，又可以脚踏实地分阶段实施人生目标。

操作：每个人要根据自己的人生规划，分年分月制定"一年一个新变化"和"一月一个新变化"计划，并据此以班、排为单位组织自己擅长的特色活动，进而每月将其相片添加到为自己制作的"个人成长幻灯片"（PPT）电子文件中。如此经常检视自己走过的路，从而看看自己的所作所为是否走在提升路上。

以上"6个1工程"虽然只是一个范例，甚至还不够规范和完善，但从"6个1工程"显而易见地可以看出：相对简单的"机制"，其实将复杂而深蕴的机理贯穿在其中，进而使高远的目标得以落实。实践证明，"6个1工程"比那些空洞的号召起码具有更强的操作性，也更能有效地将官兵的发展需求落到实处——这就是"机制"的作用。

# 五、战略实现在机制

　　管理专家余世维博士曾经提到一桩管理阅历：日本某高级酒店要求卫生条件实现一流，检测客房抽水马桶是否清洁的标准是：由清洁工自己从马桶中舀一杯水喝一口。可以想象，这样的马桶会干净到什么程度！可见，建立起组织愿望和落实措施之间的必然联系对于组织战略的实现十分关键。

　　沃尔玛百货有限公司是由美国零售业的传奇人物山姆·沃尔顿于 1962 年在阿肯色州成立的小商店发展成就的国际商业巨头。经过多年的发展，沃尔玛公司现已成为全球最大的"私人雇主"和连锁零售商，多次荣登《财富》杂志世界 500 强榜首，频频当选最具价值的国际品牌。

　　沃尔玛帮助世界各地的人们随时随地节省开支，生活得更好。通过实体店和网店，他们每周都有超过 2.5 亿名的顾客和会员光顾他们在 28 个国家拥有的 70 个品牌下的 11000 家分店以及遍布 11 个国家的电子商务网站。2016 财年，沃尔玛剔除汇率影响的营收达到 4969 亿美元。据德国媒体《经济周刊》在线报道，虽然互联网贸易在不断增长，但在目前全球 100 强零售商排行榜中，沃尔玛仍然位居榜首。

　　长期以来，沃尔玛坚持创新思维和服务领导力，一直在零售业界担任领军者的角色；更重要的是，沃尔玛始终履行"为顾客省钱，从而让他们生活得更好"的这一企业重要使命，并通过企业社会责任活动帮助人们生活得更美好。

　　有人曾统计，早在 2012 财年沃尔玛的销售额就比澳大利亚一个国家的 GDP 还多 200 亿美元。据此假设：如果沃尔玛是一个国家，它能在全球最大的经济体中排到第 26 位。

　　事实上，沃尔玛全球雇员的数量比休斯敦的人口总量还多。仅在美国，沃尔玛就招了 140 万名员工。据此假设：如果沃尔玛是一支军队，它可就是全球第二大军事力量，仅次于中国。

　　市场占有情况方面，美国人花在生活用品上的每 4 美元中，就有 1 美元是在沃尔玛企业消费的。

沃尔玛的目标是做全世界最大的物品销售商，将连锁店延伸到世界的各个角落；他们的效益战略是成本领先，以低成本最大可能地占有市场。为了实现战略目标，沃尔玛以超常的经营规模和最大化的市场渗透不断发展，其骄人功绩的背后功不可没的是"倒金字塔"组织机制的内在作用。

在人才竞争加剧和人力资源成为经济效益新的增长点之后，沃尔玛推出了独具特色的全新人才管理理念——公仆领导：领导和员工之间为一个"倒金字塔"的组织关系，即领导在整个支架的最基层，员工是中间的基石，顾客永远是在第一位。领导为员工服务，员工为顾客服务。

这个极其重要的事实，从表面上看似乎是矛盾的，就像折价零售商信奉的"售价越低，赚得就越多"的原则一样。但是，它又是完全合理的，那就是公司越与员工共享利润，源源不断流进公司的利润就会越多，不管是以工资、奖金、红利还是股票赠让方式。如此一来，员工们会不折不扣地以管理层对待他们的方式对待顾客。公司善待员工，给员工以归属感，那么员工们就能够善待顾客，顾客们就会不断地去而复返。顾客多了，销售额就上升，随之利润也就自然上升，这正是零售行业利润的真正源泉。相反，把新顾客拉进商店来，做一笔生意算一笔生意，或不惜血本大打广告，都达不到这种效果。

沃尔玛之所以这样做，是因为山姆·沃尔顿早已意识到：零售业是服务性行业，顾客就是"老板"。这是一个真真切切、实实在在的事实：员工们的工资和生活享受不是从总经理那儿获得，而是来自他们的真正"老板"——顾客。只有把真正的"老板"伺候好了，员工们的口袋里面才会有更多的钞票。员工作为直接与"老板"接触的人，其工作精神及状态至关重要。领导的工作就是指导、支持、关心、服务员工。员工心情舒畅，有了自豪感，就会更好地服务于顾客。

在沃尔玛，任何一个员工佩戴的工牌都注明"OUR PEOPLE MAKES DIFFERENCE"，也就是"我们的同事创造非凡"。除了名字外，在工牌上没有任何职务标识，包括最高总裁。公司内部没有上下级之分，全员直呼其名，如此营造了一个上下平等、人人都能从中找到归属感的气氛。

沃尔玛的管理者都被亲切地称为"公仆"，他们为员工服务，指导、帮助和鼓励员工，为员工的成功创造机会。在这种体制下，沃尔玛公司的"公仆"并不是坐在办公桌后发号施令，而是走出来和员工直接交流、沟通，并及时处理有关问题，实行"走动式管理"。他们的办公室虽然有门，但门总是大开着。有的商店办公室干脆没有门，以便让每个员工随时可以走进去，提出自己的看法，等等，这些共同构建了沃尔玛企业文化中独特的"公仆文化"。

"员工的错误就是经理人的失误"，这是沃尔玛教导管理人员的基本理念。在大力宣扬"公仆文化"的同时，山姆·沃尔顿一直坚信沃尔玛不需要成立工会。他认为，虽然员工需要能代表他们利益的发言人，但只要管理有方，认真推行"员工高于管理者"的管理信念，照顾好员工的利益，关心员工，帮助员工解决困难，沃尔玛就不需要工会。直到今日，"公仆"领导机制仍在支持沃尔玛战舰不断前行。

"公仆"领导机制的奥妙，就在于"山姆大叔"深知顾客称心满意、反复光临是沃尔玛公司能够获得惊人利润的关键。正是因为这样的缘由才有了公仆领导——将组织中的等级层次翻转过来，把金字塔颠倒过来。这是一个思维角度的变换，更是一种管理机制的创新，它深深体现了管理者或领导者对员工和顾客的重视程度。

顾客之所以愿意经常去沃尔玛，是因为沃尔玛的员工比其他商店的售货员待他们更好。而员工的态度又来自于管理者对他们的态度。沃尔玛所有的管理过程和工作过程，都没有对员工的"呵斥"，甚至没有对员工提更多的"要求"，而员工的行为却自发而自动。就是在这样的层递中，沃尔玛从源头上解决了问题，使得管理者与员工和顾客三者之间的关系极为顺畅，相得益彰。

《细节决定成败》一书中，有一节内容"荣华鸡为什么竞争不过肯德基？"说的是为了树立民族快餐品牌，上海新亚集团曾成立了"荣华鸡快餐公司"专门与"肯德基"对抗，声称"肯德基开到哪我就开到哪！"然而6年后，"荣华鸡"即自觉落荒而逃。个中原因，就在于"肯德基"有一套系统的机制在背后支撑，而"荣华鸡"却只是空有豪情壮志。

在了解了沃尔玛的"公仆"领导机制后，我们不妨看看"肯德基"的发展机制。之所以选择这些国外的世界著名企业，当然不仅仅是因为他们的名气，更主要是因为他们成长于完全的、规范的市场经济环境。如此，其机制的作用更能揭示事物的内在规律。

1987年11月12日，"肯德基"在北京前门繁华地带设立了中国的第一家餐厅。由此，北京肯德基有限公司也成为北京第一家经营快餐的中外合资企业。来到中国30年的时间里，"肯德基"为"把最贴心的服务回馈给广大中国消费者"，在950多个城市和乡镇开设了4600余家连锁餐厅，遍及中国除西藏以外的所有省、市、自治区，是中国规模最大、发展最快的快餐连锁企业，并成为中国最受欢迎的快餐品牌。

"肯德基"的发展速度是惊人的，在全球企业家普遍感叹一才难求的今天，

"肯德基"的人才供给无非得益于其"人员变人才"的独特机制。

作为世界最大的餐饮连锁企业，"肯德基"自进入中国以来，带给中国的不仅是异国风味的美味炸鸡、上万个就业机会，还有全新的国际标准的人员管理和培训系统。

作为劳动密集型产业，"肯德基"奉行"以人为核心"。因此，员工是"肯德基"在世界各地快速发展的关键。为此，"肯德基"不断投入资金、人力进行多方面各层次的培训，从餐厅服务员、餐厅经理，到公司职能部门的管理人员。这些培训不仅帮助员工提高工作技能，同时还丰富和完善了员工自身的知识结构及个性，使"肯德基"员工变成人才，人力资产变成了人力资源，进而进一步变成了人力资本。

"肯德基"在中国特别建有适用于当地餐厅管理的专业训练系统及教育基地——教育发展中心。这个基地成立于1996年，专为餐厅管理人员设立，每年为来自全国各地的2000多名"肯德基"餐厅管理人员提供上千次的培训课程。中心大约每两年会对旧有教材进行重新审定和编写。培训课程包括品质管理、产品品质评估、服务沟通、有效管理时间、领导风格、人力成本管理和团队精神等。

在一名管理人员的培训计划中，有《如何同心协力做好工作》、《基本管理》、《绩效管理》、《项目管理》、《7个好习惯》、《谈判与技巧》等科目。据了解，"肯德基"最初的培训课程有来自于国际标准的范本，但最主要的是来自于当地资深员工的言传身教及对工作经验的总结。因此，教材的审定和重新编写主要是补充一线员工在实践中获得的新知识、新方法。在"肯德基"教育发展中心，每一位参加培训的员工既是受训者，也是执教者。这所独特的"企业里的大学"，就是"肯德基"在中国的所有员工的智囊部门、中枢系统。

"肯德基"的内部培训体系分为职能部门专业培训、餐厅员工岗位基础培训以及餐厅管理技能培训。

"肯德基"隶属于世界上最大的餐饮集团——百胜全球餐饮集团。在中国，百胜餐饮集团设有专业职能部门，分别管理着"肯德基"的市场开发、营建、企划、技术品控、采购、配送物流系统等专业工作。

为配合公司整个系统的运作与发展，中国百胜餐饮集团建立了专门的培训与发展策略。每位职员进入公司之后都要到"肯德基"餐厅实习7天，以了解餐厅营运和公司企业精神的内涵。职员一旦接受相应的管理工作，公司还开设有传递公司企业文化的培训课程，一方面提高员工的工作能力，为企业培养合适的管理人才；另一方面使员工对公司的企业文化有深刻的了解，从而实现公司和员工的共同成长。

作为直接面对顾客的"窗口"——餐厅员工，从进店的第一天开始，每个人都要严格学习基本的操作技能。从什么都不会到能够胜任每一项操作，新进员工要接受公司安排的平均近 200 个小时的培训，并通过考试取得结业证书。随后每一段的晋升，从见习助理、二级助理、餐厅经理到区经理，都要修习 5 天的课程。根据粗略估计，仅是培训一名经理，"肯德基"就要花好几万元。

在"肯德基"，见习服务员、服务员、训练员以及餐厅管理人员，全部根据员工个人对工作站操作要求的熟练程度而实现职位的提升、工资水平的上涨。在这样的管理体制下，年龄、性别、教育背景等都不会对任何人未来在公司的发展产生任何直接影响。

目前，"肯德基"在中国有大约 5000 名餐厅管理人员。针对不同的管理职位，"肯德基"都配有不同的学习课程。学习与成长的相辅相成，是"肯德基"管理技能培训的一大特点。

当一名新的见习助理进入餐厅，适合每一阶段发展的全套培训科目就已在等待着他。最初他将要学习进入"肯德基"每一个工作站所需要的基本操作技能、常识以及必要的人际关系的管理技巧和智慧。随着他管理能力的增长和职位的升迁，公司会再次安排不同的培训课程。当一名普通的餐厅服务人员经过多年的努力成长为管理数家"肯德基"餐厅的区经理时，他不但要学习领导入门的分区管理手册，还要接受公司的高级知识、技能培训，并具备获得被送往其他国家接受新观念以开拓思路的机会的资格。除此之外，这些餐厅管理人员还要不定期地观摩录像资料，进行管理技能考核竞赛等。

为了既提高员工素质又密切公司内部员工关系，"肯德基"还以不定期的餐厅竞赛和员工活动，进行内部纵向交流。据一位选择"肯德基"作为人生中第一份工作的餐厅服务员介绍，在"肯德基"的餐厅，她学到的最重要的东西就是团队合作精神和注重细节的习惯。可见，这些对思想深层的影响今后可能会一直伴随他们，无论是在哪里的哪个工作岗位。

另外，"肯德基"从 1998 年 6 月 27 日起，开始强化对外交流，进行行业内横向交流。时年，"肯德基"和中国国内贸易局已经共同举办了数届"中式快餐经营管理高级研修班"，为来自全国的中高级中式快餐管理人员提供讲座和交流机会，由专家为他们讲述快餐连锁的观念、特征和架构，市场与产品定位，产品、工艺、设备的标准化，以及快餐店营运和配送中心的建立等。这些对技能和观念的培训与教育，除了提高人们的工作能力外，其交流形式同时也激发了中国快餐业奋起直追国际先进企业的理念与行为。

"肯德基"进入中国多年来，一方面开店增多，另一方面为社会带来的连锁效应也越来越大。许多曾经在"肯德基"打过工的年轻人，当年虽然都还是在校学生，或者刚走出校门，但"肯德基"的系统培训，已让他们许多人由"人员"变成了"人才"。据初步统计，"肯德基"进入中国以来累计培训员工 40 多万人次。

"肯德基"在中国开出第 700 家店的上海庆祝活动时，它们没有打广告也没有搞庆祝仪式，而是把自己的培训课堂搬进了复旦大学的校园，让大学生体验"肯德基"的培训。"肯德基"上海有限公司的王奇先生曾解释这一现象为"企业大学化"。

王奇介绍说：所谓"企业大学化"，是指企业除了本身的生产流程外，同时也是创造知识的一环。现代知识型企业不仅靠资本、土地赚钱，还应该有它独特的知识才能够去竞争。企业在深化知识后，经过有效的整理、积蓄，然后传播出去。把企业的培训理念引进校园，一方面让高校为企业的培训提供良好的专业背景；另一方面企业通过这样的形式，把自己对人才素质的需要及来自管理实践的最新经验反馈给学校。这是一个校企互动的过程，也是企业人才的获取机制。

当然，这种种举措，在经济效益和社会效益双丰收的同时，也让"肯德基"理念在更广大范围得到推广并认可，让"肯德基"品牌的核心竞争力得到了不断提升。实践表明，"肯德基"已经在用行动努力把创造利润和创造知识结合在一起。现在，更多的企业也意识到了这一点：未来，创造财富不仅是靠资本、资源，更多的是靠知识。

# 六、制度体制立机制

机制无处不在，机制也无时不有。因为只要任何有机体在运行，其自觉或不自觉地都在建立或是依据某种机制。其区别只在于效率、效益、效能的不同。

有一家私营网络科技有限责任公司，虽然注册的法律形态、组织形式是股份合作制的有限责任制企业，但兄妹俩股东中，妹妹从来不过问公司事务，更从不出现在公司办公场所，完全只是为了满足注册条件而凑数挂名的法人代表，整个公司大小事情全部都由哥哥一人主政，可谓高度集权。因为公司的这种管理体制，公司领导为了能够掌握每天的基本情况，规定每天下班之前，各成员必须逐级呈交工作报告，上报当天工作，直至公司顶层。然而，这项规定自出台之后，一直执行得不够理想。高管所期望掌握的信息得不到，每天汇报上来的情况有时不是胡编乱造，就是鸡毛蒜皮，或是假、大、空、套话，让主政的哥哥十分烦恼。就在万般困惑之时，公司找到某著名经营管理效能优化专家咨询，咨询师在调查研究之后，给该公司开出整治处方：改变自上而下要求报告工作的做法，将每天要了解的情况设计在一张电子表格中，然后只要求全体成员在每天 17 点之前逐级报表后方可下班。如此一张小小的"报表"，从此彻底帮助公司摆脱了长期得不到有效信息的烦恼。"报表"替代"报告"之后，基层员工普遍反映：报表内容简单、容易把握、格式统一，再不像过去"汇报工作"那样常常丈二和尚摸不着头脑、不知所云。

"机制"就是这样，常常只是一个小小的改变，就可能把管理结果变得大不相同。它可能迅速改变组织的管理状况，轻巧地实现组织及其管理者的管理意图与目标。

从运作的形式划分，领导层给执行层制订的"机制"一般有三种：

第一种是"行政—计划式"。这种机制以计划的、行政的手段把各个部分统一起来，形成决策权高度集中统一的运行体系。

第二种是"指导—服务式"。即以指导、服务的方式去协调各部分之间的相互关系，形成统一规划、分工协作、能动性执行的运行体系。

第三种是"监督—服务式"。这是以监督、指导的方式去协调各部分之间的关系，形成目标明确、抓大放小、把握关键的运行机制。

当然，在日常组织管理中，如果从机制的功能角度考察，我们容易发现管理实践者常常喜爱使用牵引机制、激励机制、压力机制、制约机制和保障机制。

牵引机制。指通过明确组织对成员的期望和要求，使成员能够正确地选择自身的行为，最终组织能够将成员的努力和贡献纳入帮助组织完成其目标、提升其核心能力的轨道中。牵引机制的关键在于向成员清晰地表达组织和工作对成员的行为及绩效期望。领导以身作则、树立学习榜样等是常见的牵引机制。

激励机制。这是一种针对管理对象生理或心理上的需求而调动其积极性的最常用的一种机制。激励的本质是激发组织成员去完成组织某件事情的意愿，这种意愿以满足成员的个人需要为条件。因此，激励的核心在于对成员内在需求的把握与满足。各种奖励即是常用的激励机制。

压力机制。主要是通过社会、生活和竞争三个压力源给组织成员造成适度精神紧张，从而反向推动人们付出努力的管理措施。现代组织不仅要有正向的牵引机制和激励机制，不断引领组织成员提升自己的能力和业绩，而且还必须有反向的竞争淘汰措施，将不适合组织成长和发展需要的员工释放于组织之外，同时将外部环境的压力传递到组织之中，从而实现对组织人力资源的激活，防止人力资本的沉淀或者缩水。竞聘上岗、末位淘汰、干部能上能下等是常用的压力机制实现形式。

制约机制。这是一种保证管理活动有序化、规范化的一种机制。制约机制本质上是对组织成员的行为进行限定，使其符合组织发展要求的一种行为控制，它使得组织成员的行为始终在预定的轨道上运行。制约机制的重点是做好过程管理，特别是要及时了解和掌握组织成员的行为动态，发现问题，及时纠偏。各种制度，以及日常工作中的检查、监督活动，即是常见的制约机制。

保障机制。这是为管理活动提供物质和精神条件的具体措施。俗话说，巧妇难为无米之炊。可见组织成员在执行组织任务时，更需要组织的相关支持，如此才能更好地实现组织目标。而且，从社会一切事物存在、发展的规律看，条件是制约和影响事物存在、发展的外部因素。虽然内因是决定事物存在、发展的根本依据和原因，但这两者互相联系、互相制约，并且在一定条件下还会互相转化。现实中，各类组织的后勤工作即是典型的保障机制。

值得注意的是，不管是机制运行的形式，还是机制作用的功能，以上几种类型的机制实际上是相互联系和相互渗透的。我们之所以人为作以上划分，完全只是为了分析问题的方便。同时，无论如何人为划分，机制的载体或者说是通过什么形式建立、依靠什么实现，都不外乎两个方面，即一靠体制，二靠制度。

这里所谓的体制，主要指组织职能和岗位责权的调整与配置，例如大到新近推进的军队改革及其军民融合国策的推行，小到近年风行的企业上市。所谓制度，广义上讲包括国家和地方的法律法规以及任何组织内部的规章制度、各类规定。

父亲曾经是一家国有企业的法人代表。据父亲介绍，企业是原国家林业部的林业化工产品生产基地，也是地方政府的骨干企业及其财政预算内支柱企业。由于这种关系，该企业过去所需投资完全依赖于国家财政拨给。由此使企业养成了一切依赖国家拨款的"等、靠、要"习惯。20世纪末和21世纪初，由于国家在企业投入方面实在不堪重负，同时企业不思进取，于是国家下狠心对企业采取了"断奶"措施。国家先是推出"拨改贷"政策，将过去无偿投入的资金改为给企业投放的贷款，然后由地方财政机关向企业收取相当于贷款利息的资金占用费。与此同时，企业新增投资则不再由国家或地方政府无偿拨给，而是完全由企业按照市场规则向商业银行申请贷款。

后来，国家对国有企业进行了进一步改革，特别是要求企业无条件按照市场经济规则进行"转制"。据介绍，当时的"转制"重点在两个方面：一是非涉及国计民生的一般性国有企业，必须以股份制、拍卖等措施实现国有资产实物形态向货币形态转变，并以货币形式由国家收回，以保证国有资产不流失，并以此将过去企业资本完全由国家投资转变为政府不再控股。二是企业员工由过去的企业人转变为社会人——过去企业员工生老病死一切由企业大包大揽，之后改变为由社会保障机制提供保障，企业作为用人单位，与员工的关系不再是人身依附关系，而只是工作聘用关系。

国家的"转制"措施，彻底改变了过去国有企业人浮于事、动力缺乏、效益低下等弊病，实现了政企分离、产权明晰、职责分明、效益提高等目标。

借着国家改革的东风，父亲在企业内部也推出了一系列改革措施。该企业原来有4条不同的产品生产线，在组织上各条生产线都直接作为大企业的分厂进行管理。为了改变这种"吃大锅饭"的现象，该企业决定将4个分厂都改变为独立的法人单位，在国家工商行政管理部门单独注册成独立的公司。如此单独核算、自负盈亏，有效调动了基层分厂的生产经营积极性。在独立核算的基础上，该企业还改革了过去的工资制度，规定在不违背国家分配制度的前提下，允许各核算单位对工资只需进行总量控制，但可以以绩效工资、奖励工资、岗位津贴等多种工资形式在内部进行差别化分配。此规定一出，企业员工立即活跃起来，甚至一些过去在基层工作后来想方设法挤进机关科室的员工，又主动申请回到基层一线。

值得一提的是，该企业本是以林业垦殖场为基础创办的工业企业，工人中很大一部分人由林业农民转型过来，因此文化素质相对偏低，生存能力相对较弱。面对"转制"可能引发的"下岗"潮，该企业根据自身产品线中"橡胶基复合防水柔毡"的民用建筑用品特点，发挥大企业的资源优势，申请了"建筑工程施工"资质，并同时以材料可以不用先付款而由企业代发等优惠措施，鼓励工人参与对外承接屋面防水工程，或者进行"防水柔毡"的推销，从事自主经营活动。这项政策推行后，越来越多的工人在"防水柔毡"项目上赚了钱。于是，人们纷纷自愿自觉地向企业递交"下岗"申请，并带动了越来越多的人自愿自觉地加入到"下岗"分流的行列。该企业由于为员工从事自主经营创造了支持条件，于是不但顺利实现了党中央和地方政府关于"稳定压倒一切"的社会目标，而且顺利实现了企业转制及减员增效的经营目标。

这就是体制变革和制度改革所形成的机制奇效。由此可见，通过相应的体制和制度的建立或者变革，机制在实践中才能得到体现。也就是说，可以通过创建、改革体制和制度，达到转换机制的目的。即通过建立适当的体制和制度，可以形成相应的机制。

在机制的形成上，现实中制度的作用更加直观：用人制度和分配制度改革在内部竞争、激励机制的建立过程中首当其冲；监察、审计制度在行政监督、约束机制完善方面也发挥着不可替代的作用。

需要说明的是，现实中机制的构建是一项复杂的系统工程，各项体制和制度的创立、改革、完善绝不可孤立地进行，也不能简单地以"$1+1=2$"的粗放方式解决。不同层次、不同侧面必须互相呼应、相互补充，这样整合起来才能更好地发挥作用。与此同时，还要特别重视人的因素——体制再合理，制度再健全，执行的人不行，机制还是到不了位。而且，体制与制度不能完全分离，而应相互交融。正所谓：制度可以规范体制的运行，体制可以保证制度的落实。

由此可见，如果能有适配的体制与制度，那么任何有机体都可以建立和健全相关的机制。哪怕是自然人，同样可以建立自主管理机制、个人发展机制等。

## 第三部分

# 高效能的机制理当自发自动

通过生活事例我们知道：机制就是将内在的目标外在化，将笼统的要求具体化，将复杂的管理简单化，将系统的工作程序化，将执行的行为自觉化。那么，我们如何自觉掌握机制的机理，并在工作中运用科学方法，使人们的一切执行都心甘情愿？

其实，需要引发动机，动机激发行为。现实中人们的一切努力皆因内心的"向往"。

作为群居动物，在任何组织中，人总是近朱者赤或近墨者黑。因此，只要构建理想的群体氛围，常人便总会不甘人后。

当然，人的需要会各有指向：有人爱财有人喜利，有人好功有人乐名。凡此种种，决定激励机制必须因人而异。

还有，人们的奋发图强总是朝向希望之光——只要希望之火熊熊燃烧，人们就会为"盼头"而自觉奋斗。

# 一、效益常把目标伤

现实中，人们不经意间常常把效率、效益作为绩效考核指标，换句话说，以此作为执行力目标。这种观念与做法不但容易让人误入歧途，而且具有极大的欺骗性和危害性，甚至常常自欺欺人。

有这样一所由国内某著名企业集团投资创办，曾享誉全国、蜚声海外的民办高校，董事长原是一名土生土长但敢想敢干的农民。他行事总是比别人快半拍，善于抢抓每一个机会，特别是别人还在政策法规面前犹豫不决之时，他却敢于突破暂时的法律黄线，因而歪打正着地顺应了改革开放的大势，企业和学校因此越做越大。

有了经济实力以后，这位农民企业家觊觎国家对于教育的土地免费、收入免税等系列政策，于是大手笔在全国各地圈地，不断投资创办民办高校或公办学校二级学院。

在企业集团大文化的影响下，他们的民办高校指导思想十分开放，设立了与国家计划内高等教育貌似的"本科"、"研究生"教育，自备有学士服、硕士服，甚至常年还有国家明令禁止的穿着07式军装的"武装队伍"——他们穿着与现役部队一样的军装，佩戴与现役军人一样的军衔、臂章，配发与现役部队一样的仿真"枪支"，好不诱人。加上招生宣传上的大胆创新和所雇用的那些由高额招生费驱动而进城下乡无孔不入的招生人员的巧舌如簧，一时间引得那些高考落榜生、高考无望生，甚至中考落榜生和中考无望生蜂拥而至，学校一时间可谓好一派繁荣景象。

有了教育这样的"公益"光环，又有了财源滚滚的学费收入和垄断性的学生校内消费，他们的学校在经济效益和社会效益双丰收之后，为了获取更大的经济效益，于是把学校当作常年有培训项目的酒店平台，开始"开源"和"节流"并举：他们辞去已经丧失"诱饵"价值的教育家、专家，大量引进低薪低层教学人员，特别是大肆嫁接"直销"那套"励志"培训，甚至引进善于"经营"的某酒店管理者主政学校全面工作。通过大量裁员、减少学生理论课时、合班上课、以视频替代教师讲课、以户外游戏代替文化课程，以及以名为"游学"实为出国旅游并从中赢取旅游利润和名为"顶岗实习"实为为一些企业提供基层一线廉价劳动力从而赚取劳务中介收入等代替日常教学，诸如此类措施，学校财务支出缩减50%以上，经济效益显著提高。

为了获得更大的经济效益，他们的民办高校还以上级投资集团的名义注册了专门的经营性公司，专事学生、学校无偿占用的教育用地等资源的深度"开发"，甚至以各种名义搜刮学生与教工的资财。最后，奸诈商人领导学校，经营项目挤兑教育，小商小贩遍布校园，教师学生热衷赚钱，整个学校一片喧宾夺主景象。

假教育真圈地、圈消费者的伪装被越来越多的人看透之后，于是教师找不到使命感和归属感，一些有其他发展途径的教师纷纷离职；爱学习的学生找不到学习净土，爱玩的学生也找不到好玩的感觉，在校学生大有上当受骗之感；而毕业生一个个没有更好地走向社会，口碑也越来越差。在民办教育行业由低门槛、小而散的自由竞争走向条件严格、逐步集中的垄断竞争的历史机遇中，他们的学校错失良机——生源不断减少，师资越来越差，教学质量每况愈下，最终走上了一条恶性循环之路。

以上这类学校的教训是惨痛的，但反思其败我们不难看出：他们比别人快半拍的工作效率使他们赢得历史机遇；他们大胆创新的"聪明"做法使他们赢得理想的经济效益；但他们鼠目寸光的短期行为却使他们丧失了发展后劲，最终因小失大。

透过现象看本质：他们"快半拍"赢得的是效率，假教育实现低成本运作获得的是效益，但"小聪明"却使他们丧失了效能。由这一案例我们可以看出：效率一般是时间与工作产量的比例关系，其方向至关重要——如果方向一错，效率越高，可能破坏性越大；效益是效果与利益的体现，一般指投入与产出之间的比较，它与时期的长短有关——短时间的高效益可能是竭泽而渔、杀鸡取卵的结果；效能却是能够创造有用价值的机能，即效率、效益及其发展后劲处于有机统一状态的可持续创造效益的能力。所以，我们需要看到，效率、效益、效能是紧密联系却有着本质区别的概念。

《龟兔赛跑》是广为流传、老少皆知的故事。戏说自从兔子输给了乌龟后，感觉实在脸面丢尽，心里很不服气。它反复检讨，认为自己最大的过失，就是轻敌。于是有一次它遇见乌龟时，正式向乌龟下达挑战书，要求重新比赛一次。乌龟很好说话，毫不犹豫地答应了。比赛这一天，兔子可谓万分小心谨慎。尽管前一天晚上睡眠不足，有点犯困，但它依然调动意志力，提醒自己不可瞌睡。发令枪一响，兔子便低头飞也似的飞奔狂跑，可是，当它抬头准备向终点线冲刺时，却发现乌龟再一次早已站在了领奖台旁——因为，兔子这次虽然没有大意睡觉，却大意跑偏了方向。

这则寓言在书本上可能是笑话，但生活中却频频发生在人们身边。比如有些企业忽视市场需求抓生产，结果生产效率越高，库存商品积压越大。这些没有销售出去的准确地说是没有被消费者所接受的产品，实际上意味着只停留在"企业产品"概念状态，并没有转化成社会商品，其结果甚于直接浪费原材料等社会资源。如此给企业带来的，自然是越发严重的经济损失。

借上述寓言进一步理解：兔子的效率是高的，但由于没有把握方向，结果却是徒劳无益的。所以，效率只反映时间与工作量的比例关系，并不涉及工作的价值，即工作的有用性。特别是当方向一错，其效率越高，破坏性越大。

当然，社会生活中人们从事任何活动，一般更注重"效益"，特别是喜欢用效益的大小来衡量意义的大小。然而，一般意义上的"效益"只是一个经济概念，它在经济学上被解释为：效益是指劳动占用、劳动消耗与获得的劳动成果之间的比较。劳动成果的价值超过了劳动占用和劳动消耗的代价，即产出多于投入，其差额就是正效益；反之，则为负效益。由此得出结论：人们用同样多的劳动占用及劳动消耗获得更多、更好的劳动成果，就称之为效益高；反之，效益就低。

可见，"效益"只是投入与产出的比较，它表示的是一种结果。但这种结果是在特定时间段所产生的，只要变换考察时间，其结果未必相同，甚至常常相反。

《上海会计》1988 年第 9 期刊登过一篇标题为《不能"富了和尚穷了庙"》的文章，文章反映了在 20 世纪 80 年代我国改革开放初期，一些国有企业实行"经营承包责任制"的改革措施。在单纯经济利益机制的驱动下，企业经济迅速发展，企业"效益"显著提高。但是，这些虚假繁荣景象的背后，是承包经营者及其所经营的企业恶意拼设备、拼资源，甚至想方设法掏空国家资财，只管自己承包期间的短期经济指标，不顾及企业的长期经营和持续发展，结果承包期一满，企业几乎丧失了再生产能力，完全变成了一副"烂摊子"。文章称："有些工厂领导和会计人员，置国家的财经纪律和财会制度于不顾，出现了名目繁多的滥发、滥用企业资金的现象。这样一来，使'大头'（国家得大头）、'中头'（集体得中头）、'小头'（个人得小头）三者的比例失去了平衡，结果是'富了和尚穷了庙'。相应地，也导致了某些人在生活上崇尚超前消费、铺张浪费，产生了不正常的社会效果。"

这种现象从特定时间段考察，其"效益"是好的，而结合长远发展能力看，这种做法牺牲了持续产生效益的后劲，因而其结果是适得其反、有害无益的。

所以，从以上分析我们可以明白，有价值的执行力显然不能够只求单位工作量而不求结果有用性；同时，有价值的执行力也不能只图眼前效益而本末倒置地破坏组织发展后劲。可见，效能才是有价值的执行力所应该追求的目标。

"效能"是什么？尽管目前人们对该词的解释五花八门：有解释为有效力、贡献才能的；有解释为有效率、创造效益的；有解释为有功效、发挥作用的；还有人解释为：主要指办事的效率和工作的能力。然而，《现代汉语词典》的解释虽欠清晰，但也权威：事物所蕴藏的有利的作用。

综合前人各种观点，我们不妨作这样的理解：效能是衡量创造能力的尺度，是产出与产能有机统一基础上形成的效益及其潜在能力，是具有持续创造效率、效果、效益能力的机能。我们这里提倡的高效能执行力，应该是具有可持续、稳定创造执行能力的那种结构与机能。

有人为"效能"做了个公式：效能＝效率×目标，其意思在于：一个人或组织不能片面地追求效率，效率高不代表目的就可以实现，有了目标再乘以效率才是达到目的的意义所在。这在一定程度上提示"效能"的本质是目标前提下的效率。

世界革命导师马克思曾经有过这样的论述：劳动生产力是由多种情况决定的，其中包括：工人的平均熟练程度；科学的发展水平和在工艺上的应用程度；生产过程的社会结合；生产资料的规模和效能，以及自然条件。马克思这里说的"效能"，指的是生产资料可持续稳定地生产产品进而创造经济效益的能力。

可见，效能是具有创造工作效率的能力，是衡量工作现实结果及未来收益的尺度，而效率、效果、效益则是衡量效能的依据。

史蒂芬·柯维（Stephen R. Covey）是影响人类思想的新智慧学家。他是美国学界的"思想巨匠"，曾入选"影响美国历史进程的 25 位人物"，被《时代周刊》评为"人类潜能的导师"，得到美国前任总统奥巴马的特别接见，也是前总统克林顿倚重的顾问。史蒂芬·柯维博士在《高效能人士的 7 个习惯》一书中如此解释"效能"。

我对"效能"（Effectiveness）所下的定义是——"产出与产能必须平衡"（P/PC Balance）。

伊索寓言中有则鹅生金蛋的故事，足以说明这个常遭人忽视的原则。这则故事是说：一个农夫无意间发现一只会生金蛋的鹅，因此农夫不久便成了富翁。可是财富却使他变得更贪婪更急躁，每天一个金蛋已无法满足他的贪欲。于是农夫异想天开地把鹅宰杀了，企图将鹅肚子里的金蛋全部取出来。谁知打开一看，鹅肚子里并没有金蛋。结果，鹅死了，农夫从此再也不能收获金蛋，一个也没有。

这则寓言是效能观念一个很好的例证。一般人往往从"金蛋"的角度衡量效益，也就是获得越多，效益越高。可是上述故事却告诉我们，效能包括两个要素：一是"产出"（Production），即金蛋，也就是人们希望获得的结果；二是"产能"（Production Capability），即鹅，也就是人们借以达到目标的资产或本领。

由此可见，仅重视"金蛋"，无视于"鹅"的人，结果会连产金蛋的资产本身都保不住。反之，重"鹅"轻"蛋"的人，最后可能连基本的"蛋"都得不到——未来的"鹅"又凭何而来？因此，产出与产能必须平衡才能达到真正的高效能。

现实中，人类所拥有的"鹅"——资产，基本上可分为人力、物力及财力三大类。而急功近利只会破坏珍贵的资产——或许是一辆汽车、一台电脑、一直的资金积累，也可能是自己的身体或自然环境。

例如，本金与利息相当于产能与产出。如果有人为了改善生活而重用本金，利息收入就会减少，财产总值自然随之缩水，最后连起码的生活都无法维持。

对于一个组织的人力资产而言，产出与产能之间的平衡尤为重要。因为物质与金融资产可为人所控制，人力资产则不能。比方说，员工和主管双方都汲汲营营于获得"金蛋"，亦即享受合作的好处，却忽略了组织的长期发展，于是便会变得相互取悦、相互利用、原则丧失。或只急于要手段操纵对方以满足自己的需要，如许多管理者片面运用短期的绩效考评制度即属此类；或忙着为自己辩护，挑剔对方的缺点。如此，合作的感觉及亲密的关系自然会衰退，这就好比"鹅"的病情一天比一天恶化。

现实中最可怕的现象是：组织成员在组织中为了获取个人升迁晋级机会，一味讨好主管，甚至明知主管领导失误，也因害怕自己穿"小鞋"而违心给主管穿"皇帝的新衣"；与此同时，主管为了单纯调动员工积极性，不惜过度运用管理艺术，殊不知多一份艺术则少了一份真情。如此一来，员工和主管双方很容易忘却使命，或放弃沟通、倾听与感情交流——即忽视合作关系的产能的重要性。组织成员往往因过于重视产出而屈从和讨好领导；主管也往往因过于重视产出而忽视共同长期发展进而利用员工。在此环境下发展的劳动关系，其实都是缺乏远见和发展责任感的表现。

# 二、"我要做"才效能强

执行力需要高效能，而高效能的执行力需要开启执行者的内在动力。否则，任何压迫或变相压迫的"要我做"，其结果都只能是执行者的消极应付、变相反抗与斗争。所以，从性质上将"要我做"转变为"我要做"，如此方能为组织的持续发展创造动力源泉，进而形成高效能后劲。管理学界总结、提炼、流传的"鲶鱼效应"，即是将"要我做"转变为"我要做"的生动写照。

话说挪威人爱吃沙丁鱼，尤其是对鲜活的沙丁鱼情有独钟。在挪威，鲜活的沙丁鱼价格比速冻的要贵好几倍。

于是，让沙丁鱼长时间保持鲜活既是挪威渔民的最大困惑，也是挪威渔民的努力目标。但是，沙丁鱼生性懒惰，不爱运动，加之返航的路途又很长，因此，不等回到码头，大多沙丁鱼往往就在途中死去。即使有些活的，也是奄奄一息。

后来，大家发现有一个人捕来的沙丁鱼总是活蹦乱跳的，而且很生猛，因此他赚的钱也比别人的多。大家很想了解个中缘由，可这个人严守成功秘密。直到他死后，有人打开他的鱼槽才发现，他成功的秘诀其实只不过是在鱼槽中多放了一条鲶鱼。

原来，鲶鱼是食肉鱼，是沙丁鱼的天敌。将鲶鱼放进鱼槽，能使沙丁鱼们紧张起来。为了躲避天敌的吞食，沙丁鱼自然加速游动，从而保持了旺盛的生命力。如此一来，沙丁鱼就一条条活蹦乱跳地回到渔港。

"鲶鱼效应"的实用意义人人亦然——任何一个组织，如果人们享有安逸的生活，就缺乏活力与动力，容易产生惰性。这时，仅仅依靠苍白的号召是无济于事的，切实可行的办法是变"要我做"为"我要做"，就像在沙丁鱼槽中放入鲶鱼一样，让人们感觉到是自己的需要而不再是别人的需要——希望沙丁鱼好好活着从而卖个好价钱这是渔夫的需要，可为了躲避鲶鱼而活命却是沙丁鱼自身的需要。如果在任务执行中能让组织成员不仅感觉是组织"要我做"，同时更是自己内在需求从而"我要做"，这样的机制自然更加有利于组织目标的实现。

需要说明，"鲶鱼效应"只是变"要我做"为"我要做"的一种措施，其功效不过来自于压力机制。实际工作中，牵引机制、约束机制等都在一定条件下能够奇妙地变"要我做"为"我要做"。

《孩子为谁而玩》是一则心理学故事，故事中的"老人家"为制止小孩子吵闹，即妙用了变"要我做"为"我要做"，从而化腐朽为神奇。故事内容为：

一群孩子在一位老人家门前嬉闹，叫声不断，吵闹连天。几天后，老人实在难以忍受。

于是，他出来给了每个孩子25美分，对他们说："你们让这儿变得很热闹，我觉得自己年轻了不少，这点钱表示谢意。"

孩子们很高兴，第二天仍然来了，一如既往地嬉闹。老人再出来，给了每个孩子15美分。他解释说，自己没有收入，只能少给一些。15美分也还可以，孩子仍然兴高采烈地走了。

第三天，老人只给了每个孩子5美分。

孩子们勃然大怒："一天才5美分，知不知道我们多辛苦！"他们向老人发誓，他们再也不会为他玩了！

由此故事可见，本来要小孩子不吵闹才是老人家的需求，但是，如果仅仅是对"老人家"有意义的事，"小孩子"未必会执行。可是因为"一天才5美分"，小孩子自己感觉不吵闹才有意义，因此他们自然而然地就将"不吵闹"这一项本来属于"老人家"的目标执行到位了。高效能执行力的管理艺术其实常常如此。

"人民网"曾以《实现从"要我做"到"我要做"的转变》为题，报道泰安供电公司推行全员绩效管理机制的初步成效。文章如下：

《班组绩效考核细则》是泰安供电公司变电运行工区结合公司及车间的工作内容以及各班组的工作特点制定的量化标准。在细则中按照工作不同，划分为重要程度、决策程度、工作环境、危险程度、职业病等方面，并据此进行分析评估——给每样工作核定一定的分值并进行考评，也就是"得分制"。

工区根据考评细则内容及时公布每名员工的考核成绩，员工的收入与其岗位责任、技术水平、劳动业绩挂钩，完全打破了以往论资排辈、好坏一样、平均主义等诸多弊端，使员工认识到自己在本阶段内主要的成绩和不足，大大提高了员工的工作积极性和主观能动性。自实行绩效考评以来，变电运行工区工作效率有了明显的提升。

"以前，我要是想安排加班，大家都往后躲，谁也不愿意来，就是勉强同意来加班的，也是好歹应付过去就行。现在如果安排谁加班，大家都觉得这是一种照顾。"泰安供电公司变电运行工区操作一队的陈军队长如是说。

从 2010 年 11 月泰安供电公司推行全员绩效管理工作以来，企业彻底打破了过去的"干多干少一个样，干与不干一个样"的工作状况，遵循了"多干多得、少干少得"的公平竞争考核分配模式，员工的心态也随着绩效考核的改变悄悄地发生着变化。现在，无论你走进哪一个部门或者班组，人们都能感受到扑面而来的勃勃生机。

其实，这就是变"要我做"为"我要做"机制的奇妙功效。当然，以上事例仅仅是其表象的个别化缩影。

事实上，现代组织中的员工，常见的工作心态有两种：一是"我要做"，二是"要我做"。前一种心态表现为积极主动地工作，后一种心态表现为消极被动地工作，由此带来的工作成果和价值体现截然不同。

成功学专家拿破仑·希尔曾经聘用了一位年轻的小姐当助手，替他拆阅、分类及回复大部分信件。当时，她的主要工作是听拿破仑·希尔口述，记录信的内容。她的薪水和其他从事相类似工作的人大致相同。

有一天，拿破仑·希尔口述了下面这句格言，并要求她用打字机打印出来："记住：你唯一的限制就是你自己脑海中所设立的那个限制。"

这件事并未在拿破仑·希尔的脑中留下特别深刻的印象，但从那天起，他的助手却开始会在用完晚餐后回到办公室加班学习，而这样做完全是她自愿且没有报酬的。

她开始把作为拿破仑·希尔的帮手融入自己的目标。于是，她开始把写好的回信送到拿破仑·希尔的办公桌上。她研究拿破仑·希尔的个性风格，因此，替拿破仑·希尔回复信函就跟拿破仑·希尔自己所写的一样好，有时甚至更好。她一直保持着这个习惯，直到拿破仑·希尔的私人秘书辞职为止——当拿破仑·希尔开始找人补秘书空缺时，很自然地想到了这位小姐。

这件事告诉我们，员工只要把"要我做"的思维转换为"我要做"的想法，积极主动地去做每一件事情，就能找到自己的定位，就能在工作中出人头地。

拿破仑·希尔曾经说过："自觉自愿是一种极为难得的美德，它能使一个人在不被吩咐应该去做什么事之前，就能主动地去做应该做的事。"

将"要我做"变成"我要做"，意味着人的心态已经发生巨大转变。此时，工作已不再是上司强加的负担，而是一种学习的过程，一种实现自己人生价值的过程。这是一种积极向上的人生态度。当人开始主动思考怎样的工作才是高效的，怎样做才能够促进组织发展等问题时，组织管理者们还用担心下属工作做不好或执行力不强吗？

英国一家报纸曾以"什么样的人最快乐"为题，举办了一次有奖征答活动。从应征的 8 万多封来信中评出了 4 个最佳答案：

一是作品刚刚完成，吹着口哨，自我欣赏的艺术家；

二是正在用沙子筑城堡的儿童；

三是为婴儿洗澡的母亲；

四是千辛万苦手术后，终于挽救了危重患者的医生。

据此不难看出，人们只有在从事自己喜欢的行业、做着自己想要做的事情时才是最快乐的。被逼迫去做一件事情往往得不到最佳的结果，而自愿去做的时候就会是：即使条件不如愿，也尽最大的努力去做好。

所以，永远不要把要人做什么作为组织的长效机制。要想获得理想的绩效，就必须学会让下属认识并体验到"我要做"。不管面对的事情是多么枯燥乏味，只要员工从心里产生一种自己要去做的喜爱之情，就必然能取得非凡的成就。

当把每一件事情都作为"我要做"的事情时，人们就会充分发挥自己的才能，调动自己的最大潜能，想尽一切办法达成。也就是说，"要我做"其实还是在做别人的事情，而"我要做"却是在做自己的事情。每个人在做自己的事情时，才会有全面的责任感和实现感，而个体的责任感和实现感在一个组织的事业发展中则起着举足轻重的作用。

据说在 20 世纪 50 年代的某一天，毛泽东向身边人提了一个问题："怎样才能使猫吃辣椒?"有人说："那还不容易？你让人抓住猫，把辣椒塞进猫嘴里，然后用筷子捅下去，这样不就实现了。"对于这种解决方法，毛主席摆了摆手，说："每件事应当自觉自愿的。"

也有人回答说："我首先让猫饿三天，然后，把辣椒裹在一片肉里，假如猫非常饿的话，它会囫囵吞枣般地全吞下去。"毛主席感觉那是阴谋，也不赞成这种手法。

毛主席笑着说："这很轻易，你可以把辣椒擦在猫屁股上，当它感到火辣辣的时候，它就会自己去舔掉辣椒，并为能这样做而感到兴奋不已。"

由此可见，使用强硬的手段和欺骗的方法让猫吃辣椒，都不是最理想的。在非自愿的情形下，不可以采取"暴力"的手段实现目的，也不可以采取"欺骗"的方法仅仅一时得逞。只有将"要我做"转化成"我要做"，将"不得已"变成"很兴奋"，才能真正有效地营造高效能执行力。

管理者和下属的职位虽然有差异，但从人格上讲，管理者与普通员工都是平等的，并且都是享有共同权利的自然个体。所以，管理者妄图用以势压人或仗势欺人等不合理手段来"得逞"一时目的，显然并不是长久之计，也并不是明智之举。高明的管理者只有建立起科学的机制，才能让下属心悦诚服，积极主动。

# 三、人类努力为"向往"

北京某大学 MBA 课堂上，知名经营管理效能优化专家张贵平教授为学员讲授《高效能管理的十大实招》课程。他也问了学员一个与猫有关且貌似无聊的问题——如何让猫喜欢钱？

有人回答：把猫和钱绑在一起。

有人回答：把钱包裹在食物中。

有人回答：把食物做成钱的式样，然后猫慢慢就会喜欢钱。

有人回答：按着猫的头，开始时以强迫的方式让它亲近钱，如此慢慢让它习以为常而喜欢上钱。

有人回答：告诉猫，虽然钱对它没有直接的作用，但有了钱就可以买到鱼以及其他一切它想要的东西。

教授追问：果真如此，那么如何在猫有了很多食物之后仍然让它喜欢钱？

课堂沉默。有人低声窃语：既然猫都不愁食物了，那钱对它还有何意义？

教授引导：是不是还可以这样，告诉那只猫，钱不但可以买来自己想要的食物，而且还可以多买食物用于调节猫际关系。特别是对于自己暗恋许久而对方态度莫测的那只小花猫，不妨多送一些美味与其分享，也许精诚所至，金石为开。如何？

课堂继而活跃。

以上虽然只是高效能管理课程的一个片段，不过，从上述片段中我们不难看出：人们的任何行为，总是为自己内心的"向往"而表现——需要引发动机，动机激发行为。

"需要"是有机体内部的某种缺乏或不平衡状态，它是有机体对客观事物需求的反映。简单地说，需要是人对某种目标的渴求或欲望。需要能够推动人以一定的方式进行积极的活动。需要被人体会得越强烈，所引起的活动就越有力、越有效。

有一个小伙子，爱上了一部新款手机。开始，他只是感觉自己要是能够拥有的话，起码在同学圈子里会显得有"派"。可是，他的"情敌"很快购买了这款手机，并时不时地借给这个小伙子暗恋的女孩课余时间玩游戏、查资料。小伙子在这种刺激下再也按捺不住，终于编出"没有这款手机已经影响上网查资料"这种影响学习的强有力理由，如愿以偿地让家人汇款而在网上"拍"下一部。类似情景，可能是发生在人们身边屡见不鲜的需求及其行为现象。

从理论上考察，需要是有机体自身或外部生活条件的要求在头脑中的反映。例如，血液中血糖成分的下降会产生饥饿求食的需要；水分的缺乏会产生口渴想喝水的需要；生命财产得不到保障会产生安全的需要；孤独会产生交往的需要；等等。一旦机体内部的某种缺乏或不平衡状态消除了，就可能是原来的需要得到了满足或被调整，这时人们又会产生新的某种缺乏或不平衡状态，产生新的需要。

不过，人既是生物有机体，又是社会成员。为了个体和社会的生存与发展，人对于外部环境必定有一定的需求。例如，食物、衣服、婚配等是维持个体生存和延续种族发展所必需的；从事劳动，在劳动中结成不同的社会关系，以及人们之间的交往活动等是维持人类社会生存和发展所必需的。这种客观的必要性反映在人的头脑中并引起内部的某种缺乏或不平衡状态时，就会产生某种需要。所以，需要表现出人的生存和发展对于客观条件的依赖性，它总是指向于能满足该需要的对象或条件，并从中获得满足。由此可见，当人需要某种东西时，便把缺少的东西视为必需的东西。没有对象的需要、不指向任何事物的需要是不存在的。

可见，需要是人活动的自觉性和积极性的源泉，是人进行活动的基本动力。人的各种活动，从饮食、学习、劳动到创造发明，都是在需要推动下进行的。需要激发人去行动，使人朝着一定的方向发展，追求一定的对象，以求得自身的满足。需要越强烈、越迫切，由它所引起的活动动机越强烈。同时，人的需要也是在活动中不断产生和发展的。当人通过活动使原有的需要得到满足后，人和周围现实的关系就发生了变化，又会产生新的需要。这样，需要推动着人去从事某种活动。在活动中，需要又不断地得到满足且不断地产生新的需要，从而使人的活动不断向前发展。需要是个性积极性的源泉，它常以意向、愿望、动机、抱负、兴趣、信念、价值观等形式表现出来。

虽然动物和人类有一些共同的需要，但人类需要的对象和满足需要的方式，受具体的社会历史条件制约，具有社会性；同时，人还具有意识能动性，能调节和控制自己的需要及其程度。因此，人的需要具有多样性、层次性、发展性、伸缩性、可诱导性等特点。

多样性。多样性是需要的最基本特征，它首先表现在不同个体需要的差异性上。由于个体的民族传统、宗教信仰、文化程度、收入水平、个性特点、生活方式、职业、年龄等方面的不同，自然会有不同的价值观念和审美标准，有各种各样的兴趣和爱好，进而需要就会千差万别和丰富多彩。同时，对同一个体而言，不仅需要吃、穿、用、住，还需要社会交往、文化教育、娱乐消遣、休闲旅游、艺术欣赏、才华展示等，这些都体现出需要的多样性。

层次性。人类社会是一个由低级到高级的发展过程，因此，人的需要也同样是一个由低级到高级的发展过程。当人们的低层次需要得到满足之后，必然会产生较高层次的需要，从而形成一个由低级到高级逐级发展的层次。

发展性。主要体现在两个方面：一是纵向方面，随着社会经济文化的不断发展、道德风尚的变化及生活和工作环境的改善，人们的需要一般由低层向高层、从简单向复杂、从物质向精神，以及从单纯追求数量上的满足向追求质量和数量的全面充实发展等，形成阶梯式的发展趋势；二是横向方面，随着时代进步，人们不断地扩大需求的种类和范围，推动着人类社会的不断进步，并激发组织之间的竞争，同时也为组织的发展创造机会。

伸缩性。因受内外部环境因素的影响，人们对某种需要可以扩大、增加和延伸，也可以减少、抑制和收缩。从内部环境看，主要有人本身对需求欲望的程度和货币支付能力等因素；从外部环境看，主要是企业所提供产品的供应、价格、广告宣传、销售服务及他人的实践经验等。当客观条件限制了需要的满足时，需要可以抑制、转化、降级，可以停留在某一水平上，也可以以某种可能的方式同时满足几种不同的需要。甚至在特定情况下，人们还可能为满足某一需要而放弃其他需求。也就是说，不同的需要，其伸缩性是不一样的。一般说来，日常生活必需品伸缩性小，而对满足"享受"需要的用品伸缩性较大。

可诱导性。人的需要的产生和发展除了个人生理、心理因素之外，外界的刺激是一个很大的诱因。社会政治经济制度的变革、生活和工作环境的变迁、收入水平的提高、时尚潮流的起落、大众传媒的影响、艺术形象的激励、道德风尚的倡导、亲朋好友的劝说等，都可能引发需要的变化和转移，使潜在的欲望和需要转变为现实的行为，使未来的需要变成现在的需要，使微弱的需要变成强烈的需要。

所以，在组织管理过程中，为了调动组织成员的积极性，应注意了解组织成员的需要，并经过细致分析，有针对性地设置目标，尽可能地把组织目标与成员的合理需要有机结合起来，使得社会的需要、组织的需要逐步转化为个人需要，从而更有效地挖掘人的内在驱动力，激发出组织成员更大的积极性。

在了解了"需要"之后，我们应该客观地看到，需要和动机其实是紧密相连的。需要在主观上常以意向和愿望被体验着——模糊意识到的、未分化的需要是意向。有某种意向时，人虽然意识到一定的活动方向，却不明确活动所依据的具体需要和以什么途径及方式满足需要。明确意识到并想实现的需要是愿望。如果愿望仅停留在头脑里，不把它付诸实际行动，那么这种需要还不能成为活动的动因。只有当愿望或需要激起人进行活动并维持这种活动时，这种需要才成为活动的动机。

"动机"是直接激发、推动和维持人们从事某项活动，并导致该活动朝向某一目标以满足一定需要的心理倾向或内在动力。

成就动机是"动机"的典型形态之一。20 世纪 30 年代，美国心理学家默里·亨利（Murray Henry A.）提出"成就需要"一词，并将其描述为"克服障碍，施展才能，力求尽快地解决难题"。后来，麦克莱兰（D. C. McClelland）和阿特金森（J. M. Atkinson）等对成就动机进行了系统的实验研究，并把它定义为"在具有某种优胜标准的竞争中对成功的关注"。现代人一般认为，成就动机是指个人对自己所认为重要的或是有价值的工作，去从事、完成、追求成功并要求达到完美状态的一种内部推动力量。

一般来说，个人在竞争时会产生两种心理倾向：追求成就的动机和避免失败的动机。而且，人的这两种心理倾向的相对强度是不同的：成就动机强的人倾向于选择做中等难度的工作——因为中等难度的工作，既存在着成功的可能性，也存在着挑战性，能够满足个体的成就动机。而避免失败动机强的人，倾向于挑战较高难度或较容易的工作——因为难度一高，与别人一样不能完成，并非真正失败；容易的工作，成功的可能性很大，可以减少个体对失败的恐惧心理。

成就动机是个人人格中非常稳定的特质，而每个人的成就动机是不同的。成就动机强的人对学习和工作都会非常积极，能够控制和约束自己，不受环境的影响，并且善于利用时间。成就动机高的人比动机低的人，会取得更优良的成绩。

综上所述，以成就动机考察个体行为差异，我们不难发现，高成就动机者一般具有下列特征：①视中等难度的任务为挑战，并全力以赴地获取成功；②对达到的目标非常明确，并抱有成功的期望；③精力充沛，探新求异，具有开拓精神；④选择工作伙伴以高能力为条件，而不是以交往的亲疏关系为前提。

既然动机激发行为（或称之为活动），那么作为活动的一种动力，动机明显具有三种功能：①激发功能。动机能激发人产生某种活动——有动机的人对某些刺激，特别是当这些刺激和当前的动机有关时，其反应更易受激发。例如，饥饿者对食物有关的刺激、干渴者对水有关的刺激反应特别敏感，易激起觅食活动。②指向功能。动机使人的活动针对一定的目标或对象。例如，在成就动机的支配下，人们可以放弃舒适的生活条件而到艰苦的地方工作。动机不同，活动的方向和它所追求的目标也不同。③维持和调节功能。当活动产生以后，动机维持着这种活动，并调节着活动的强度和持续时间——如果活动达到了目标，动机促使人终止这种活动；如果活动尚未达到目标，动机将驱使人维持（或加强）这种活动，或转换活动方向以达到某种目标。

当然，在具体的活动中，动机的上述功能其表现很复杂。不同的动机可以通过相同的活动表现出来；不同的活动也可能由相同或相似的动机支配。并且人的一种活动还可以由多种动机支配，例如学生按时复习功课、完成作业的活动，其学习动机可能是不同的——有的可能是理解到自己肩负的责任，有的可能是想考取好学校，有的可能是出于个人的物质要求，有的可能是怕老师的检查和父母的责骂，等等。又如，成就动机可以促使学生在不同的学习领域（学习、文娱、体育等）进行积极的活动。因此，在激发人的行为时，必须针对其动机，才能更好地调动其行为。

现实中，影响动机的因素常常有：兴趣和爱好、价值观、理想与信念、抱负水准等。

兴趣和爱好。这是与人的愉快情绪相联系的认识及活动的倾向性。这种倾向性能推动人们对自然和社会生活的深刻认识，能使人积极地参加各种活动，从而满足人的求知与活动的欲望。这种认识、求知、活动欲望的满足又能使兴趣爱好丰富与深化。可见，兴趣与爱好是影响人动机模式的重要因素。

价值观。指人对社会生活方式与生活目标的社会意义和价值观念的看法及理解。人的价值观不同，对生活目标的追求和行为的动机也不同。有人以毕生追求真理为目标，有人以为社会作奉献为人生目的，也有人以追求物质享受为人生的最大乐趣。因此，人的价值观与人生观是紧密联系的，是人生观的重要组成部分，受世界观的制约。虽然个人价值体系的形成受家庭的影响、社会交往的影响和传统文化的影响，但其中起主导作用的是人生观、世界观。

理想与信念。人各有志，理想追求不同，其行为则有很大的差异；而信念是人行为的主导动机，是坚信某种观点的正确性，并从感情上愉快接受，以此支配自己行动的个性倾向性。所以，一个人有了理想和追求，前进就有了方向，行为就有了动力；而一个人的信念一旦形成，就会对其动机和其他心理活动产生巨大

的影响。因此，理想和追求本身是一种行为动机。

抱负水准。所谓抱负水准，是指一个人欲将自己的工作做到某种程度的心理需求。兴趣与价值观决定其行为的方向，而抱负水准则决定其行为达到什么程度。个人抱负水准的高低不同，受个人因素（个人成就动机的高低、过去经验、个体心理差异）和外部因素（他人的影响、地位和角色）影响。

综上所述，人是为"向往"而努力的。抓住人的需要与动机，创造条件帮助人们满足需要，即是发掘人们执行力的动力源泉。

# 四、金钱逊色好儿郎

虽然"需要引发动机，动机激发行为"，但人的需要不仅因人而异，而且还因时而异。

1939年9月，日军进攻长沙。中国军队奋起反击，拉开了长沙战役的序幕。抗战小说《决战中的对决》描述了这样一个情节：

团长语气激昂地说："各位，你们都是我的兄弟，是我五十五团的骄傲。我们都是九死一生，在血水里爬出来的好兄弟。今日一战，关系到军队的荣誉！关系到中华民族的生死存亡！弟兄们应抱定与日寇同归于尽的决心，肩负起守土抗敌的责任！"说完，他朝卫兵一挥手，两个卫兵抬着一箱银元走过来。团长示意把银元分发给敢死队员。

一个敢死队员一把将手中的银元扔掉，视死如归地回答道："团长，我们扛枪打日本，就是为了不让子子孙孙当日本人的奴隶。我们连命都不要了，还要这些干什么？"其他敢死队员也把手中的银元全部抛向空中。团长看着落在地上的银元，看着这些视死如归的勇士们，眼含热泪神情激动地说："都是我的好兄弟呀！都是好样的！你们是中国军队的骄傲！"

人们也许会认为这只是文艺作品中虚构的情节，但解放战争年代共产党凭借共产主义理想的"跟我上"和国民党凭借银元、厚禄、高官的"给我上"，其最后的结果却实实在在地说明：激励敢死队员视死如归的不是银元，而主要是理想！

所以，我们不反对"需要是人类行为的发端"，但我们有必要客观地认识：人类需要的内容是多种多样的，起码有"自然性需要"和"社会性需要"。

"自然性需要"是人类最基本的与生俱来的需要，主要是人为了维持生命和延续生命所必需的需要，其中包括为了生存所必需的吃、喝、拉、撒；必要的休息、睡眠；种族延续所必需的性激素分泌；以及为了避免某些有害的事物和不愉快的刺激所必要的回避及排除等。它是人和其他动物所共有的，只是人的生理需要和动物的生理需要在满足方式上有根本的区别——动物仅仅是以自然环境中现成的天然物为对象，而人则是通过自己的劳动，生产出满足自己需要的对象。即

使同样都是满足饱的需要，也正如马克思所说："饥饿虽是饥饿，但是使用刀叉吃熟肉来解除的饥饿不同于用指甲和牙齿啃生肉来解除的饥饿。"

"社会性需要"主要是个体在成长过程中，通过各种经验积累所获得的一种特有的需要，它是人们后天形成的，是人的一种高级需要。虽然包括物质需要——如必要的衣着、家具、住宅和生活用品等社会化的物质产品，但更多的是精神需要——主要是指一定的文化、艺术、科学知识、道德观念、政治追求、宗教信仰和文化、体育生活，以及必要的社会生产和社会交际活动等。

搞好执行力管理，有必要探寻人类行为的动力。探寻人类行为的动力，有必要了解人类的需要内容。而要了解人类的需要内容，则有必要理解人类的一般需要层次。

1943年，美国心理学家马斯洛提出了需要层次理论。根据马斯洛的观点，我们可以理解：人的需要是有层次的——按照它们的重要程度和发生顺序，人的需要呈梯形状态由低级向高级需要发展，其主要内容包括：生理需要、安全需要、社会需要、自尊需要和自我实现的需要。需要一般由低到高，逐步上升。每当低一级的需要获得满足以后，高一级的需要就要求满足。由于各人的动机结构的发展情况不同，以上五种需要在个体内所形成的优势动机也各不相同。当然，这并不是说当需要发展到高层次之后，低层次的需要就消失了；恰恰相反，低层次的需要往往表现为人的基本需要，它不但在需要发展到高层次之后仍然继续存在，有时甚至还十分强烈。为此，马斯洛曾经指出，要了解组织成员的态度和情绪，就必须了解他们的基本需要。

生理需要。这是人类最原始、最基本的需要，它包括衣、食、住、行等方面的生理要求，是人类赖以生存和繁衍的基本需要。这类需要如果不能满足，人类就不能生存。从这个意义上说，它是推动人们行为活动最强大的动力。

安全需要。当一个人的生理需要获得满足以后，则希望身心等各方面都有安全保障。例如，人们要求生活、工作在一个没有身心危险的环境，不愿再为生理需要铤而走险；希望摆脱失业的威胁，解除对年老、疾病、职业危害、意外事故等事情的担心，以及希望摆脱严酷的监督和避免不公正的待遇等。

社会需要。主要包括社交的需要、归属的需要，以及对友谊、情感和爱的需要。社会需要也是联系动机，即一个人在前面两种需要基本满足之后，便开始寻求友谊、情感、爱、归属感。人们一般都希望得到别人的理解和支持；希望同伴之间、同事之间关系融洽，保持友谊与忠诚；希望得到信任和爱情等。另外，人们在归属感的支配下，希望自己进入某个社会圈子，隶属于某个集团或群体，成为其中的一员并得到关心和照顾，从而使自己不至于感到孤独。社会需要是一种比生理需要、安全需要更细致、更难以捉摸的需要，它与一个人的性格、经历、受教育程度、所隶属的国家和民族，以及宗教信仰等都有一定的关系。

自尊需要。即自尊和受人尊重的需要。例如，人们总是对个人的名誉、地位、人格、成就和利益抱有一定的欲望，并希望得到社会的承认和尊重。这类需要主要分为两个方面：一是内部需要，就是个体在各种不同的情境下，总希望自己有实力、能独立自主，对自己的知识、能力和成就充满自豪和自信；二是外部需要，就是一个人希望自己有权力、地位和威望，希望别人和社会看得起，能够受到别人的尊重、信赖和高度评价。尊重需要得到满足，能使人对自己充满信心，对社会满腔热情，充分认识和体会到自己生活在世界上的用处及价值。

自我实现的需要。自我实现的需要也是自我成就需要，是一个人希望充分发挥个人的潜力，实现个人的理想和抱负。这是一种高级的精神需要，这种需要可分为两个方面：其一是胜任感，表现为人总是希望干称职的工作，喜欢略带挑战性的工作，愿意把工作当成一种创造性活动，情愿为出色完成任务而废寝忘食地工作；其二是成就感，表现为希望进行创造性的活动并取得成功——例如，画家努力完成好自己的绘画，音乐家努力演奏好乐曲，指挥员千方百计要打胜仗，科技人员力求攻克前人未曾攻克的难题，士兵希望自己能成为"战士之星"与"功臣"等，这些都是在成就感的推动下而产生的。

在实际生活中，由于客观环境和个人情况的差异，在需要层次结构中，人的某些需要具有主导性，往往有个别需要占据优势地位。

作为一个管理者，了解下属的真实需要十分重要。因为需要的不同会导致下属不同的工作行为，进而决定他们不同的工作结果。而这些结果，可能满足他们的需要，也可能满足不了他们的需要。管理人员要想主导下属的工作行为，必须在了解他们真实需要的基础上，通过主导他们的工作结果，使下属获得能满足需要的报偿，从而主导他们的行为。

前面已经提到，20世纪30年代美国心理学家默里·亨利曾提出"成就需要"一词。后来，麦克莱兰和阿特金森等又对"成就动机"进行了系统的实验研究。我们这里还需要着重阐述的是：20世纪50年代，戴维·麦克莱兰通过心理投射的方法对人的成就动机进行了大量研究，并在此基础上提出：在一个组织中，人们最重要的需要是"成就需要"，其次是"权力需要"和"合群需要"。成就欲望很高的人，认为成就比报酬更重要。具有强烈成就需要的人，往往明显地表现出以下三个特点：

第一，他们喜欢接受挑战性的任务，希望独立地完成工作。如果他们不是靠自己的能力独立地解决某一问题，或是在解决问题时碰巧得到了外界的帮助，他们都会感到不满足。因此，管理者在安排这些人的工作时，要注意提供能够满足他们成就需要的工作环境，给予挑战性的工作，并让他们有一定的自主权。

第二，他们总是具有明确的行动目标，并富有一定的冒险精神。这种人对成功有强烈的要求，同样也强烈担心失败。他们愿意接受挑战，喜欢为自己树立一定难度的目标。一件事情成功概率在 50% 的时候，他们干得最好。工作过分容易或难度太大，或任务成功的概率很小，都会使他们的成就感得不到满足。

第三，他们希望个人负责解决问题，并经常注意对自己工作成就的反馈。如果他们能够从上级那里得到嘉奖、晋级、增加工资，就会有一种莫大的成就感。

当然，人也有"权力需要"。这就是说，人类有影响、支配和控制别人的愿望。这种愿望高的人，喜欢追求社会地位，喜欢"负责"。他们希望影响和控制别人，喜欢使别人的行动合乎自己的愿望。不过，这种人希望支配别人和受到社会的尊重，却较少关心别人的有效行为。

另外，人类还有"合群需要"，即有一种相互交往、相互支持、相互尊重的欲望。这种人以自己作为群体的一员而感到满足。富有理智的人往往追求人与人之间的友谊和信赖。

作为管理者，了解和掌握人类各种需要，对于激励人们的行为，进而提高执行力有现实实践意义。高明的领导者，要善于培养具有高成就感的人才，这种人才对于组织、社会都有重要作用。一个组织拥有这样的人才越多，它的发展越快，业绩越好；一个国家拥有这样的人越多，国家越兴旺发达——根据麦克莱兰的调查，1925 年英国国民经济情况很好，当时英国拥有高成就需要的人数在 25 个国家中名列第五；第二次世界大战以后，英国经济一蹶不振；1950 年再次调查表明，英国具有高成就需要的人数，在 39 个国家中已下降到第 27 位。由此可见，具有高成就感的人对国家、对组织的发展都有重要作用。

随着经济全球化和社会国际化的步伐不断加快，以及中国改革开放的深化，我国经济和社会的发展正面临着比以往任何时候都更为激烈的竞争。这种竞争主要表现在组织管理方面，其管理的成败很大程度决定于人力资源管理。但是，作为人力资源管理的对象——人，其内心世界是变幻莫测并且丰富多彩的，依靠组织的各项人事法规制度以及各式各样的科学标准，虽然在某种程度上有助于人事工作的推进，但却不足以振奋组织成员的情绪，也无法调动他们的工作积极性。特别是对于我国现阶段的企业，大部分已经完成了现代体制转型，企业管理随之由制度创新向管理创新转型。同时，加强企业人力资源管理，需要有相应的激励措施以充分调动员工工作的主动性、积极性以及创造性。

美国心理学家赫兹伯格（F.Herzberg）在20世纪50年代后期提出一种需要理论。他们曾对9个企业中的203名工程师、会计师进行调查访问，主要围绕两个问题：在工作中，哪些事项让他们感到满意，并估计这种积极情绪持续多久；哪些事项是他们感到不满意的，并估计这种消极情绪持续多久。同时，研究哪些事情使人们在工作中快乐和满足，哪些事情会给人们造成不愉快和不满足。结果发现，引起人们工作动机的因素主要有两个：一是保健因素，二是激励因素。使职工感到满意的都是属于工作本身或工作内容方面的，即"激励因素"；使职工感到不满的，都属于工作环境或工作关系方面的，即"保健因素"。而且，只有激励因素才能够给人们带来满意感，而保健因素只能消除人们的不满，但不会带来满意感。这就是管理实践界崇尚的"双因素理论"。

管理实践中的"激励因素"，在性质上属于心理方面的因素。即人们重视的是目标，追求的是长期的满足，感觉到的是"满足"或是"没有满足"；其满足和不满足的源泉是工作性质（对个人来说主要是内部的）、工作本身、工作标准等；显示出来的需要有成就、成长、责任、赏识等；具体内容有工作上的成就感、工作中得到认可和赞赏、工作本身的挑战意义和兴趣、工作职务上的责任感、工作的发展前途、个人成长和晋升的机会，等等。

管理实践中的"保健因素"，在性质上属于生理方面的因素。即人们重视的是任务，追求的是短暂的满足，感觉到的是"不满足"或是"没有不满足"；其满足和不满足的源泉是工作条件（对个人来说主要是外部的）、工作环境、非个人标准等；显示出来的需要有物质、社交、身份地位、方向、安全、经济等方面；具体内容有组织的政策和行政管理、技术监督系统、人际关系、工作环境或条件、薪酬、个人的生活、职务与地位、工作的安全感，等等。

这里的"双因素"提醒我们每一个管理者：创建某种激励机制的措施以后，并不能一定带来满意；满足各种需要所引起的激励深度和效果是不一样的，要调动人的积极性，不仅要注意物质利益和工作条件等外部因素，更重要的是用一些内在因素调动人的积极性。

同时管理者要清楚，"保健因素"和"激励因素"以不同方式影响人们的行为：第一类包括工作本身、认可、成就和责任的"激励因素"，涉及对工作的积极感情，又和工作本身的内容有关。这些积极感情与个人过去的成就被人认可，以及担负过的责任有关，它们的基础在于工作环境中持久的而不是短暂的成就。

第二类包括组织政策和管理、技术监督、薪水、工作条件以及人际关系等因素的"保健因素"，涉及工作的消极因素，也与工作的氛围和环境有关。也就是说，对工作和工作本身而言，这些因素是外在的。比较而言，"激励因素"是内在的，或者说是与工作相联系的内在因素。

"双因素理论"启示我们：利用"保健因素"，如公正公平的工资和津贴、改善工作环境、营造平等和谐的人际关系等有利于激发下属的工作积极性，但其激励作用是有限的，更重要的是强化内在激励，即工作丰富化、给予组织成员成长机会、建设内部竞争环境等，为下属发展提供良好的平台以及发展空间。

当然，管理实践中，管理者应该充分了解下属的心理需求，建立保健和激励因素并重的激励机制，采用多样化的激励方式，正确区分"保健因素"和"激励因素"，防止"激励因素"转化成"保健因素"。

# 五、奋发永远朝希望

如何让人奋发图强？这是现代人力资源管理效益的希冀，更是新兴人本管理一切以人为中心进而开发人、塑造人、发展人的功课所在。

非洲某部落酋长有三个女儿，前两个女儿既聪明又漂亮，都是被人用九头牛作聘礼娶走的。在当地，这是最高规格的聘礼了。

第三个女儿到了出嫁的年龄，却一直没有人肯出九头牛来娶。原因是她不但好吃懒做，而且还不善于打扮自己，显得既不可爱又不漂亮。

后来一个远乡来的游客听说了此事，就对酋长说："我愿意用九头牛迎娶您的女儿。"酋长很高兴，真的把女儿嫁给了外乡人。

过了几年，酋长去看自己远嫁他乡的三女儿。没想到，女儿已经不但能亲自下厨做美味佳肴来款待他，而且从前的"丑小鸭"变成了气质超凡的"白天鹅"。

酋长很震惊，好奇地问女婿："难道你是魔术师吗？怎么把她调教得这样勤劳又美丽？"

女婿说："我没有调教她，我只是始终坚信您的女儿值九头牛，而且让她知道她会比姐姐们更有出息。而她自己则更清楚虽然当时本地没有人愿意出九头牛，但她天赋实际上并不比姐姐差。就这么简单。"

这个故事也许只是一个传说，但有效激励的整个认知过程以及这种认知过程如何与积极性相联系却由此略见一斑——"希望"的作用非同寻常，在组织管理工作中，如果人们每天试着发自内心地赞美自己的下属，给他们希望，那么人们一定会发现，对方也正在悄悄地改变，而且正朝着组织所希望的方向。

事实上，如何使下属积极、主动地工作，这是每一位领导者都非常关注并一直竭力解决的问题。但为什么员工很难像老板一样全力以赴地工作？又为什么下属的工作积极性难以持久？还为什么优秀人才难以留住？诸如此类问题，如果复盘重新审视，则能发现其中重要症结之一在于"希望"二字——看到希望，员工也许不待扬鞭自奋蹄；丧失希望，员工可能做一天和尚也不好好撞一天钟。

下面，我们不妨从人类动机的产生到采取具体行为的内在过程，来揭示人们

作出的努力和组织绩效之间的关系。

一般来说，工作绩效除组织的支持外，还取决于个人的能力和个人的努力两大因素——在实现目标的过程中，工作绩效水平取决于组织支持、个人的能力与个人努力。因此，管理者要想高效能地实现目标，必须为员工执行任务创造条件，如为员工解决后顾之忧、协调好各方面的关系、解决工作中遇到的困难、做好后勤支持等工作，以提高员工的积极性。同时可以对员工多加培训，以提高员工胜任工作的能力。

个人的努力既与目标直接相关，又主要取决于个人的主观因素。那么从组织可控、可支持角度考察，其决定因素有目标的难度、目标的可接受性、目标的具体性。

目标的难度，是目标实现的难易程度；目标的可接受性，是人们接受和承诺目标和任务指标的程度；目标的具体性，是目标能够精确观察和测量的程度。

曾有人做过一个实验：组织三组人，让他们分别向 20 公里外的一个村庄步行。

第一组的人对村庄的名称和路途的长短一无所知，他们刚走了四五公里就有人叫苦；走了一半时则有人几乎愤怒；离终点只剩三四公里时，有人干脆坐在路边不愿再迈步。最后，坚持走到终点的只有几个人。

第二组的人知道村庄的名字和路段，但路边没有里程碑。他们走到一半的时候，大多数人就想知道他们已经走了多远。得知"大概走了一半"，大家便又簇拥着向前走。当走到全程 3/4 时，大家情绪低落，觉得路程似乎还很长。这时，有人告诉大家："快到了！"于是，大家又振作起来并加快了步伐。

第三组的人不仅知道村子的名字、路程，而且公路上每一公里就有一块里程碑，每缩短一公里大家便有一小阵的欢乐。行程中他们用歌声和笑语来消除疲劳，情绪一直高涨，所以很快就到了目的地。

可见，从激励的效果出发，有目标比没有目标好；有具体的目标比空泛的目标好；能被执行者接受而又有较高难度的目标比唾手可得的目标更好；能增强实现目标者责任心的目标要比责任不清的目标好。此外，给予下属工作情况的及时反馈，使得他们对自己工作的完成情况有更清楚的认识，也有助于目标的实现。

实践中，目标就是人们的"希望"，是行为的最终目的，是人们预先规定的、合乎自己需要的"诱因"，是激励人们有形的、可以测量的成功标准。设置合适的目标，会使人产生希望达到该目标的成就需要。所以，目标能引导活动指向与目标有关的行为，使人们根据难度的大小来调整努力的程度，并影响行为的持久性。从某种角度看，外来的刺激（如奖励、工作反馈、监督的压力）都是通过目标而影响动机的。

目标作为人们的"希望"，本身就具有激励作用：它能把人的需要转变为动机，使人们的行为朝着一定的方向努力，并将自己的行为结果与既定的目标相对照，及时进行调整和修正，从而有效地实现目标。这种使需要转化为动机，再由动机支配行动以达成目标的过程就是目标激励。

现实中，激励力量=期望值×效价。

从这里可以看出：人们采取某项行动的动力或激励力取决于其对行动结果的价值评价和预期达成该结果可能性的估计，即希望。换言之，激励力的大小取决于该行动所能达成目标并能导致某种结果的全部预期价值乘以他认为达成该目标并得到某种结果的期望概率。一个人对目标的把握越大，估计达到目标的概率越高，激发起的动力越强烈，积极性越大。所以，要激励管理对象，就必须让管理对象明确：①工作能提供给他们真正需要的东西；②他们欲求的东西是和绩效联系在一起的；③只要努力工作就能提高他们的绩效。

这种需要与目标之间的关系用过程模式表示，即个人努力→个人成绩（绩效）→组织奖励（报酬）→个人需要。

期望与现实之间一般有三种可能性，即期望小于现实，期望大于现实，期望等于现实，这三种情况对人的积极性的影响是不同的。

期望小于现实，即实际结果大于期望值。一般地说，在奖励、提职、加薪、分房等措施下，期望小于现实将有助于提高人们的积极性；而在惩罚、灾害、祸患等情况下，如果期望值小于现实，就会使人感到失望，因而产生消极情绪。

期望大于现实，即实际结果小于期望值。一般地说，在正面鼓励情况下，这会产生挫折感，对激发力量产生削弱作用。如果在负强化的情况下，期望值大于现实，则有利于调动人们的积极性——因为这时人们作了最坏的打算和准备，而结果却比预想的好得多。

期望等于现实，即人们的期望变为现实，正所谓结果是预料之中的事。在这种情况下，一般来说，也有助于提高人的积极性。当然，如果从此以后没有继续给予激励，积极性只能维持在期望值的水平上。

在实际工作中，每个目标的效价与期望常呈负相关。难度大、成功率低的目标既有重大社会意义，又能满足个体的成就需要，具有高效价；而成功率很高的目标则由于缺乏挑战性，做起来索然无味而导致总效价降低。而且，同一个目标对不同的人会产生不同的效价和期望。所以，领导者站在管理对象的角度，需要

兼顾三个方面的关系。

"努力—绩效"关系，即如果我付出了最大努力，能否达到组织要求的工作绩效水平？是否会在绩效评估中体现出来？人们总是希望通过一定的努力达到预期的目标：如果个人主观认为达到目标的概率很高，就会有信心，并激发出很强的工作力量；反之，如果他认为目标太高，通过努力也不会有很好绩效时，就失去了内在的动力，导致工作消极。

"绩效—奖励"关系，即如果达到这一绩效水平，组织会给我什么样的奖赏或报酬？人总是希望取得成绩后能够得到肯定，当然这些肯定措施是综合的，既包括物质上的，也包括精神上的。如果人认为取得绩效后能得到合理奖励，就可能产生工作热情，否则就可能没有积极性。

"奖励—需要"关系，即这一奖赏或报酬是否为我所急需并重要的？人们总是希望自己所获得的奖励能满足自己某方面的需要。然而由于人们在年龄、性别、资历、社会地位和经济条件等方面存在差异，于是对各种需求得到满足的程度则不尽相同。因此，对于不同的人，采用同一种奖励办法能满足的需要程度不同，能激发出的工作动力也不同。

人类动机的产生到采取具体行为的内在过程，除上述情况外，往往还与组织的公平、公正、公开有关。现实生活中，人们常常不难看到能够"共苦"却不能"同甘"，或是不要"赢"只要"平"等现象。海尔集团在人才任用方面长期实行的"赛马不相马"做法，目的正在于通过人才任用过程的机会公平、内容公正、程序公开，给人人平等的希望与机会，从而激发人人向上、人人进取的积极性。

人的动机和知觉常常有着内在的联系——在一个组织中，组织成员的激励程度时常来源于他们和参照对象（报偿及投入的比例）主观比较后的获得感。也就是说，人的工作积极性不仅与个人实际报酬多少有关，而且与人们对报酬的分配是否感到公平更为密切。人们总会自觉或不自觉地将自己付出的劳动代价及其所得到的报酬与他人进行比较，并对公平与否做出判断。公平感直接影响组织成员的工作动机和行为，因此，从某种意义讲，动机的激发过程实际上是人与人进行比较，做出公平与否的判断，并据以指导行为的过程。

假设有当事人 A 和被比较对象 B，当 A 感觉到不公平时，则意味着个人所获报酬的感觉与个人所作投入的感觉之比不等于对他人所获报酬的感觉与他人所作投入的感觉之比。

这种不平等感觉可能产生以下两种情况：

其一，所获报酬的感觉与个人所作投入的感觉之比小于对他人所获报酬的感觉与他人所作投入的感觉之比——在这种情况下，他可能要求增加自己的收入或减小自己今后的努力程度，以便使个人所获报酬的感觉与个人所作投入的感觉之比增大，趋于相等；第二种办法是他可能要求组织减少比较对象的收入或者让其今后增大努力程度以便使对他人所获报酬的感觉与他人所作投入的感觉之比减小，趋于相等；此外，他还可能另外找人作为比较对象，以便达到心理上的平衡。

其二，所获报酬的感觉与个人所作投入的感觉大于对他人所获报酬的感觉与他人所作投入的感觉之比——在这种情况下，他可能要求减少自己的报酬或在开始时自动多做些工作，但久而久之，他会重新估计自己的技术和工作情况，终于觉得他确实应当得到那么高的待遇，于是产出便又会回到过去的水平了。

除了横向比较之外，人们也经常做纵向比较。

调查和试验结果表明，不公平感的产生，绝大多数是由于经过比较认为自己报酬过低而产生的；但在少数情况下，也会由于经过比较后认为自己的报酬过高而产生。不过，只要产生不公平感，人们一般都会采取以下行为：一是改变自己的投入；二是改变自己的产出；三是歪曲对自我的认知；四是歪曲对他人的认知；五是选择其他参照对象；六是离开该领域。

随着信息技术的发展，人们的社会交往越来越广，比较范围越来越大，收入差距逐渐增大，这些社会现实都增加了组织成员产生不公平感的可能性。因此，管理者要引导下属正确进行比较，多看到他人的长处，认识自己的短处，客观公正地选择比较基准，多在自己所在的地区、行业内比较，尽可能看到自己报酬的发展和提高，避免盲目攀比而造成不公平感。同时，领导者的行为必须遵循公正原则——如处事不公，下属必将选择受领导"照顾者"作比较基准，以致增大比较结果的反差而产生不公平心理。特别在分配问题上，必须坚持"效能优先、兼顾公平"的原则，否则就会产生"大锅饭"现象，使组织运行机制失去活力。

另外，人的行为是刺激的函数：人类的本性即存在追求快乐和逃避痛苦的倾向——人们做出某种行为，不做出某种行为，往往取决于一个影响因素，那就是行为的后果。人为了达到某种目的，会采取一定的行为作用于环境，当这种行为的后果对他有利时，这种行为就会在以后重复出现；不利时，这种行为就会减弱或消失。因此，管理者期望下属努力于某一行为，则有必要科学运用"强化"机制不断刺激，用正强化或负强化的办法影响行为的后果，从而修正其行为。

可见，"强化"是增强某人之前的某种行为重复出现次数的一种权变措施。如果一种反应之后伴随一种强化，那么在类似环境里发生这种反应的概率就会增加。而且，强化与实施强化的环境都是一种刺激，人们可以此控制反应。因此，管理人员可以通过强化的手段，营造一种有利于组织目标实现的环境和氛围，以使组织成员的行为符合组织的目标。

根据强化的性质和目的，可以把强化分为正强化和负强化。在管理上，正强化的方法包括奖金、表扬、改善工作条件和人际关系、提升、安排担任挑战性的工作、给予学习和成长的机会等。负强化的方法包括批评、处分、降级等。有时不给予奖励或少给奖励也是一种负强化。

具体说来，强化的方式有4种：一是正强化，即奖励那些符合组织目标的行为，以便使这些行为得到进一步的加强、重复出现；二是惩罚，即力图使所不希望的行为逐渐削弱，甚至完全消失——当员工出现一些不符合组织目标的行为时，采取惩罚的办法，可以约束这些行为少发生或不再发生；三是负强化，这里强调的是一种事前的规避，正如俗语"杀鸡儆猴"形象说明的那样，对出现了违规行为的"鸡"加以惩罚，意欲让违规的"猴"从中深刻地意识到组织规定的存在，从而加强对自己行为的约束；四是忽视，就是对已出现的不符合要求的行为进行"冷处理"，达到无为而治的效果。

组织管理者设计"强化"机制时，可以从一级强化和二级强化两类强化物入手。一级强化物满足人的基本生理需要，如食物、水、安全、温暖等；二级强化物是指任何一个中性刺激如果与一级强化反复联合，它就能获得自身的强化性质，包括社会强化（社会接纳、微笑）、信物（钱、级别、奖品等）和活动（自由地玩、听音乐、旅游等）。如金钱，对婴儿它不是强化物，但当儿童知道钱能换糖时，它就能对儿童的行为产生效果；再如考试成绩，也是在受到家长和教师的注意后才具有强化性质的。

所以在"强化"时，可以使用这样一个原则：用高频的活动作为低频活动的强化物，或者说用人们喜爱的活动去强化人们参与不喜爱的活动。如有人在工作时间惦记与心上人约会，那么就可以与他约定工作量，让他们完成一定工作量之后去会见心上人，等等。

当然，"强化"机制在应用中，还要重点注意如下几点：

一是经过强化的行为趋向于重复发生。就是能使某种行为在将来重复发生的可能性增加。例如，当某种行为的后果是受人称赞时，就会增加这种行为重复发生的可能性。

二是要依照强化对象的不同采用不同的强化措施。人们的年龄、性别、职业、学历、经历不同，需要也不同，强化方式也应不一样。如有的人更重视物质奖励，有的人更重视精神奖励，应区分情况，采用不同的强化措施。

三是要小步子前进，分阶段设立目标，并对目标予以明确规定和表述。首先要设立一个明确的、鼓舞人心而又切实可行的目标；其次还要将目标进行分解，分成许多小目标，并能在完成每个小目标后都及时给予强化，这样可以通过不断的激励增强信心。

四是要及时反馈。一个人在实施了某种行为以后，即使是领导者表示"已注意到这种行为"这样简单的反馈，也能起到正强化的作用。如果领导者对这种行为不予注意，这种行为重复发生的可能性就会减小以至消失。所以要取得最好的激励效果，就应该在行为发生以后通过某种形式和途径，及时将工作结果告诉行动者，以尽快采取适当的强化方法。

五是要以正强化为主。要牢记正强化比负强化更有效，同时，必要时要对坏的行为给予惩罚，做到奖惩结合。

最后，我们不妨用"画饼"、"吃饼"、"分饼"来形象描述"希望"在管理中的妙用：要给老员工和高级人才"分饼"，让他们自己及家人分享组织经营成果；要让骨干员工和中层人才"吃饼"，让他们有机会享用组织经营成果；要给新员工和基层人才"画饼"，让他们了解组织的经营成果，并且看到未来自己的希望。如此，能使员工永远朝向希望之光，从而自强不息、努力不止。

# 六、群体让人变模样

"近朱者赤近墨者黑"，这是国人十分熟悉的一句成语，意思是靠近朱砂的东西会变红，靠近黑墨的东西会变黑。主要比喻社会环境对人有很大影响，意在以此形象说明多与好人相处可以使人变好，多与坏人亲近则可能让人变坏。联想起奶奶在世常教导的"三勤夹一懒，懒人会变勤；三懒夹一勤，勤的会变懒"。貌似普普通通的一句话，却更加明确地指出了人际环境对个体的影响。可见，人是深受其所处群体影响的。

事实上，组织、群体、个体是不可分割的一个整体。如果把组织比喻成人体，那么群体就是器官和系统，个体则是细胞——现代社会中，个体总是生活、工作于某些群体中，因此，个体必然受到其组织及群体的影响。其中的奥秘，关键在于群体动力的作用。

所谓"群体动力"，就是能够左右和影响群体成员思想及行为的群体发展演变的主要力量，主要内容包括群体规范、群体压力、群体凝聚力、群体士气。

"群体规范"是一个群体所确立或约定俗成的一种标准化的观念，它对群体成员的行动有着重大影响。但规范与标准不同，它并不是规定其成员的一举一动，而是规定或警示其成员行为可以接受和不能容忍的范围，多数时候并没有明文。当然，它可能是正式的、明文规定的，如社会性的法律法规、规章制度，或一个组织的岗位规范、标准的操作规程等；但大部分规范是非正式的、约定俗成的——例如规定 10 时开会，在 A 组织中有可能意味着 10 时全体人员会准时到会，而在 B 组织中，则可能意味着 10 时人们从办公室出发，正式开会可能在 10 时 10 分或 20 分。尽管 10 时开会在这两个组织中有不同的含义，但规范一经形成，都会有效地发挥其作用，并潜移默化地影响个人的行为甚至人格的发展。

"群体"存在的内在要求和外在形式之一是它的一致性，这表现为群体成员的行为、情绪和态度的统一。所以，"群体规范"特别是非正式群体的规范的形成，受模仿、暗示、顺从等心理因素的制约。在群体成员彼此相互作用的条件下，个体会经历一种类化过程，即彼此接近、逐渐趋同。这是由于相互模仿、受到暗示，表现出顺从造成的。在模仿、暗示、顺从的基础上，进而会形成群体的规范。

　　美国心理学家谢里夫（M. Sherif）曾经在暗室内进行过一项实验：一个被试者坐在暗室里，面前的一段距离内出现一个光点，光点出现几分钟后熄灭，然后让被试者判断光点移动多远。实际上，光点并没有动，但在暗室里看光点，每个人都会觉得光点在移动。这样的实验进行了几次，每个被试者都建立了个人的反应模式：有的人觉得光点向右上方移动，有的人认为是向左下方移动，有的人感觉是向正下方移动，等等。总之，每个人的反应模式各不相同。随后，谢里夫让这些被试者一起在暗室内看出现的光点，大家可以互相讨论，说出自己的判断。实验反复进行，过了一段时间之后，大家对光点移动方向的判断逐渐趋于一致。

　　这项实验表明：群体的规范代替了个人的反应模式。这种"规范"的形成，显然是受了模仿、暗示等心理机制的影响。

　　实验继续进行，出现了一个有趣的现象：当把这些被试者重新分开单独作判断时，每个人并没有恢复他原先建立的个人反应模式，也没有形成新的反应模式，而是一致保持群体形成的规范。这表明群体的规范会形成一种无形的力量，约束着人们的行为，甚至这种约束并不会被人们自觉意识到。

　　美国哈佛大学教授梅奥等在著名的霍桑实验中，发现群体各自有其行为的统一准则，对事情的对错有他们自己的一套看法，甚至对于生产的速度、一天的工作量等都有一定的标准。比如，要求大家既不可太勤快，某人的工作量不可超过一般人太多；也不可太懒惰，从而过低于一般人的工作量，否则将会受到旁人的指责和冷落。可见，在人们共同的工作和生活中，有一种将外界事物的经验格式化、模式化、标准化的思想与行为倾向。这种格式化、模式化和标准化的东西一旦被确定下来，便成了"群体规范"。群体的每个成员都必须遵守这些规范：成员的态度和行为如果符合这种规范，群体就会加以肯定；而当成员偏离或破坏这种规范时，群体就会运用各种纠正办法，使其回到规范的轨道上。

　　由此可见，在管理工作中，应了解群体的规范，研究树立积极规范和克服消极规范的措施方法。

　　在"群体规范"作用的同时，"群体压力"表现为群体对生活、工作在其中的成员的特有约束力。有经验的管理者可能普遍有这样的体会：当90%的人已经说出"是"之后，让另外的人说"不"绝非一件容易做到的事。这是因为大多数群体成员的意见会产生一种无形的力量，它使群体内每一个成员自觉不自觉地保持着与大多数人的一致性。可见，群体中的规范、风俗、习惯、舆论等对个体的行为会形成一种无形的准则作用，从而产生一种压力。当个体在群体中与多数人发生某种分歧或出现某种不一致时，他就会感到这种压力。

"群体压力"与权威命令不同，它既不是由上而下明文规定的，也不是强制个体改变自己的行为，而是通过多数人的意见，形成无形的压力去影响个人的行为。

每个人都有归属于一定群体的需要，而偏离大多数人的意见，则意味着招惹这种归属感的威胁。所以，"群体压力"尽管不具有强制的性质，但它对个体来说，却是一种难以违抗的力量。有时，当这种群体压力非常大时，甚至会迫使其成员违背自己的想法而产生完全相反的行为。这是因为当一个人的意见与群体内大多数人的意见和行为不一致时，就会感到紧张，这种紧张来自对偏离群体的恐惧。如果一个人不愿意处于孤立的境地，他就会在群体的压力面前顺应大多数人的意见，从而产生"从众行为"。即个体与群体中多数成员意见和行动不一致时，常常不自觉地感受到群体的影响与压力，进而在知觉、判断和行为上表现出与多数成员相一致的现象。

"从众行为"是由"从众心理"这一普遍的社会心理现象引发的行为，生活中人们常见的人云亦云、随波逐流、随大溜等，都是"从众心理"作用的结果。

20世纪50年代，美国社会心理学家阿希曾设计了一个经典实验：材料是50套A、B两张一组的卡片，其中A卡片中画有标准线，另一张B卡片中画有只有c线与标准线等长的，方向相同但长短不一的a、b、c三条线。阿希的实验是：让被试人判断三条编号依次为a、b、c的线段中，哪一条与标准线段一样长。

阿希将被试人分为7人一组，其中6人是阿希的"托儿"，只有1人是真正的被试者。实验开始后，头两次大家都作出了正确的选择（c等于A卡片的标准线）。第三次开始，阿希安排"托儿"故意都作出错误的选择，于是真正被试人便面临一个相信自己的判断，还是跟随大家一起作错误判断的两难问题。实验结果表明，75%的被试者至少有一次作出了从众判断，且全体被试者的正确率迅速下降了38%。

"群体凝聚力"也是"群体动力"的一种。它是群体对其成员的吸引力，是群体能够对其成员施加各种影响，使之在群体内积极活动和拒绝离开群体的全部力量的总和。

一个工作群体取得高绩效的前提之一是这个群体内部有良好的团结状态，所以"群体凝聚力"是促进群体行为合理化及提高工作绩效所必须的内在吸引力。

"群体凝聚力"表明群体对于成员的一种内聚作用，是表现在群体成员身上的向心力。具体来说，"群体凝聚力"是指群体对成员的吸引力和成员之间的相互吸引力。它含有"向力心"和"内部团结"的双重意义。凝聚力大的群体，其成员的"归属感"强，不愿离开自己的群体。这样的群体其内部人际关系和谐，气氛融洽，从而群体能显示出旺盛的活力与战斗力。

一个群体的凝聚力常表现出如下现象：①让群体成员有自豪感与尊严感。例如同一个连队的官兵，如果他们都很愿意别人知道他是某某连队的，便说明该连队的成员有尊严感；相反，比如某编辑部的成员，一开口就说："我们那单位，没什么好提的！"则说明此群体没有凝聚力。②成员对其他成员表现出喜欢。一个成员在一个群体内，如鱼得水，情同手足，这个群体的凝聚力便强；相反，人与人之间格格不入，互相嫌厌，则没有凝聚力可言。③群体对个人的理想与目标实现有助动力。如果一个群体能帮助其成员实现其个人的理想或目标，则凝聚力强；相反，成员感觉群体对他的要求只是应付，甚至当作负担，则自己可能另寻实现目标的途径，此群体自然无凝聚力可言。

不过，"群体凝聚力"是一个综合指数，是多种因素综合作用于群体各个方面的反映。而且，"群体凝聚力"的存在还要与正确的群体倾向结合才有正面的效果，即如果群体倾向于努力工作，那么，高凝聚力群体的工作效率更高，工作任务会更快更好地完成；相反，假使群体的目标是倾向于限制工作或少工作，则群体的高凝聚力就会促使群体的工作效率更低，任务完成得更慢。

各种管理实践证明，对群体的教育和引导对于执行力是十分关键的，管理者必须在提高凝聚力的同时，提高群体任务指标的规范水平，加强对群体成员的教育和指导，克服群体中可能出现的消极因素，使群体的凝聚力真正成为促进组织发展的动力。

此外，"群体士气"对于激发群体成员的斗志，特别是对于激发群体成员挑战困难、战胜困难有着不可替代的作用。

"群体士气"是群体成员的群体意识，指群体成员对群体的认同与满意，并愿意为群体目标而奋斗的精神状态。它代表一种个人成败与群体兴衰休戚相关的心理，是群体工作精神和成员对组织的态度表现。

"士气"本来属于军事用语，表示作战时的集体精神状态。而管理界普遍借喻的群体的工作精神或服务精神，通常可以理解为：群体成员对群体或组织感到满足，乐意成为此群体的成员，并协助达成群体目标的态度。因此，"群体士气"不仅代表个人需要满足的状态，而且也表明了群体成员对所在群体的认同感和归属感，因而，愿意为实现群体目标而努力。

"狭路相逢勇者胜"是人们耳熟能详的一句富有哲理的箴言，其意即是指士气的作用。一个群体有了高昂的士气，就能迸发出巨大的力量；一旦士气低落或士气全无，再好的群体也会涣散如沙砾而丧失战斗力。体育比赛中即有这样的情况，本来双方实力相当，却可能一方一开始即被对方气势压倒，或者一旦输掉一局，以后就丧失信心，溃不成军。可见，群体的士气反映了一个群体的精神状态，是决定群体绩效大小的基础。因此，士气是群体存在和发展的重要动力之一，也是提高群体工作、生产效率的重要因素。

管理者需要清楚：一个士气高涨的群体，其团结来自内部的凝聚力，而非起源于外部的压力。特别是群体成员应该承认群体存在的价值，并且有维护此群体继续存在的意向，不应有分裂为互相敌对的小群体的倾向。而且，群体本身具有适应外部变化的能力，以及处理内部冲突的能力。同时，群体成员之间还应具有强烈的认同感与归属感。此外，每一群体成员都应明确掌握群体的目标，并对群体的目标及领导者持肯定支持的态度。

现实中，影响"群体士气"的几个主要因素有：个人、群体、组织三者目标的一致性；合理的回报；群体内部团结和谐的关系；办事的公道与民主的管理；良好的心理环境等。

"群体士气"首先是群体成员对群体满意，并愿意为实现群体目标而努力的态度。这种态度的产生，在于群体成员对群体目标的明确认识和内心赞成。而且成员所赞同的群体目标，应与组织目标的方向一致。

合理的回报是市场经济社会对人们付出劳动的补偿和肯定。取得较高的经济报酬，对资源总体稀缺的物质社会来说，既是生存的条件，又是正当的需要——物质待遇虽然不是人们追求的唯一目标，但在市场经济条件下，金钱对人们仍起着不可忽视的刺激与激励作用。同时，合理的经济报酬是对群体成员工作、价值的肯定，能使人们得到心理上的满足和平衡。所以，合理的经济报酬，对于激发群体士气十分重要，对于保持群体士气的稳定高涨也很重要。当然，实行一些精神奖励措施，同样有助于群体士气的提高。

内部团结，沟通渠道畅通，并合理调节内部冲突的群体，一般能有较高的士气。实践证明，凡是内部团结和谐的群体，会使群体成员增强对群体的认同感和归属感。人们心情舒畅，就愿意发表建设性意见，就会主动为集体做事。如果一个群体领导与成员之间，成员与成员之间，能互相关心、互相体贴、互相帮助，建立同志式的深厚友谊，对于提高群体士气都大有帮助。

同时，在现实工作和生活中，如果群体的领导处理事情不公道，就会使成员产生消极态度，表现为对自己所在的群体不关心、不感兴趣，好坏都无所谓。这样的事情多了，整个群体的士气便会低落。因此，领导对群体成员的管理要从公道与民主的角度出发，秉公办事，通情达理，耐心周到，凡事公开、公正、公平。

当然，建立良好的工作心理环境，使组织成员心情舒畅，减少他们的焦虑不安和心理挫折，使之充满自信与自尊，从而愉快地工作，这样更有利于提高"群体士气"。另外，组织成员对工作满足感的增长也有利于提高"群体士气"——如果组织成员所从事的工作合乎他的兴趣、爱好，符合他的能力，对他具有挑战性，能施展他的才能，实现他的抱负，士气必定高昂。

正确处理"群体士气"与群体绩效的关系对于组织管理者来说十分重要——是从单纯提高"群体士气"出发还是从群体绩效出发，在现实中常常存在两难选择。当然，高效能的做法是，既紧盯提高群体绩效这一目标，又建立并维护提高群体士气这一机制。特别要注意区分：群体绩效是群体目标，而群体士气则是高效能实现群体目标的机制。忽视"群体士气"的作用，只要求加强群体管理和一味强调提高工作绩效，这是急功近利、不顾长远的认识和做法；不关心提高群体绩效这一目标，只重视维护提高群体士气这一手段，这种做法更是本末倒置的愚蠢行为。

# 第四部分

# 自动的机制且循"自组织"机理

新时期，任何组织的战斗力来自全员动力，亦即人人都有自觉、自愿、自发、自动的自我内在驱动力。因此，组织的管理机制建设，应将复杂的外在驱动变成简单的内在驱动，使"要我做"变成"我要做"。

"自组织"是依靠系统内部的自觉、自发等作用完善并发展，从而自动地由无序走向有序、由低级有序走向高级有序的。建立起这样的组织机制，任何组织便能像小杠杆撬动"大地球"一样事半功倍。

其实，管理的核心在于"理"，即依据科学的管理机理，设计科学的管理机制，适应人的本性，因势利导，让人在追求个人目标的同时实现组织目标。所以，在组织管理工作中，管理者有必要进一步调动组织成员实行自我管理，这样可以使组织任务执行者根据组织目标的需要，有机地将个人目标与组织目标统一起来，并融入其中。

# 一、杠杆原理现奥秘

"给我一个支点，我就能撬起整个地球！"这是一句流传已久的古希腊科学家阿基米德的名言，其意指的是杠杆原理。寥寥数字，形象描述了杠杆这一机制的伟大。

阿基米德在《论平面图形的平衡》一书中最早提出了杠杆原理。他首先把杠杆实际应用中的一些经验知识当作不证自明的公理，然后从这些公理出发，运用几何学通过严密的逻辑论证，得出了杠杆原理。这些对于当代管理有现实借鉴意义的公理是：①在无重量的杠杆的两端离支点相等的距离处挂上相等的重量，它们将平衡。②在无重量的杠杆两端离支点相等的距离处挂上不相等的重量，重的一端将下倾。③在无重量的杠杆的两端离支点不相等距离处挂上相等重量，距离远的一端将下倾。④一个重物的作用可以用几个均匀分布的重物的作用来代替，只要重心的位置保持不变。相反，几个均匀分布的重物可以用一个悬挂在它们的重心处的重物来代替。⑤相似图形的重心以相似的方式分布……正是从这些公理出发，在"重心"理论的基础上，阿基米德发现了杠杆原理，即"二重物平衡时，它们离支点的距离与重量成反比"。

阿基米德对杠杆的研究不仅停留在理论方面，而且据此原理进行了一系列的发明创造。据说，他曾经借助杠杆和滑轮组，使停放在沙滩上的船只顺利下水；在保卫叙拉古免受罗马海军袭击的战斗中，阿基米德利用杠杆原理制造了远、近距离的投石器，利用它射出各种飞弹和巨石攻击敌人，曾把罗马人阻于叙拉古城外达 3 年之久。

从"杠杆原理"出发，我们不妨假设：如果在一个组织的执行力管理中，也能建立起小杠杆撬动大"地球"的机制，那么组织目标的实现定然事半功倍。

2015 年 10 月，在韩国闻庆举办的第六届世界军人运动会上，一支由 11 个中国军校学员组成的代表队格外引人瞩目：队员平均年龄不足 21 岁，却在与各国专业运动员的同台竞技中捷报频传。

这个特殊的学员战队名为"梦之队"，来自解放军信息工程大学。成立 5 年来，从省级竞赛上的出线"困难户"到国际顶尖赛场上的"黑马"，除了一批批队员付出了辛勤的汗水外，该校体育教员研发的"定向越野"训练方式成就的"育人捷径"可谓功不可没。

识图用图是每一个军事指挥员必备的素质之一，但长期以来却成了学员实践中迈不过去的一道坎。看着学员们糟透了的军事地形学野外实践科目成绩单，七院教员陶德洲曾在办公室内扶额苦思：提高学员实地用图能力是否存在"捷径"？作为曾经是地方高校体育专业的高材生，陶德洲从"定向越野"体育活动中找到了答案。

"定向越野"是一种新兴的、在世界各地正吸引着越来越多人参与并为之狂热的户外活动方式。它起源于欧洲，基本要点是要求运动员利用地图和指北针到访地图上所指示的各个点标，以最短时间到达所有点标者为胜。

这种定向运动既可以在森林中举行，也可以在公园、校园，甚至城市街头举行；而且这种定向运动容易设计出满足不同年龄、性别、体能的定向技能水平参赛者需要的比赛路线，能够集户外休闲、娱乐运动于一体。还有，它除了需要指北针和地图外，不需要特殊的设备，是一种较为经济的运动项目。

不过，这种定向运动对选手的体力及智力要求较高，是一项集识图用图、体能素质等要求于一体的运动。正因为如此，"定向越野"对于培养军事用图、环境侦测分析、敏捷战场反应等实战能力作用显著。

茅塞顿开的陶德洲从此便埋头于对"定向越野"的研究，不到一周，一份关于组建定向越野兴趣小组的方案便新鲜出炉。

极具感召力的训练方案吸引了一批勇于尝试的学员。当然，组建兴趣小组远非"招兵买马"这么简单。不过，因为新兴运动而非传统训练的吸引，没有训练场地，师生就冒着炎炎烈日在学校后面的荒地上开荒建场；缺少训练器材，大家就自掏腰包集资购置；没有专业人员指导，他们就挑灯夜战加班加点共同钻研、集思广益。就这样，组建之初的重重难题在陶教员和学员的共同努力下被一一解决，定向越野小组初具雏形，训练方案也在摸索中制定。

在各种困难面前，趣味性让队员们越挫越勇。机动性不强，队员们就发明了"红绿灯寻点法"，通过往返、变速寻点的方式增强了灵活性；目标点记不住，队员们就独创了"窗口训练法"，通过拼补残缺地图的方式来提高记忆地理坐标的能力；最短路径选不准，队员们就加班加点标方位、量路径，还常常到野外现地对照，实地检验……

"定向越野"活动广泛开展后，解放军信息工程大学学员的军事用图、环境侦测分析、敏捷战场反应等实战能力发生了不可想象的变化：军人个体局部负荷量大、强度高，缺乏系统的、维持平衡稳定的神经肌肉功能训练伤病率高等情况消失了；攀、爬、跳、投等基本运动能力不能满足军事专业训练需要的现象没有了；跑不快、跳不高、停不住、转不动等不利于实战应用的问题也解决了。连续五年来，平时参加"定向越野"训练的学员在毕业联考中始终保持参考率、合格率"双百"（100%）成绩，稳居全军院校前茅；而400米障碍优秀率更是突破了75%。长途越野对于许多特战队士兵都不是一件轻松事，可采用"定向越野"方式，解放军信息工程大学的很多女学员在拿着一张地图寻找目标点的过程中，都能在不知不觉中就完成20公里甚至30公里的强度。这是正常训练不可企及的成绩，其中缘由，只"因为她大脑全部把思维方式放到地图上去了，把意识都转移了"。陶德洲总结说。

这就是组织执行力管理中的"杠杆原理"——机制的妙用。

为让管理者在管理实践中知其然还知其所以然，我们不妨寻根溯源简略地从理论上来认识"机制"，以帮助人们在管理实践中从本质上准确把握"机制"。

"机制"一词最早出自希腊文，原指机器的构造和工作原理，借指事物的内在工作方式，包括有关组成部分的相互关系，以及各种变化的相互联系。后来，人们把机制的本义引申到不同的领域，因此就产生了不同的机制。如引申到生物领域，即指生物机体结构组成部分的相互关系，以及其间发生的各种变化过程的物理、化学性质和相互关系。

很长时期，人们一直以为植物体内的全部营养物质，都是从土壤中获得的，并不认为植物体能够从空气中得到什么。1880年，美国科学家恩格尔曼（G. Engelmann，1809–1884）用水绵进行了光合作用实验：把载有水绵和好氧细菌的临时装片放在没有空气并且是黑暗的环境里，然后用极细的光束照射水绵。通过显微镜观察发现，好氧细菌只集中在叶绿体被光束照射到的部位附近；如果上述临时装片完全暴露在光下，好氧细菌则集中在叶绿体所有受光部位的周围。据此，恩格尔曼证明：氧是由叶绿体释放出来的，叶绿体是绿色植物进行光合作用的场所。

光合作用是将太阳能转化为高能化合物中活跃的化学能再转化为有机物中稳定的化学能的过程，是绿色植物利用叶绿素等光合色素和某些细菌，如带紫膜的嗜盐古菌，利用其细胞本身，在可见光的照射下，将二氧化碳和水（细菌为硫化氢和水）转化为储存着能量的有机物，并释放出氧气（细菌释放氢气）的生化过程。同时也有将光能转变为有机物中化学能的能量转化过程。

由此可见，绿色植物可以利用阳光发生光合作用，而石头可能永远无法在阳光的照射下生产有机物并且贮存能量。这里的奥妙，全在于不同的机体可能的变化及其催化的"机制"，即不同的社会物质或组织、不同的目标，需要不同机制方能取得理想结果。

据此，"机制"引申到社会领域，即指作用于社会有机体内部组织和运行变化过程的有规律的措施。

20世纪90年代初，当世界各国军队都将保障力量的目光投向社会和民间的时候，我国军队由于长期计划经济体制的影响，依然是"自我封闭"、"自办社会"的保障模式，"一个大院一个社会，一个单位一套人马"。为了彻底摆脱军队办社会的窘境，1993年中央发出"军队后勤社会化"改革号召，开始将军队所属经营性组织与军队脱钩。2000年，后勤保障社会化改革从军以上机关和非作战部队开始，重点推开了饮食保障、营房保障、商业服务社会化和职工管理制度改革，做到了"能利用民用资源的就不自己铺摊子，能纳入国家经济科技发展体系的就不另起炉灶，能依托社会保障资源办的事都要实行社会化保障"。事实证明，军队后勤保障社会化是通过有效利用社会资源，打破军队自我封闭、自办社会的保障模式，从而提升军队保障力和战斗力的重大举措；"是解决军队办社会问题、加强质量建设的有效途径，也是减轻国家负担、促进地方经济发展的重要举措"。

综合机器、生物、社会事例，我们不难推论：机制的本质是事物或现象各部分之间的一种相互关系及其运行方式，这种恰当的相互关系及其运行方式，有着杠杆撬动"地球"一样的神奇功效。当然，并不是所有的事物或现象都能形成机制，只有那些由各个部分组成的、这些部分具有一定的关系，并且这种关系体现一定的内在联系或联系方式的现象或事物，才能形成机制。可见，事物或现象各个部分的存在，各个部分之间有一定的关系，并且这种关系表现为一定的内在联系或联系方式，这三者是机制赖以存在的充分必要条件。

从机制的演绎不难看出，机制原本作为物理学术语，指一个系统中满足其必要条件，就可以得到符合物理性质的状态或结果的现象。后来，虽然机制的应用领域不断扩大，但无论用于机器，或者是生物学、医学，还是社会科学，均包含两个特质：一是其组织部件和结合方式，二是其内在的本质联系，即必然规律性。这可以从两方面来理解：一是有机体由哪些部分组成和为什么由这些部分组成，也就是各构成要素之间相互联系；二是这一有机体是怎样工作和为什么要这样工作，也就是有机体的功能和作用的关系。

所以，不管是自然科学还是社会科学，对机制的理解和把握主要包括三个方面的内容，即构造、运行及功能。

"构造"涉及对象的组成，该组成决定了运行的情况和功能的本质。正如前述杠杆放在支点上才能发生力量变化，而空气置于支点上不产生力量；或石头放在阳光下不发生光合作用，而小草可以发生一样，根本原因是其构造不同。

"运行"是事物进入工作状态且周而复始的运转，主要指因为构造体之间的相互作用而体现的一种特有的秩序。

"功能"指事物或方法所发挥的有利作用、效能。可以说，任何机制必然导致某种功能。换句话说：没有无谓的机制。

所以，在社会科学中，"机制"即指一定机构或组织的机能，以及这个机构或组织与其机能之间的相互作用关系。

理解机制这个概念，最主要的是把握两点：一是事物各个部分的存在是机制存在的前提，因为事物有各个部分的存在，就有一个如何协调各个部分之间的关系问题；二是协调各个部分之间的关系一定是一种具体的运行方式——机制是以一定的运作方式把事物的各个部分联系起来，使它们协调运行而发挥作用。

综上所述，通俗说来我们可以如此理解："机制"就是在一个国家、一个地区、一家企业、一个机构等不同形式、不同法律形态的组织（即"一个工作系统"或称"单位"）的运行中，其内部各组成单元履行各自职能时，其效果与影响汇合（招合）后所能形成的功能或作用。所以，机制在社会学中的内涵可以表述为"在正视事物各个部分存在的前提下，协调各个部分之间关系以更好地发挥作用的具体运行方式"。

# 二、有序架构"自组织"

现代组织要实现"杠杆原理"一般的作用力，需要尊重成员的个体感受，否则组织对于个人价值的认同、组织对于个人发展的承诺就是镜中花和水中月。然而，管理者和被管理者虽说应有共同的价值和目标，但其存在仅在组织整体层面。在组织内部，此共同目标常常不易把握，且也不被所有人接受而成为共同规则。管理者和被管理者天然的对立，更使组织成员很难看到目标的同一性。

不过，作为一种相对稳定的社会关系网络，社会各类组织都有一定的交往规则。在社会生活实践中，人们关于管理的认知和体验，首先往往从表面活动开始：如上下级关系，组织成员间相处，组织的氛围等，而不是员工手册、流程图等理性工具。

所以一般来说，组织是系统内的有序结构或这种有序结构的形成过程。因此，从组织的进化形式看，可以把"组织"分为两大类：他组织和自组织——如果一个系统靠外部指令而形成组织，就是"他组织"；如果不存在外部指令，系统是按照相互默契的某种规则，各尽其责而又协调地自动形成有序结构，就是"自组织"。

由此可见，如果一个系统在形成空间、时间或功能上的结构过程中，无须外界的特定干扰，仅仅依靠系统内部的相互作用来完善并发展，从而自动地由无序走向有序，由低级有序走向高级有序，我们便说这类系统是"自组织"。自然，这样的系统必定具有高效能的自组织机制。

我们用生活中的事例来通俗理解。

生活在城市的人们也许都有过挤地铁的经历——急需赶时间的人无论多么困难都愿挤进那本来已经水泄不通的狭小空间，并且每一个人都能在那似乎多一点物什都无法放下的狭小空间找到自己的"舒适区"。这是任何外在的组织机构或能人的任何完美的计划可能都不能实现的满意结果。这种现象的作用机理其实就在于"自组织"。这是社会生活俯拾即是的常见现象，当然其他社会机体更是常有"自组织"发生。

2008 年 5 月 12 日 14 时 28 分 4 秒，曾经宁静祥和、秀美如画的村庄被撕裂出了一道道口子……69227 人遇难，17923 人失踪，37 万多人受伤。柏杨村就是这次汶川地震中受灾的一个羌族村落，辖两个村民小组共 72 户居民。由于 90% 的家庭房屋受到不同程度的损坏，且第二村民小组的村民地处地质危险区域，因此需要集体搬迁到安全地带重建新村。在村书记杨舒明的召集和带领之下，村民们共同作出"村民自愿加入、统一协作重建"的决定。新村选址在河谷地带，采用轻钢架构技术，共计建成 55 户民房。除规划设计图、技术指导和钢架接受社会援助外，其他工作均由村民以换工互助方式共同承担完成，整个重建过程没有政府的行政措施，甚至没有任何包工队的介入，完全出于村民的自觉、自愿、自发、自动。就是这样的"自组织"活动，却高效能地实现了政府"恢复重建"的目标。

这就是社会机体"自组织"的现实事例。事实上，改革开放以来，我国社会逐渐发展出许多具有现代自组织意义的合作社、产业协会或社会团体。当然，自然活动中的"自组织"现象相对更加典型，如正常的生物机体（如人体）：天冷了，感觉会提醒并寻求保暖措施；皮肤划破了，过一会儿血小板自己会慢慢凝固；哪个地方感染了，肌体自身的保护机制自然会调动体内的巨噬细胞等去消除炎症……

可见，自组织现象是指自发形成的宏观有序现象。在自然界和人类社会中，其实自组织系统和自组织现象无处不在，无处不有。小到水汽在零度下自动结成雪花晶体，大到市场的形成、物种进化和社会体系的演进等。因此，自组织是复杂系统的普遍规律。

从系统论的观点说，"自组织"是指一个系统在内在机制的驱动下，自行从简单向复杂、从粗糙向细致方向发展，不断提高自身的复杂度和精细度的过程。

从进化论的观点说，"自组织"是指一个系统在"遗传"、"变异"和"优胜劣汰"机制的作用下，其组织结构和运行模式不断地自我完善，从而不断提高其对于环境的适应能力的过程。

社会资本理论中有关合作问题的解释模型认为，社会资本产生于自愿性社群内部个体之间的互动。这种社群被认为是推动公民之间合作的关键机制，并且提供了培养信任的框架。美国当代逻辑学家、科学哲学家希拉里·怀特哈尔·普特南（Hilary Whitehall Putnam）在分析"社会资本何以支撑了好政府与经济进步的出现"时指出，社群网络培养了普遍化互惠惯例，密集的社会互动有利于协调和沟通，并向大众释放出某些个人值得信任的信息。此外，社会参与体现了过去协作的成功，也为未来的协作提供了文化模本。

社会资本意味着建立和保持自愿性社群的能力，而健康的社群是社会可持续发展所必不可少的。历史上第一位女性诺贝尔经济学奖获奖者、美国当代著名政治学家、政治经济学家、行政学家和政策分析学家，美国公共选择学派的创始人之一，埃莉诺·奥斯特罗姆（Elinor Ostrom，中文名"欧玲"）曾通过研究如何让"公共池塘"由使用者自定规则进行管理，看到了在政府、市场之外自组织的力量。建立在信任关系与协商基础上的自组织，被认为是迥异于层级和市场的第三种治理机制。社群网络不是市场与层级的混合或市场到层级的过渡类型，而是以信任关系为核心的另一种治理机制。在奥斯特罗姆看来，这种基于一群人的自我组织带来的自治理模式是一种自下而上的、有效率的方式，能够直接体现合作群体的需求，并有效克服政府模式的低效率和市场模式的不公平。

可见，自组织作为一种治理机制有两个特点：一是社群网络中成员的互动，牵涉成员的关系特征与关系运作，以及此过程中资源与权力的交换与互赖；二是自组织团体的网络结构，牵涉成员的组成、动员的过程、社会网的结构以及边界等。

2016年4月底，中共中央总书记、国家主席、中央军委主席习近平前往安徽省凤阳县小岗村考察，并主持召开农村改革座谈会。他指出：小岗村是农村改革的主要发源地。在小岗村大包干等农业生产责任制基础上形成的以家庭承包经营为基础、统分结合的双层经营体制，是我们党农村政策的重要基石。

虽然今天的小岗村已经有"中国十大名村、安徽省历史文化名村"等美誉，可以前却是一个出了名的穷村。1978年，这里的18户贫困农民以"托孤"的方式，冒着挨斗坐牢的危险，作了一个"秘密协定"。他们决定把耕地承包到户，统一口径，明组暗户，瞒上不瞒下。同时规定，如果队里干部因包干到户犯法坐牢，他们的农活由全队社员全包下来，孩子抚养到18岁。就这样，他们立下生死状，在土地承包责任书上按下了红手印，创造了"小岗精神"，拉开了中国改革开放的序幕。这种大包干以"保证国家的，留足集体的，剩下都是自己的"分配方式，以其利益直接、分配合理、操作简便的形式，确立了农户作为相对独立的商品经营者的地位，极大地调动了农民的积极性。大包干当年，全队粮食、油料总产量分别相当于过去15年、20年产量的总和。

这次习近平再次肯定："新形势下深化农村改革，主线仍然是处理好农民和土地的关系。最大的政策，就是必须坚持和完善农村基本经营制度，坚持农村土地集体所有，坚持家庭经营基础性地位，坚持稳定土地承包关系。"

习近平说："要尊重农民意愿和维护农民权益，把选择权交给农民，由农民选择而不是代替农民选择。可以示范和引导，但不搞强迫命令、不刮风、不一刀切。不管怎么改，都不能把农村土地集体所有制改垮了，不能把耕地改少了，不能把粮食生产能力改弱了，不能把农民利益损害了。"

安徽省凤阳县小岗村改革的成功，实际上就是充分调动和发挥了"自组织"的功效；习主席这里再三强调的农村改革要点，其实也是强调继续调动和发挥"自组织"的功能。

客观地讲，在复杂系统中，那种依靠外界的力量而直接控制复杂系统的方式是一种无序结构。一个最典型的例子，就是我们曾经的计划经济体系——表面上看非常有序，一切都按计划运行，而实际上计划永远赶不上变化，而且常常我们越计划，社会越乱，以至于最后不得不解体。而市场经济，我们几乎不需要太多"计划"，我们只需要保障经济体系中各个组织健康发展的条件，整个体系就会自动地形成并有序运动。

所以，自组织现象是系统的构建及演化现象：系统依靠自己内部的能压，在相对稳定的状态下，使物质、能量和信息不断向结构化、有序化、多功能的方向发展，由此，系统的结构、功能随着变化也将不断产生自我的改变。

同时，自组织过程是一个动态过程。具有自组织机制的系统内部有一只"无形的手"在操纵着众多子系统相互协同，使得系统要素自我排列、自我组织，形成新的系统结构，推动着系统根据系统目标或环境的变化从一个状态变迁到另外一个有序、复杂、非平衡、稳定的状态。自组织是系统存在的一种形式，而且是一种好的、充满活力的形式，是系统在一定环境下易于存在和稳定的状态。如《孙子兵法》所说"故善用兵者，譬如率然。率然者，常山之蛇也。击其首则尾至，击其尾则首至，击其中则首尾俱至"。

自组织现象是包括生命系统在内的许多系统中，最引人入胜而又发人深思的一种行为。与"他组织"相比较，自组织系统的行为模式具有以下突出特征：

信息共享，系统中每一个单元都掌握全套的"游戏规则"和行为准则，这一部分信息相当于生物 DNA 中的遗传信息，为所有的细胞所共享。

单元自律，自组织系统中的组成单元具有独立决策的能力，在"游戏规则"的约束下，每一个单元有权决定它自己的对策与下一步的行动。

短程通信，每个单元在决定自己的对策和行为时，除了根据它自身的状态以外，往往还要了解与它临近的单元的状态，单元之间通信的距离比起系统的宏观特征尺度要小得多。

微观决策，每个单元所作出的决策都只关乎它自己的行为，而与系统中其他单元的行为无关；所有单元各自的行为的总和，决定整个大系统的宏观行为。

并行操作，系统中各个单元的决策与行动是并行的，并不需要按什么标准来排队以决定其决策与行动顺序。

整体协调，在诸单元并行决策与行动的情况下，系统结构和运行规则保证了整个系统的协调一致性和稳定性。

迭代趋优，自组织系统的宏观调整和演化并非一蹴而就，而是在反复迭代中不断趋于优化。事实上，这类系统一般无法达到平衡态，往往处在远离平衡态的区域进行永无休止的调整和演化；一旦静止下来，就表示这类系统的"死亡"。

自组织的原理：一个系统及系统的能量容量范围内，系统密度越大，有序程度越高，形成的场越强，事件的自组织性越强，效率越高。在系统能量容量的范围内，一个系统内的有序化是能量的挤压，需要输入能量来完成。无序是能量扩散形成的，有序化是在能量的扩散与挤压的更替过程中完成的。系统为了降低系统能压、吸收和储备更多的能量，会采用"自组织"手段，对物质结构进行重新排列或组合，最终，自组织的结果是一个能量不断增加的凝结过程。

因此，在系统科学中，自组织是系统存在的一种形式，相比他组织，自组织更符合系统的生存机制，是系统一定环境下较易存在、较稳定的状态，因而当前存在一种转变他组织系统使其达到自组织状态的做法，这在生命系统、社会系统中尤为突出。在管理领域，人们应越来越多地自觉利用自组织理论分析管理系统、建立管理机制。

# 三、机制设计有轨迹

管理机制的设计应以帮助组织成员的工作为目的。提高工作效率、效果，促进组织成员的发展是人本管理机制设计的根本思想。了解执行系统的"自组织"现象，可以使管理者将自组织机能人为地"组织"出来，为组织成员自组织系统的自我生成和自我发展创造良好的外部条件，以更好地促进经营管理活动的有效进行。

服从于外在力量的"他组织"现象，其自觉性、积极性、主动性、能动性总是比较屡弱的。相反，服务于内在力量的"自组织"，其自觉性、积极性、主动性、能动性总是让"他组织"无以媲美。而且，一个系统自组织功能越强，其主观能动性则越强，由此保持和产生新功能的能力也越强。例如，人类社会比动物界自组织能力强，人类社会不但能被动认识世界，还能主动改造世界。可见，人类社会即比动物世界的功能高级得多、进步得多。所以，高效能机制最应具备的功效就是"自组织"。事实上，凡是成功的复杂的系统都具有自组织机制。因此，现代组织最值得也最需要摒弃传统结构中的机械思维，以变形出自我管理、自我组织、自我进化的能力来。

"自组织"现象林林总总，但综合考察且归纳总结，基本存在 4 种常见的模式：自创生、自复制、自生长、自适应。

自创生是从自组织过程中形成的新状态与原有的旧状态对比的角度，对自组织状态的一种变革措施。即使自组织过程结束后系统产生新的状态、结构和功能，这些状态、结构和功能在自组织过程前不存在。

自复制是从自组织过程中子系统之间的如何相互作用才能保证系统形成某种新的、有序的、稳定状态的角度，对自组织过程的一种变革措施。系统在自组织过程中形成的时间结构是自复制的最简单情况。这对于多个子系统组成的系统，可以保证总系统处于有序稳定的状态。子系统在不断变化，有生有灭：即一个子系统灭亡了，但又有另外一个同样的子系统被复制出来。典型的自复制模式是时刻发生在我们人体身上的新陈代谢——在人体的生长过程中，人体处于有序稳定

的状态，但细胞每天都在死亡，而同时同样的细胞又被复制生长出来。

自生长是从系统整体层次角度，对系统自组织过程所形成的状态随时间演化情况的一种变革措施。系统自生长过程中，系统整体除了"体积"变大以外，其形状、性质、结构和功能均不发生变化。在多数情况下，子系统的自复制是总系统自生长的原因。例如人出生后随着岁月增长从婴儿成长为大人；一个企业随着市场规模和业务的增加，子公司、部门、岗位、员工人数增加，或者各种管理体系、管理制度、管理方法、管理手段等方面也随着时间的推移而完善。

自适应是从系统与外界的关系角度，对系统自组织过程的一种变革措施。它强调在一定的外界环境下，系统通过自组织过程适应环境而出现新的状态、结构和功能。例如，市场需求发生变化，则企业生产的产品、产品组合、价格战略、宣传措施、推广渠道、相应的组织结构、经营发展策略等都要随之调整，以适应市场的需要。

以上就是"自组织"基本存在的4种常见模式。不过，在自组织过程中，上述4种模式可以交叉出现。所以，任何一个运作正常的组织，例如企业组织，都是一个复杂的系统。要想其实现高效能目标，最高效的措施是使其具有自组织机制。

从管理常识我们可知，组织有正规组织与非正规组织之分。而平常我们所指的组织，一般指的是正规组织。这种组织是人们为了共同实现某一纲领或目的，根据一定的程序和规章而共同行动的特定群体。因此，实现自组织机能，必须要建立科学合理的组织运行机制，且最为重要的是要做好两个方面的工作：一是组织外部环境的建设，二是组织内部自身资源运行机制的构建。

改革开放以来，特别是党的十八大以来，随着中央不断简政放权，以及依法治国、依法治政、依法治军等法制化措施的推行，社会各类组织的自主权越来越大。从全国来看，财税体制、金融体制、价格体制、工资体制、就业体制、社会保障体制等方面的改革，有力地推动了政府在社会经济发展中的角色转换。与此相应的各方面管理职能的社会化、市场化程度的提高，既为以企业为主要成分的各类社会组织解除了束缚，又提供了公平竞争的舞台。正是由于有了各方面的改革，今天的企业经营者才不再为产品的产供销有没有上级计划、产品价格如何确定、好项目能不能投资、重要人才可不可以提拔录用、违规违纪人员怎样处置、增加工资有没有计划额度等问题苦恼。由此可见，组织外部环境的建设日臻完善，社会组织特别是企业组织趁势而上建立内部自组织机制的条件愈加成熟。

在外部环境日益改善的同时，如何玩转组织内部资源魔方，即各种资源如何高效能组合？或者说：如何进行组织内部机制的构建？归纳总结社会实践经验，我们认为可以从以下两方面施力：

一方面，要在内部的组织体制和结构上做文章。例如"海尔集团"近年来推行"人单合一双赢模式"，把内部人员组织成新的"自主经营体"；"小米公司"尝试"扁平化、碎片化、项目化"模式，让全员站在一线和"前线"……不过，就大多企业产权结构而言，在粗放经营向集约经营发展过程中，进一步完善和发展股份制是行之有效的办法。在这种结构体制下，所有权与经营权分离，能够形成一种权力制衡机制。如果能引入不同的所有制成分，特别是更多地发展"员工股东"，那么这种体制的激励约束功能就会更加明显——就法人治理结构而言，应该结合公司制企业的特点，规范企业股东大会、股东代表大会、董事会和监事会的组成，以及议事规则、目标考核等，切实发挥法人治理机构的作用；就管理结构而言，应该贯彻精干、科学、高效的原则，合理设计企业的组织结构，进行科学的部门和岗位职能配置。

组织结构变革实践发展演变至今，形形色色的组织形式在不断实践、创新中产生，至于一个组织到底应该采用哪一种结构形式，则需视相关行业和组织的具体情况确定。

另一方面，要通过组织内部各方面体制和制度的建设，实现微观机制的整合。我们常把组织的经营机制、激励机制、分配机制、决策机制等相提并论，但这些机制之间虽然存在着密切的关系，却分属于不同的层次。进一步理清其中的脉络，才能使机制的构建更具有目的性，从而更好地取得事半功倍的效果。

简单地说，组织的内部运行机制可分解为两大机制：一个是自我发展机制，另一个是自我约束机制。形象地比喻，一个组织就好像在市场经济的道路上行驶的汽车，自我发展机制就是它的动力系统，包括发动机、燃料供应与储备等；自我约束机制就是拉制系统，包括方向盘、刹车、主（被）动安全系统、报警装置等。根据两大机制功能特征，再作进一步的分解：自我发展机制，包括竞争激励机制、人才开发机制、积累机制、投入机制、创新机制等；自我约束机制，包括决策机制、控制机制、监督机制、制约机制、预警机制等。据此，我们可以按照内部机制的功能构成，从具体问题入手开展分析和设计，深化内部体制改革和制度建设，最终实现机制构建的目标。

竞争激励是发展机制中最重要的组成部分，因为竞争本身也是一种激励，甚至是一种生存意义上的激励。其切入点是用人，包括经营者及各层次干部的择优录用、竞争上岗，以及分配制度的改革与完善。从人才开发与储备机制讲，应着

重抓好以组织发展需要与岗位要求为参考的继续教育、技术培训和职业规划指导。

控制与监督则是约束机制中的重要内容，财务监管、成本核算、法律规范、关键岗位制约，以及督察审计等方面的制度建设和权责利配置是工作的重点。

前面我们已经说过，机制的构建要通过体制与制度的建设实现。为此，在体制特别是组织体制与管理体制的建设中，应注意各部分之间的相互协同与制约；在制度建设中，应区分情况，采取不同的措施——某些情况下制度的作用在于禁止，更多的情况下则在于引导。

特别要说明的是，机制的构建不是简单、绝对的，而是纷繁复杂既讲科学又有艺术的。如激励机制不仅是如何用人、工资奖金如何分配，它还涉及其他许多方面，如领导作风、内部氛围、组织文化等诸多因素。因此，在机制构建上一定要避免模式化和形而上学。同时，机制的构建又是一项长期的工作，也有不断与时俱进的创新问题。社会环境不断发展，人的认识水平不断提高，机制也要随时作出相应的调整。

在组织建设过程中，我们总体上务必做到：职能的独立性、过程的闭合性、信息的保真性、控制的有效性。

职能的独立性。总体要求决策机构、执行机构、监督机构、信息机构等既要相互作用，又要各负其责。要职能分工明确，做到各单位职能横向到边，纵向到底。要使决策权与执行权相分离——决策机构的决策要有整体性、系统性，方案要有可操作性、协调性；执行机构要把"不折不扣"作为中心任务，严防局部战术与全局战略相冲突；监督机构要保持独立性，彻底摆脱对执行机构的依赖；信息机构要客观公正，坚持真理，充分发挥参谋和智囊作用。

过程的闭合性。控制过程不闭合，资源就不完整，进而其利用就不充分，就会使计划和目标难以实现，甚至容易导致体制僵化、教条主义、形式主义、官僚主义。只有过程闭合，资源充分共享，目标达成一致，才能充分调动和发挥各方面积极性，从而万众一心。

信息的保真性。现实中，信息传递环节多、渠道广，随之信息反刍、干扰相应增加。为了防止和避免欺上瞒下、弄虚作假现象发生，有必要采取措施保证信息的真实性、可靠性，特别是要能够有效甩干信息"水分"。

控制的有效性。任何控制的有效性，主要靠权力的制衡。一权独大或大权旁落，就不能实现权责利的有机统一，就不可能实现有效的控制。所以，各权力环节要充分发挥作用，平衡即是最佳途径和方式。在平衡中实现动态控制，是控制的理想状态。

互联网时代在改写人类生活方式的同时，也在改写着社会组织的组织模式。在这样一个网络化、全球化的新时代，任何组织的机制建设，都需要与时俱进地适应、接受互联网这一新生事物，并因势利导。

一要建立开放的系统，使系统内部与外部不断进行信息的交换。互联网核心理念即是以用户为中心，因此用户之间的互动和参与网络内容的组织与建设十分重要。

二要为自组织传播提供发展的现实动力。一个系统自组织的动力机制是通过制定一定规则，以特定的参数进行调节，放手让子系统自己相互作用，产生序参量运动模式，从而推动整个系统演化。

三要创造自组织演化途径。一个自组织系统形成和演化需要突破非线性模式，远离平衡态。互联网能通过智能化引擎、大数据开发、云计算等技术实现个性化的需求。因此，当前有必要充分运用互联网多样化的渠道、社会化的互动模式，形成自组织的科学模式。

俗话说，失之毫厘而差之千里。所以创建高效能组织战略机制尤其重要。这主要因为战略机制是一个组织所有活动的方略和策略，是组织活动所采取的方式、方法和手段以及它们之间有效组合的总称。因此，组织战略形成机制，有必要遵循以下八大原则。

（1）可持续发展原则。如企业的可持续发展主要强调 4 个方面的更替：技术更替、产品更替、体制更替、产业更替。在此特别强调"四短一长"，即企业的寿命要长，但技术、产品、体制、产业这 4 个方面的周期要短，最好是不断地替代。它们更替得越快，说明这个企业越有发展的活力。

（2）量力而行原则。组织经营战略的制定必须考虑组织的承受能力问题。因为在一定时期内，组织在人、财、物、体制等方面都有承受能力极限。经营战略要考虑组织的承受能力。

（3）比较优势原则。在制定组织战略时，一定要分析组织的比较优势所在；一定要把组织的比较优势搞清楚。这主要是考虑一个组织在社会大环境中处于什么位置，如企业的市场地位属哪类？市场占有率有多少？相对优势在哪方面？

（4）规模经济原则。在组织战略的设计上，一定要考虑规模经济或不经济的问题。现实中许多组织将自己的部分工作如人力资源工作等外包，其目的就在于通过摆脱小而全事务束缚，实现专业化继而实现规模效益。

（5）流动性原则。流动性差的组织往往没有活力，其抗风险的能力相对较差，所以组织战略形成机制要充分考虑流动性。

（6）务本性原则。所谓务本性原则，是指我们在组织战略机制的设计上不能离开组织的根本目标与基本定位，尤其在企业经营战略上要考虑对企业目标的限制问题。

（7）开放性原则。这实际上强调的就是组织在制定战略机制时要避免一种不好的倾向，即狭窄性。也就是考虑问题的思路如果比较狭窄，在各个方面考虑得不是那么开放，就有可能作茧自缚。

（8）动态性原则。动态性原则是指在经营战略的设计中一定要把预期搞好。"预期"就是对未来整个组织的发展环境以及内部本身的一些变革，要有科学的预期性。如果没有科学的预期性，那么组织难免会陷入困境，甚至短命。中国共产党在革命初期，尽管各方面规模都很小，但在江西瑞金设立中央政府，以及在全国各地设立省委、市委、中心局等组织机构的做法，有效地保证并推动了后来革命的迅速发展。

# 四、魔变玄关权责利

管理机制，简单地说，就是管理系统的结构及其运行机能。它是将权力、责任、利益等要素，在组织成员之间进行合理配置，使之朝向组织目标运行的内在机能。其本质是管理系统的内在联系、功能及运行原理，是决定管理功效的核心问题。

管理的核心在于"理"，即依据科学的管理机理，设计科学的管理机制，适应人的本性，因势利导，让人们在追求个人目标的同时完成组织任务和实现组织目标。如果管理出了问题，则要加以区分：是个别问题还是普遍问题？是战略问题还是执行问题？是体制问题还是机制问题？当然，有了好的机制，可能只需杠杆微调，即可"无为而治"。

司马迁《史记》之"货殖列传"描述："天下熙熙皆为利来，天下攘攘皆为利往。夫千乘之王，万家之侯，百室之君，尚犹患贫，而况匹夫？"其大意就是：天下人为了利益而蜂拥而至，为了利益各奔东西。拥有千辆马车的帝王、管理万户的公侯、百家的族长，尚且会担心贫苦困顿，何况平头百姓呢？这里非常明确指出的，就是"利"之机制的无穷魅力。

当今社会现实管理实践中，"利"的作用可谓历久弥新。我们强调"管理机制就是合理配置权责利要素"，即旨在通过"利"的魔力，调动组织目标执行者正确使用权力并担当起相应职责。由此可以看出，这里的"权"、"利"是组织手段，"责"才是组织的目的所在。

不过，我们应该看到，在"权、责、利"三者之中，权与利的组合往往决定了责任能否落实。总结社会管理实践，我们不难看出：权与利有四种关系，理不清这些关系，一个组织就失去了发展的根本动力，"责"之目标就不能有效实现。

其一是"权大利小"。这种现象最容易导致权力寻租。这里所谓的"权力寻租"，简单讲就是权钱交易，即组织目标相关执行者把开展工作所配套的公权当私权"租"给他人换取利益。比如某个交通局长掌握着数十亿元资金的审批权，而这项工作于他本人利在哪里——干好了不会给他 100 万元奖金，干坏了也不会

罚他 50 万元责任金。正负激励都不够明晰，所以舞弊的可能就客观存在。严惩固然是一种方法，但权大利小这种失衡关系一天不改变，腐败的"温床"就会存在并总会滋养一代代蛀虫。

其二是"权小利大"。这种现象最容易引发内耗冲突。犹如在一只被铁链拴着的可怜的小狗面前两米之外才放着一大块肉（这就是利），但链子只有一米长（这就是权）。权小而利大的狗一定会拼命地为肉而挣扎，结果不是狗挣脱了铁链而管理最终失控，就是链子拉断了狗脖子最终伤害了责任者。因此，管理中如果给予了足够的利益诱惑却不授予相应的权力，上下级就会天天处于资源争夺战之中。有些民营企业创业容易守业难，甚至发展过程举步维艰的根源，许多时候就在于组织放权时总是不放手，产生"霍布森效应"——没有选择的选择权。即"链子"攥得太紧，如此放多大的一块"肉"也都只能让组织成员望洋兴叹，没有实际激励价值。

其三是"权大利大"。这种现象只要科学辅之以相应的"责"，就可能胜似领导者亲力亲为。权大利大，这时候每一名组织成员都会成为组织中的动力单元，他们会依据自身价值判断，自觉调度"自组织"机制，高效达成组织目标。比如一个照顾孩子的保姆，主人足够坦诚，孩子有错可以像父母一样管教打骂，这就是权；孩子有出息了，长大了也为保姆养老，这就是利——权与利都大了，保姆对孩子可能就会像亲生骨肉一样疼爱。事实上，规矩总是挂一漏万，只有在权大利大的情况下，委托与信任机制才可能真正建立起来，无为而治的管理境界才能实现。

其四是"权小利小"。这种现象最容易催生消极怠工。权小导致"这件事我不可能做好"；利小导致"这件事做好了对我也没有意义"。在这两种因素的共同作用下，消极怠工就成了多数人的最优选择，即谁都不愿意做无结果的努力和进行无收益的投入。其实，不仅仅"利小"会影响组织成员积极性，授权不足导致"权小"同样是组织成员不思进取的重要原因，即消极状态是授权与激励都没有达标的综合产物。

当然，我们也应该看到，权和利本是孪生兄弟，而责却是利的对立物。之所以把"责"字放在中间，是因为"责"不仅是组织的目的所在，更是三者的中心和核心。

首先，责是权和利存在的根源。责能生利，有多大的责任就能获得多大的利益。因此权要担责，即有多大的权就要承担多大的责任。事实上，负不起责任就掌不好权，担不起责任就理应得不到相应的利。

其次，责任推动权和利的发展。有多大能力就能担负起多大责任，而能力往往在工作中才能更好提升。所以，有责任感地去工作更有助于培养能力。当然，能力提升了就可以担负起更多的工作责任，相应地就能获得更多的权和利。

最后，责任是权和利的桥梁。很多人都知道权能生利，却只是知其然而不知其所以然。一个管理者的权力，在于他能担负起他所管理范围所有人的责任，也就是帮管辖范围的这些人负起自己的责任。管好了，那么水涨船高，大家创造的利益管理者也能分享一份——也就是所谓的担多少人的责就能获多少人的利，即"责"连着"权"和"利"。

由此可见，没有"没有无权利的义务"，也没有"没有义务的权利"。特别是在管理工作中，应该主张权责对等——没有"没有权力的责任"，也没有"没有责任的权力"。社会事实表明，权力大的岗位责任也大，权力小的岗位责任自然也小。遵循线性耦合关系，通俗一点说，就是权力和责任要成正比：组织给予的权与利大，则能更好地激励人们自觉尽责。当然，我们在考虑计划或工作可否交给某人来执行的时候，还要考虑到他（或她）责任人（或主体）具备完全的素质和能力。

在执行力管理即目标达成过程中，权责利之间的配比关系可以形象地用前面曾详细分析过的杠杆原理理解——假设杠杆是总权力，其支点左边是领导者权力，支点右边是执行者权力，而左端点是责任，右端点是利益，那么，权责利之间的配比关系可以有以下情形：

假定责任不变，能否撬动杠杆及撬动的效果如何，就要看权和利的配比关系如何。先假定"权"不变，即从支点到右端点之间的距离不变，利越大，撬动起来越容易。一些在各自行业表现卓越的领袖企业，薪水水平也往往是一流的，他们从不吝惜在这方面的投入，因为他们深知杠杆这一端的分量将产生多么巨大的撬动力量！何况，增加人力资源方面的投入所能节约下来的机会成本更是不可忽视！最理想的模式，也是最平衡的模式，当然是权和利相互配比，达到默契与均衡。但在现实当中，更多的情况是：要么利太大，要么利太小。利太大，对于组织当然不经济，其高出部分不仅构成浪费，而且对于其他人也是一种不公平。不过，这种情况并不多见，更多的是利太小。利太小的情况，迫使当事人利用手中的职权谋取私利，以补偿由于利太小而遭受损失的那部分利。一旦掌握不好，就容易造成滥用职权，过度消耗组织的资源和财富。解决这一矛盾的根本措施，当然是使利和权近似地配比和统一起来，不要有太大的失衡。另外一种做法就是把支点向右移动，即限制权限的发挥，或者说对权限的发挥进行适当监督。当然，如果支点太靠右，人们手中没有多少权力，就会放弃做更多的努力，做一天和尚撞一天钟，或者是另谋高就。不过，这并不否定监督本身，即便是在权和利近似配比的时候，仍然需要有监督，不能让权限过度膨胀。

现在，再假定利不变，即右端点不变，来看撬动的结果如何。这个时候，要想撬动得越快、越省力，权就要越大，即从支点到右端点的距离越长。赋权授能是一个永恒的话题，在某些组织中，当权者宁愿权力烂在自己手里，也不愿意把权力授予部属。他们生怕部属做不到或者做不好，结果部属永远无法得到锻炼的机会，也就永远不可能获得成长的机会，进而组织随之也无法发展。对大多数管理者来说，这是一个两难命题：一方面，有大量的事情要做，少数领导者、管理者毕竟不可能包办所有的事情；另一方面，他们又担心部属做不好，花更高的薪水请素质更高的人暂时又做不到，此时授权更是犹豫不决。当然，一个真正有远见的组织及其领导人，在这方面一定是敢于有所作为的——他们信任自己的组织成员，相信他们能够发挥自己无限的潜能解决好自己分工范围内的一切事情，因而大胆授权给他们，即使出现暂时的失误也让下属放手去做。这个时候，领导者要做的事情其实很简单，只需要把支点稍稍向左边移动一些，即自己的权力少一点，部属的权力多一点。尤其是自己手中没有发挥作用的权力，一定要果断地放出去！一旦把权力放出去，领导者会发现，自己原来不肯放手的权力其效能在以几何级数递增！因为通过领导者的大度，部属开始把权力生发开去——仿佛原来一只手只可以控制五个手指，而现在五个手指中每个指头都可以操纵五个指头，这样一个人一只"手"就可以控制至少25个"指头"。如此生发开去，哪一个领导者还会吝啬手中的权力？当然，权力太大也不可取。权力太大，必然会构成权力过剩，要么导致滥用职权做不相干的事，要么就是过剩的职权得不到开发，形成管理真空或盲点。

再假定"利"不变，即右端点不变，来看责权的配比关系。为了便于理解，先假定责不变，支点的左右移动则决定了权限的大小和撬起责任的难易程度。授权越大，完成任务就越容易，反之则相反。再假定权不变，在此情况下，权力与利益均已固定，主体所承担的责任也相对得以固定，与之不相匹配的责任，不管是多是少，都不会有任何的现实意义。管理实践中就有这样的现象：管理干部喜欢让下属承担更多的责任，但实际却证明他的这种愿望往往容易流产——在没有先行调整权力与利益的条件下，增加责任是徒劳的。即便把组织成员开除掉也于事无补。因为再来新人，仍然如此。

根据前述公平理论和自组织理论我们不难理解，现实中每一个人几乎都是平衡大师，他们必然会考虑自己的得失，做利益最大化的盘算。当上述两个要素被固定的时候，责任也就固定了。如果责任偏小，对于组织来说当然不经济。某些组织，包括新兴的民营企业等机制还算比较灵活的组织，都有可能存在这种情况：人浮于事、窝工。其实，这种情况的存在，倒是提醒管理者可以做出以下决策性调整：成比例增加责任，反比例裁减人员，同时还可以进行利益和权力的调整，大幅度提升组织成员的积极性。这样做的前提是，要正确评估责任的虚置和被掏空的成分有多大，以便把多余的水分挤出来。

至此，我们再分析"权"不变情况下的配比关系。权力不作改变，在这种情况下，责任与利益两要素遵循着成正比、同方向的变化趋势。要想撬起更大的责任，利益就要以同等幅度递增——利益大了，客观上要求责任递增，反之亦相反。例如，在经济危机到来的时候，一些国家的一些企业很好地运用了这一原理，减少组织成员所担负的职责，或者缩减他们的工作时间，同时也把利益做同比例的减少，这样就较好地处理了危机来临时的劳资关系。而当经济明显趋旺的时候，亦可以参照这一原理，做正向的调整。

总之，权责利必须相互匹配。组织执行力出现问题，往往可能是权责利三者不相匹配、失去平衡和协调所致。因此，当一个组织内部出现这样或那样问题的时候，首先应该质问的是权、责、利关系是不是失调，这是从根本机制上发现问题的一个好方法。

所以，在合理配置权、责、利要素从而建立管理机制过程中，授权与激励要同时改变、同步提高，如此才能对组织管理发挥有益作用。在此不妨称之为关于"权、责、利"的新木桶理论——传统的木桶理论指出：一只水桶能盛多少水取决于最短的那块木板。但现实中组织最短的"板"往往不止一块。当权、利同为短板时，它们之间即有连带作用。只把一块短板加长，会导致另一块短板产生新的负作用，从而使管理更加恶化。如企业业务人员责任心不强、工作不推不动——不少人把办公室当成了聊天室，侃大山、打游戏、看电影成为职场常态；甚至有人把出差当成旅游，利用职务之便游山玩水。不但消极怠工，而且挥霍浪费组织资财。这种情况如果只加强激励却无授权，实际结果必定会是业务人员大肆与组织领导斗智，玩"假、大、空"。要改变这种被动局面，组织必须推出全新的激励政策：奖金与销量严格挂钩——比如将最高年度奖励提高到 20 万元以上，对于年收入平均为 5 万元左右的业务代表来说无疑极具吸引力；但同时要下放区域内广告审批权、代理商设立与撤换权、促销物品发放权、个人出差地点支配权等运作市场的必要权力。否则，必然加剧业务人员与管理干部的冲突：其一

是业务人员有好的方法却实施不了，眼看着重奖却拿不到，最终对未来丧失了信心，结果是纷纷愤然离职。当然，其二可能就是短期行为频繁出现：一些业务人员为拿到高额奖励，在上级授权不足的前提下违规操作，如在招商过程中随意许诺好处或优惠，或为增加本地区销量默许或暗示代理商违规操作等。

回顾一下前述权与利的四种组合关系就不难理解，只加强授权时，人们从过去的"权小利小"状态立刻进入"权大利小"的另一种不健康状态。由于权、利配比仍处于失衡之中，可能消极怠工的慢性病没解决又增加"权力寻租"、"索贿受贿"的急性病。如某企业为改变营销中层干部工作不够主动的状况，把集中于总监个人的关键权力下放至市场、企划等各部门，但经理却未同时加强激励，这样经理层手中广告费审批、工程价格制订、促销品发放等权力立刻增大了，每年过手金额数千万元但销售业绩好坏与他们个人挂钩不紧密，于是经理层"权力寻租"的情况开始大量出现，他们利用广告费拿回扣、利用工程洽谈干私活、利用促销品换取代理商好处。如此一来，过去部门经理工作虽然不够积极，但最少还能廉洁奉公，现在却连职务操守都无人固守了。这就是从"权小利小"状态进入"权大利小"状态产生的顾此失彼现象。

可见，无论重"利"的激励机制还是重"权"的授权机制，如果缺少彼此之间的相互呼应，单独加强哪一方面都有可能产生负效应，甚至欲速而不达——执行人员"权小利大"管理人员"权大利小"，这种不平衡会使两个层级都失去努力的动机。所以，权、责、利必须匹配。现实中，每当组织执行力不佳时，管理者往往会疑问这是组织成员的能力问题还是态度问题？其实有时两者都不是，甚至在组织成员身上找原因本身就是缘木求鱼。看一看授权机制与激励机制是否到位，答案可能会更清晰。这种情况下，与其埋怨组织成员与组织不是一条心，不如反思是什么原因造成了组织成员落后的思维模式与行为习惯。《孙子兵法》虽然明确指出"上下同欲者胜"，但现实中执行者隔岸观火现象却屡见不鲜，尽管程度不同、形式各异、轻重有别。所以，要实现"上下同欲"，建设权、责、利有机匹配的机制至关重要。

# 五、团队创造高效能

现实中的组织大多为团体、群体或集体型组织，这种组织即使在执行传统任务情况下，其结果再高效也不外是"1＋1＝2"的算术效益。而现代组织其任务越来越依靠协作完成，这种情况下，组织的团队改造与管理即迫在眉睫。因为：团队是由全体成员以及成员中生长的管理者组成的目标高度一致的共同体，这种组织形式能够合理且最高效地利用每一个成员的知识和技能协同工作、解决问题，最终达成任何个体无法达成的共同目标，实现"1＋1＞2"的几何效能。

具体从个体意义看，团队可以取长补短，获得个人能力之外的群体合作效益，或实现安全、地位、自尊、归属、权力以及人生目标的需要；从组织成因看，采用团队形式可以统一成员目标，并通过明确的分工与有机的合作，让成员充分贡献个人力量，最终实现"1＋1＞2"的效能；从组织机构领导或管理者角度看，如果他们希望领导充满活力的组织，那么，他就必须放弃事必躬亲的方式，即应该建立起允许进行自我管理、自我控制的经营结构和系统，即团队。

虽然实施团队管理有很多益处，但如果组织实施不当，也可能带来混乱和麻烦。特别是在团队文化不健康、民主气氛不浓厚、个体动机太复杂、成员特征差异小等情况下，"团队"很有可能只是"团体"的时髦外衣，或者只是某些群体的附庸，其作用力可能大大打折。

其实，"团队"与"团体"尽管都是组织形式，但级次上却有着巨大区别。甚至可以说，"团体"虽然确实在外延中包含"团队"，而"团队"却不失为"团体"的精品形式。具体比较而言，"团队"与"团体"的区别，突出表现在如下方面：

其一，形成程序不同："团队"一般由能人号召，然后由认同愿景、使命相同、目标一致的成员相互感召形成；"团体"一般由正式组织根据组织任务需要，调派能够胜任相应岗位的人员，通过行政程序成立。

其二，成员特色不同："团队"成员由具有不同专长而互相依赖的人员组成，任何成员的行动会影响到别的成员；"团体"成员由知识、技能、经验相异性小，不具相互依存性的人员组成，成员各自可以在组织允许的前提下自由决定或采取行动。

其三，目标性质不同："团队"成员被赋予特定目标，且目标为全体成员所认同；"团体"成员其目标与组织的目标相似，只为成员所辨识。

其四，运作方式不同："团队"成员内部推选领导者，决策过程一般由全体成员参加，决策内容为全体成员所认同，且任务的达成要成员彼此交换信息及资源而协调行动；"团体"则有一位明确而由组织授予职权的领导者，由领导者主导形成决策，一般指派或授权由个人执行任务。

其五，成员评估不同："团队"以集体的工作成果为衡量标准，工作成败由全体成员共同承担，正所谓"没有团队目标的实现则没有任何个人任务的完成"；而"团体"则偏重个别成员的影响，工作成败由个别成员特别是领导者承担。

目前，我国团队实践水平和团队管理模式类似于欧洲的"精英团队"，即引入团队模式的同时，有着极强的自上而下的管理和指导方式。团队集中于创新领域且由精英们组成，服从组织最高管理层的命令，受到组织的特别保护，形式上类似军队中为执行某一特殊任务而组成的"别动队"。这种团队缺少更大的自主性和创造性，因此效能常常受限。

那么，怎样的团队才是高效能的团队呢？为了说明这一问题，我们暂且借用男女婚姻关系来解释。

婚姻一般由性别不同的男女个体联结形成。在这里，男女双方首先有着共同目标——获得爱情，组成家庭，互助生活，繁衍后代；同时，由于性别的先天差异，男女双方性别能力相去甚远但又高度互补，因而在生活中各自利用个体禀赋扮演着丈夫或妻子两种截然不同的家庭角色，并贡献着各自独特的能力；另外，婚姻关系中男女双方高度依赖、紧密协同，缺一不可，完全一荣俱荣一损俱损，离开任何一方，则另一方的婚姻目标不能实现。

当然，婚姻关系有精品婚姻——相互尊敬，上品婚姻——相互欣赏，中品婚姻——相互接受，下品婚姻——相互忍受，品外婚姻——相互诋毁等不同状态，其状态的不同，决定了婚姻的不同质量。

不过，幸福的婚姻却总是有着以下共同特征：

（1）婚姻是一个男人和一个女人相互做出的一生无条件的承诺。人生风风雨雨、坎坎坷坷、变幻莫测、变数无限，但从婚姻誓词中，我们不难看出，男女双方都往往不附加任何条件地承诺"爱她（他）、忠诚于她（他）。不论贫穷、疾病、困苦，都不离不弃，都一生相随，直至死亡"。这是一种"芝兰茂千载，琴瑟乐百年"的海誓山盟，是一日牵手则一生无悔的终身之盟。

（2）婚姻是给予对方的一个礼物。理想的婚姻中，一方往往是站在另一方的角度去思考：因为自己的加入，从而将"他"或"她"变成"我们"，并且能将"我们"发展得更完美。比如男子倾慕女子，感觉唯有自己才能让对方更幸福，于是带着"让对方更幸福"的责任去交往。如此的婚姻，才堪称纯洁。

（3）婚姻是相互的扶持。婚姻关系中，一方的不足或不擅长，往往会有另一方以相对优势去努力弥补，而决不会袖手旁观或看对方笑话，更不会拆台、落井下石。比如女子柔弱，男子便会去充当护花使者；男子不善于处理人际关系，女子便会事后给人赔不是或是通过其他有效措施去努力协调，等等。特别是年老体弱或一方疾病时，相互之间更是尽心尽力地给予照顾，绝不会有累赘、拖累等嫌弃感觉。

（4）婚姻是一种紧密的关系。婚姻关系中，男女双方金石同心，休戚相关，相濡以沫，不分你我，能够完全从"我"进入"我们"状态。对外，夫妻作为家庭角色完全代表家庭"整体"；于内，夫妻"个体"双方从不计较个人贡献大小，也从不计较个人得失多寡，甚至有时候能够牺牲自己成全对方。常见现象如男人视发展事业创造财富为己任，而不感觉自己贡献大、太吃亏而搞家庭"AA制"；女人把打理家务相夫教子作为本分而不因为杂繁劳怨而分庭。

（5）婚姻是一个完善自我的过程。不同环境不同家庭不同教育不同文化背景下的男女，缔结婚姻关系之后，常常识大体顾大局，不再依然故我不再随意任性，为人处事往往考虑对方感受，并不断在适应对方中修正自己的行为。如男人不再清晨床头吞云吐雾，女人不再因为生活习惯喋喋不休，这些便是生活中"完善自我"的最好例证。

可见，"团队"要像精品婚姻一样理想，成员就应该是为了共同的有价值的愿景（目标、任务）而组成。成员之间要能够相互作用、相互合作、相互适应，能够根据环境的变化进行自我调节，具有开放性特征。特别需要差异性大、互补性强；要高度依赖、紧密协同；要形成一荣俱荣一损俱损的机制。

要使"团队"高效能发挥作用，建设自组织团队不失为一种理想选择——自组织团队不同于传统的团队，它吸纳传统团队的优点，即除了具有传统团队的特性之外，它还具有自组织的特性。具体分析，主要表现在以下几个方面：

（1）自组织团队发展的前提：它是开放和远离平衡的组织。组织的发展总是靠创新，而创新则意味着自觉打破平衡。要使组织不平衡，组织就必须开放；而要组织远离平衡，充满活力，系统必须保持充分地开放。这样才能使团队与外界进行物质、能量和信息的充分交流成为可能，从无序走向有序，从低级有序走向高级有序。

（2）自组织团队发展的诱因：由于团队其社会性占主导地位，所以团队诱因是人的社会需要。人的社会需要并不是简单地具有同向性，而更多的是多样性。它与团队内部多种因素非线性相互作用，促使团队及其成员需求的趋同，推动团队的自组织演化，即从无序走向有序，从低级有序走向高级有序。

（3）自组织团队发展的动力：在系统自组织中，既重视竞争又重视协同。自组织团队中的相互作用是非线性相互作用，正是非线性的相互作用导致的竞争和协同，系统才有整体行为，同时使矛盾体系概念重要起来，形成了具有整体性的矛盾体系，于是有系统的牵一发而动全身，即矛盾成为团队的发展源泉和动力。种种系统，都以其集体行为，一方面通过竞争，另一方面通过合作，间接地决定自己的命运。竞争和协同的相互依赖、相互转化成了团队发展演化的动力。

（4）自组织团队发展的保证：自组织团队利用自我反馈系统和调节系统，自主地调整自己的发展战略、方向和发展重心。团队成员通过自我调适、自我学习、自我适应，来应对外部环境和团队自身发展的挑战。

当然，自组织团队要真正形成自组织机能，从而成为高效能运作的团队，有必要从组织结构等各方面认真地加以设计，特别是其组织结构特征必须符合扁平化、分权化、弹性化、开放化、小型化要求。

扁平化。传统团队采用的是层级结构，使得职能过分细化，中层管理人员过于庞杂。这种组织模式臃肿、迟缓、缺乏灵活性、成本高。而信息和通信技术的快速发展对管理的冲击，在组织结构方面的集中表现是：减少层次和压缩规模，使得团队组织结构逐渐由过去的多层次职能分工模式向扁平型、网络化模式转变。自组织团队就是一种以目标和任务为中心的扁平化、网络型组织，能够充分发挥个人的能动性和多方面的才能。团队的领导者和团队成员甚至团队服务的对象，可以通过现代通信技术实现双向式的交互沟通。大量中层管理人员减少了，不仅信息的交流更畅通，而且节约了管理费用，降低了成本。同时，这种组织形式为成员的工作提供了最大限度的自由，能够增长士气，并提高效率。

分权化。在传统的实体团队组织中，信息的收集与传递主要通过众多的中间环节上报，最后在高层汇总，进而由高层利用这些信息做出决策。同时高层由于拥有全部的信息而获得了特定的权力，使他们感觉到自己如同组织的"大脑"，而把基层组织成员贬低为只能被动执行命令的"手脚"。自组织团队这种组织模式以知识型成员为主，并且知识和能力权威取代了职位权力。同时，由于互联网使信息的获得变得极度广泛而且失去了层级的区别，甚至一些成员因为更接近相关信息发生环境，往往掌握变化的信息更快更充分。更由于一些决策必须当机立断，不然坐失良机，因此团队内部必须实现决策权共享。只有分权，团队成员才能更有主动权，更能发挥其积极性和创造性。

弹性化。传统的处、科层级制组织，规模越大，组织行为越僵硬，对外部变化的反应越迟钝。在当今知识经济社会里，由于科技的飞速发展，组织所面临环境的复杂程度大大增强，因此组织结构必然要求对此作出反应。弹性化已成为必然结果——自组织团队就是灵活地根据外部环境的变化，适时作出组织结构、人员配置调整的结果。

开放化。传统的团队组织是封闭型的组织，但由于竞争的激烈性、环境的复杂性和不确定性，要求团队组织必须从封闭走向开放。自组织团队是以任务和关系为导向，为了高效地完成组织目标，必须注重建立团队内部和团队外部的关系，充分调动团队成员的能动性和多方面的才能。只有开放，才能从外部环境进行物质、信息和能量的交流，团队也才能走向自组织。

小型化。小型化意味着组织的精良化发展趋势，需要去除多余，留存精干——犹如肥胖人员瘦身：凡是不能为组织增加利益的部分就去掉。自组织团队可以让组织成员打破原有的部门界限，直接面对顾客和组织总体目标，充分发挥群体和协作的优势，对外部反应快速，灵活变化，从而赢得组织的高效率。

# 六、自我管理最砥砺

　　巴西的塞氏公司是年轻人最想去的"另类"企业。与传统商业巨头们相比，塞氏公司并不"如雷贯耳"，但它却被自己的组织成员津津乐道：因为他们认为这家企业是他们眼中的"平等天堂"。尽管塞氏公司的老板塞姆勒经营公司的方法让常人感觉不可思议，但他却把一个濒临灭亡的公司变得繁荣了。即使整个巴西经济不景气时，塞氏企业照旧逆流而上，甚至利润翻了五番。

　　了解巴西塞氏公司的人几乎都会异口同声地评价：这公司太另类了！参观了这家企业后，连 IBM、通用汽车这类全球牛气冲天的公司也不免惊叹——人们首先发现，这家公司没有前台，高层经理自己接待客人、自己复印东西、自己发传真。这里的一些员工很随意，竟然穿着短裤上班，甚至把脚放在桌子上。有的员工没完没了地看报纸，从来不装出忙碌的样子。老板一般不待在公司里，甚至很长时间都不向公司打电话。这一串景象彻底粉碎了人们对一个优秀公司的想象，但其执行力却又让人佩服得五体投地。究其原因，塞氏公司发展的动力源，正是以自我管理激发出来的员工的能动性。

　　有关塞氏公司自我管理的运行细节，我们将在本书第五部分作案例进一步介绍。这里，我们仅借此引出"自我管理"概念，并从原理上讨论之。

　　组织管理工作中的自我管理，能使组织任务执行者根据组织目标的需要，有机地将个人目标与组织目标统一起来，并融入其中，进而自己把自己组织起来，自己管理自己，自己约束自己，自己激励自己，最终在实现自我奋斗目标的同时合力实现组织目标。即个体对自己本身，对自己的目标、思想、心理和行为等可以进行自主性管理。

　　这在诸如巴西塞氏公司等很多成功的组织都得到过实证：要想有高效能执行力，就要让组织成员有所作为，而其关键就在于提升自我管理能力。只有学会了自我管理，组织成员才会变"要我做"为"我要做"，从而把自己造就成一个能够持续发展的人。所以，组织领导者或管理者所要做的，是帮助组织目标执行者做好自我价值管理、自我定位管理、自我目标管理、自我心态管理、自我突破管理、自我学习管理。

自我价值管理。价值观一般是基于自然人一定的思维感官之上而作出的认知、理解、判断或抉择，也就是人认定事物、辨定是否的一种思维或者取向。它是自然人或法人的意愿与态度，决定人们的想法和看法，进而决定人们的行为方向选择。推行自我管理，组织成员首先就要认识为谁行为？是"要我做"还是"我要做"？

贡献能力是人们之所以存在的价值体现。一个人在一个组织中如果其岗位不重要、才能不稀缺、工作内容可替代，那么即意味着他的存在对于组织来说可有可无。所以，在"自我管理"环境下，人们应该了解"我该贡献什么"，并不断培养、提升且在工作中体现自己的价值。这样，高效能执行力便随之产生。

自我定位管理。在"自我管理"环境下，人们的工作成效既取决于能否做擅长的事情，又取决于能否按照适合自己的工作方式工作。由此，人们要清楚"我的角色是什么"？"我的长处是什么"？"我做事的方式是什么"？所有组织成员都须清楚，在这样一个组织中，每一个成员都是组织的贡献者，进而要想方设法为组织多作贡献。要多贡献，当然就要发挥优势，扬长避短。尽管人们平时更多的时候更了解自己的短处而不清楚自己的长处，或者说不了解自己相对的比较优势，但自我管理能激发人们不断发现自己的长处、集中精力发挥自己的优势，这样才有利于创造出优异的成绩和成果。同时，人们做事的方式与他们的优势一样，是个人的特性，这在人们进入职场之前就已经生成，虽然可以修正，但是不能扭转。

自我目标管理。目标决定人们的行为方向与行为程度。"自我管理"下的执行者要想出色地完成任务，最重要、最理性的就是认同组织目标，并不断内化成个人目标和细化出阶段性目标。事实上，组织目标是否与自己的价值观一致，这在人们作出工作选择时就开始交互作用。社会的文明与进步，逐步弱化并将彻底打破人身依附关系。因此，劳动关系将越来越明显地体现出"生产要素合作"性质。在这种新型关系下，认同将成为合作的基础与前提。没有认同，便不可能有良好的合作，更不可能产生高效能的执行力。

自我心态管理。积极的心态能够帮助人们充满自信，积极向上，直面困难，迎接挑战。所以，"自我管理"下的组织成员，能避免和减少情绪化现象，善于释放工作压力，避免在工作中宣泄情绪。人们能尽力戒除浮躁——浮躁就会草率、草率就会犯错。当然，管理者也应尊重组织成员，并善于运用"沟通"这一润滑剂，做到与组织成员坦诚沟通，让大家辩证认识所面临的困难和存在的问题，从而调动和发挥团队的力量，营造积极的氛围，不断创造正能量。

自我突破管理。当人们工作劳累、思想困惑、止步不前、无计可施时，往往折射出思维被固有的模式所禁锢等问题，或者是管理方法画地为牢、故步自封，难以突破。因而，人人都是动力系统的"自我管理"，管理者帮助组织成员经常变换角色，多角度地去思考问题，同时组织成员也不断地创新思维，这样就能摆脱对一些时过境迁的"经验"的依赖。实践证明，只有思维具有灵性且具有实干精神的人，才能开拓创新、锐意进取。有诗云："问渠那得清如许？为有源头活水来。"自我管理的所谓"活水"，其实就是自我突破。

自我学习管理。当今社会日新月异，人在职场不进则退。要想在这样一个时代不被淘汰，理性的选择只能是通过不断学习与时俱进。个人如此，组织亦然。所以在这样的大环境下，组织的高效能执行力，往往取决于组织及其成员的学习力。有道是，未来的文盲不再是没有知识的人，而是不知道获取及怎样获取新知识的人。获取新知识的唯一途径就是学习。所以，"自我管理"能培养组织成员一种拗劲，做得不好的时候能善于反问自己：别人能做到，我为什么不能做到？因而，组织成员必然自觉挤出时间，不断学习文化、钻研技术、借鉴经验、取长补短，这样组织的执行能力即能不断提高。

李嘉诚先生曾经说过："自我管理是一种静态管理，是培养理性力量的基本功，是人把知识和经验转化为能力的催化剂。"从这个意义上说，自我管理既是一种自我完善，也是一种自我激励，更是一种自我实现。当然，对于组织领导者、管理者来说，自我管理也是其他一切管理工作事半功倍的基础。

自我管理是一种高层次的参与式管理，每一个组织成员一方面都可以对自己的工作、事业甚至人生有更多的控制权；另一方面也意味着每一个组织成员同时承担了更多的责任。对于有能力进行自我管理的组织成员来说，这种挑战可以提高他们的工作满意度；而对于管理者来说，自我管理可以降低组织内部的管理成本，提高组织运行的效率。不过，推行"自我管理"，必须对组织成员先行致力于以下基础性培养：

第一，良好的职业道德。组织成员自我管理在一定程度上意味着组织成员本人对自己所从事工作的具体过程具有较大的自主权，这就需要组织成员具有良好的职业道德，起码高层员工要有事业心、中层员工要有责任心、基层员工要有上进心，能本着对组织负责的态度，确保不会因为外部监督的减少而降低对工作的要求或出现低效率的情形，避免出现为了短期利益而损害组织长远健康发展的情况。

第二，较强的专业技能。因为"自我管理"允许组织成员对既定的工作目标采取不同的实现方式，所以组织成员必须具备某一方面的专业知识或技能，以便对可供选择的目标实现途径进行分析、判断，并选择最优的方式来实现。如果专业知识或技能有所欠缺，在面对临时出现的问题时就可能无法做出正确的判断，从而影响工作目标的达成。

第三，较强的自我调适能力。工作节奏的把握、时间的安排、自我激励、个人状态的调整等都是组织成员自我管理中必然要解决的重要问题，这些问题的解决与否同组织成员本人是否具有较强的自我调适能力有很大关系。

当然，从组织的角度讲，除了为组织成员提供自我管理的机会外，还可以从以下几方面入手，积极创造条件，使组织成员能够更好地进行自我管理。

其一，实施扁平化的管理。这里所说的扁平化管理不仅是指显性的管理层级的减少，更重要的是要减少组织实际运作中的信息和权力的过滤层级，让组织成员掌握更多的信息，包括组织面临的困难，这样有助于他们从更高的角度看待自己的工作，从而看到组织目标和个人岗位之间的联系，如此才能更主动地去思考，去改进工作。

其二，营造开放式的组织氛围。一方面，要对组织成员适度放权，信赖组织成员，让他们自主地处理一部分工作；另一方面，高层领导应通过适当的途径，了解组织成员尤其是基层组织成员的想法，并在管理工作中重视他们提出的合理化建议。沟通、信任、承诺、授权、赋能，这些都是自我管理的核心思想。

特别值得说明的是，大多数时候一些组织总是在努力让组织成员"管好自己"，其实这是一种被动的状态，充其量只是"自律"。只有以自我管理激发人们的主观能动性，才能真正激发人们的潜能，能动地开展工作、改进绩效、提高效率。在这个过程中，组织要努力创造条件，营造良好的氛围，帮助组织成员提高自我管理的能力；同时，组织成员自己也应该积极地对待工作，不断加强学习和修炼，以良好的工作效果向组织证明自己的能力，从而实现个人的社会价值。

在自我管理这个问题上，对于许多组织来说，一般是愿望多，做法少；理论多，实践少；宣传多，试点少。为此，各类有志于加强执行力建设的组织（法人）和组织成员（自然人），有必要从小事做起，从现在做起，从自己做起，认真落实以下细节：

分析自己要实事求是，分析环境要客观公正。

制定目标要长短结合，落实目标要从今抓起。

树立信心要坚定不移，遭遇挫折要攻坚克难。

贯彻落实要毅力持久，信守目标要雷打不动。

环境建设要快乐健康，心态培养要积极主动。

发展事业要勤奋学习，更新知识要刻苦努力。

独立思维要头脑清醒，客观辩证要实事求是。

时间管理要重急缓轻，效能事历要要事第一。

积极实践要踏石有印，认真检验要日新日高。

不断反思要继续进步，超越自我要进取拼搏。

切记：如果我们不能实施自我管理，组织成员就会失去自我；如果我们不能支持自我管理，我们的下属就会随波逐流；如果我们不能指导好自我管理，我们就不能迎风破浪、与时俱进！

# 第五部分

# 自组织的运营且看高效能的案例

现实中，自组织的管理不乏其例：美洲的巴西塞氏公司、欧洲的瑞典利乐公司、亚洲的日本日航公司、中国的青岛海尔公司等都堪称经典。

巴西塞氏公司致力于打造员工乐土，他们不要那些"规章制度"，员工不但自由上下班，而且能决定薪资……种种另类管理，却让塞氏企业在整个巴西经济不景气时逆流而上，利润翻了五番。

瑞典利乐公司一直"不务正业"：他们一直只充当环境保护的推动者而从不推销产品，却仅在中国每天就有几亿人在消费它的产品，并垄断液态食品产业近30%~50%的利润。

日本最大的航空公司"日航"宣告破产后，采用"阿米巴经营"模式，只花了短短3个月时间就让账面上扭亏为盈，成就了世界企业经营史上空前的奇迹。

中国青岛海尔公司致力于将"人材"变"人才"再变"人财"，使一家资不抵债、濒临倒闭的集体小厂发展成为全球白色家电第一品牌。

……

# 一、弱化管理胜管理

前面提到的巴西塞氏公司（Semco），其老板里卡多·塞姆勒（Ricardo Semler）30 岁从父亲手里接下企业后，便致力于打造员工乐土，让平等替代"金字塔统治"。

塞姆勒的父亲原来每天早上 6 点 30 分准时起床，严格遵守时间表。他回家吃午饭，小睡 15 分钟后返回办公室；晚上 7 点 45 分准时下班回家吃晚饭。无论在公司还是家里，他都表情严肃。他的秘书费尔南德是个身材矮小而气质良好的女子，同样有一副严肃的表情。"如果费尔南德迟到 6 分钟，父亲就会批评她。而当父亲用钢笔而不是用铅笔修改文件上的错误时，就轮到她发怒了。"塞姆勒从小就知道，在父亲的公司里，严肃的表情就像"注册商标"，用来引起尊重和恐慌。他还发现，在办公室里，职员们总是用抛物猜正反面来决定谁去给父亲送文件。无论父亲还是员工们，都工作得非常辛苦、很不快乐。

塞姆勒打内心拒绝"不快乐病毒"。接管这家企业的时候，他更不想感染"不快乐病毒"。他决心要对陈规旧习进行"大扫除"。

他开除了公司的 CEO 和 15 个高层经理。虽然新的 CEO 很年轻，但身体里流淌的还是等级与权力的血液。有一天，塞姆勒在会议室里发现了一幅漫画，一个肥胖的吸血鬼从几十个小人身上吸血。塞姆勒意识到，自己曾反对的一套又回来了。工作难道真的必须又累又不快乐吗？

工作了一段时间后，塞姆勒暗自为公司里的压迫气氛感到震惊。企业的规章制度和程序让人感到冷酷无情，员工缺乏热情，空气里似乎弥漫着一种抑郁的混合物。

一贯被商业习惯强调的语言、行为和思维，不正是窒息和桎梏的创造源吗？塞姆勒决心真正改变公司。"无须记录员工是否迟到，不要那些规章制度！"塞姆勒的第一条规定是：晚上 7 点之前，所有人必须离开办公室。第二条规定是给他自己的：给员工最大限度的自由和权利。第三条规定充满了破坏性：把规章大把大把地扔掉。最后是更叛逆的规定——取消门卫例行检查，取消考勤制度，取消着装规定，消除所有代表压迫的东西；经理们"拆掉"办公室，到员工中去传达管理意图，听取员工意见，进行互动管理；不再为公司高层管理者保留车位——没有谁真的比别人更重要，谁先来谁就把车停在那里；名片、办公室家具、地毯等显示等级的区别也统统取消。

公司的每一种行为蕴含着哪些深刻的内涵？在不断推出改革行动的过程中，塞姆勒也不断反省：公司应该是个什么东西？他认为，公司至少不该是一个以赚钱为饵的压迫人的机器。

随后，塞氏企业印发了一个类似公司说明书的小手册：组织结构方面，没有组织结构图，以被领导者的尊重来造就领导者；员工雇用方面，规定在雇用或提升某人前，他所在部门的其他人有机会对他进行评价；工作时间方面，实行灵活的工作时间，每个员工设定自己的时间表；工作环境方面，所有员工都能自由改变其工作区环境，使自己觉得舒服；职场着装方面，穿什么都行，每个人可以按喜好和需要穿衣服；权力运用方面，任何对他人的不尊敬都会被严肃对待，决不容忍滥用权力、压迫下属，或令人因恐惧而工作；工会组织方面，工人可以自由组织工会，公司坚持对工会的尊重，并和工会对话；员工罢工方面，罢工被认为是正常的，是员工的基本权利；评价上级方面，每个人都有权利评价上级，公司全力保障开诚布公。

为了让平等从意愿变成制度，塞姆勒设置了"工人委员会"。这个认为"老板是敌人"的工人委员会，成员是最难管束的人，但塞姆勒表现出了大无畏的勇气。"看到高层管理者和我坐在同一张桌子旁，倾听我们说话，并愿意为此做些事情，"工人委员会的成员说，"我意识到，这是员工可以和公司一起成长的地方。"

平等被引进来时，也让公司付出了代价，例如拖延了决策流程、讨论太多、思索的时间太长。但塞姆勒以他独特的看法，说："也许这是公司民主不可避免的代价。"

塞姆勒决意要拆掉"企业金字塔"。他从小就看到了不快乐的领导和不快乐的员工，这促使他思考：把人当成生产工具的时代正走向终结；实行"参与管理"要比传统的单向管理复杂得多，但终将带来大收获。

"企业金字塔"的问题是，头衔和层级充斥着整个公司，许多管理者的时间都用在处理不可避免的冲突、嫉妒和困惑上。即使在提倡扁平化的时代，六七个层级在公司中也很常见。"企业金字塔"甚至阻止了人们直接与层级高两层的人交谈。结果是，越向上走越狭窄：奖励（升迁、晋级）了少数人，却打击了绝大多数人。少数幸运儿享受着豪华办公室和跑车，多数人只能在年终时得到一声苍白无力的"谢谢"。

塞姆勒抛弃了僵化的组织结构，采取了全新的领导措施。塞氏公司的成功，让曾经的批评家们感到惊奇万分。究其原因，其实也简单："企业金字塔"上的"交通拥堵"少了，公司自然可以快乐、高效地前进。

塞氏企业推行"圆环组织"，他们将整个企业的官僚体系由12层减为3层，设计了一个以流动的同心圆为基础的组织结构，取代了僵化的等级森严的金字塔结构。这里的第一个圆环包括副总裁一级和级别更高的人，被称为"顾问"；第二个圆环包括业务部门的领导人，被称为"合伙人"；第三个圆环包括所有其他人——机器操作员、食堂员工、看门人、销售员、保安，他们被称为"伙伴"。所有员工只有四种头衔：顾问——在公司中的地位要高一些，负责指导公司的整体战略；合伙人——包含7~10个业务部门的领导，负责经营各个业务部门；协调人——包括关键的一线管理层人员，如营销、人力资源、生产主管或者工程和装配领域的工头；伙伴——机器操作员、食堂员工、看门人、销售员、保安，等等，这是对所有其他人的称呼。

不过，在这些圆环上，"伙伴"挣的钱可能比"合伙人"还多。因此，无论想在低职位上饱览风景的人、野心勃勃想要开拓未来的人，还是技术天才，都有了自己的方向，大家不必一起涌向"企业金字塔"那狭窄的塔顶。当有人晋升时，塞姆勒就递给他一张空白名片："想一个最能说明你的领域和职责的头衔，然后把它印上去。"

塞氏企业尽其所能满足每一个人的愿望和需求，在日常细节中更是处处表现出"平等"与快乐。他们尊重员工的言行，也充分授予员工言行自由的权利。大家不但在公司雇用或提升某人之前有机会对他人进行面试并对他做出评价，而且各人不同的工作进度和表现完全取决于自己每天的时间安排。至于粉刷墙壁或机器，在身边增添植物或装饰物，公司没有任何要怎样规范的规定，也不想制定任何规定，完全根据每个人自己的习惯和愿望，顶多还有身边一起工作的人的看法。总之，完全由每个人自己决定改变自己的环境。

着装和外表在塞氏企业更加自由，他们认为一个人的外表不应该作为解雇他或提升他的理由。每个人最知道自己喜欢穿什么，需要穿什么，觉得舒服就好——按自己的常识和感觉来穿着就是最好。

塞氏企业的一些职位拥有高高在上的权力，但压迫下属，或使之因恐惧不安而工作，或行为中显示出任何不尊敬，都被看作是不可接受的滥用权力，而企业决不容忍这种现象。

工会作为保护工人的重要组织，在塞氏企业享受充分的尊重与支持：工人可以自由结成工会。公司规定：对那些与工会有联系的人的任何迫害都是绝对被禁止的。企业领导认为：工会和公司不是总能达成共识或和睦相处，但我们坚持相互尊重和对话。

没有人会因为参加罢工而受到迫害，罢工被公司视为民主的一部分。不但被认为是正常的，而且只要他们代表了公司里员工的思想和感情，绝不会因为罢工不在工作岗位而被视为正常的旷工，更没有进一步的后果或惩罚。

塞氏企业是个时时都会发生巨大变化的地方。老板塞姆勒充满信心地告诉外人：别为这种变化担心，我们认为变化是健康而积极的，不要心怀恐惧地看待这些变化，这是我们公司的特点。

事实上，外人的担心是多余的，因为塞氏公司的变化是建立在员工参与基础上的，既是员工希望的，也是公司希望的。塞姆勒常常对员工说：我们的哲学建立在参与的基础之上。不要待在那里不动，说出你的观点，寻找机会，谋求进步。始终说出你想说的，不要把自己当作可有可无的局外人。你的观点总是有意思的，即使没人向你问起它。和工厂委员会建立联系，让你的声音产生影响。

为了让广大员工有更好的机会参与对公司的监督，塞氏企业的员工被保证在每个业务部门都有工厂委员会代表其利益。大家可以阅读和了解工厂委员会的章程，去参与它的活动，使自己确信自己的委员会卓有成效地保卫了自己的权益——尽管个人的权益有时和企业的利益不一致，但塞氏公司认为这种冲突是健康和必要的。

塞氏公司的员工每年会收到两次调查问卷，问卷中需要大家说明各自对自己上级的想法，而且鼓励开诚布公。不仅在填写问卷时如此，在此后的讨论中亦然。

塞氏公司还十分关心员工的安全感和注重对员工的工作保障，任何人如果已在这里工作了3年，或已经超过50岁，就会享受特殊保护。即使也有解雇，但只有在经过一系列漫长的程序之后才能被批准。这并不意味着塞氏企业有一个不解雇的政策，但这有助于提高员工的安全感。

与一般企业不同，塞氏企业不设立建议奖。他们希望每个人都说出其想法，欢迎所有的意见，但认为用奖项或金钱奖励这些建议是不健康的。

在私生活方面，塞氏公司尊重每个人都拥有自己的生活。公司认为一个人的私人事务是神圣不可侵犯的，企业从不干涉大家下班后做什么，只要他们做的事不影响工作。当然，当员工需要时，公司的人力资源部还会为员工提供服务，给员工任何帮助与支持。

塞氏企业中还特别注重男女平等。由于女性在巴西的就业率、提升的可能性和经济上成功的机会比男性低，于是在塞氏企业，妇女们可以发动各种活动，以减少这种性别歧视。"塞氏企业妇女计划"就是广为人知的措施。塞氏公司提倡：如果你是女性，请参与；如果你不是女性，请不要害怕，也不要与之唱对台戏，请努力去理解和尊重这些活动。

休息和休假在塞氏公司十分重视，除了每天要求员工下班后回家而不可加班外，塞氏企业不相信有什么人的工作不可以暂停。塞氏公司员工都享受每年 30 天的带薪休假时间，这对员工的健康和公司的繁荣都有好处。没有任何借口好到足以使员工把假期攒到以后再休。

塞氏公司热情帮助员工解决经济窘境，如员工遇到意外急需用钱，公司会借贷给他们。虽然员工因购买住宅、汽车或其他可预计性支出而需要资金时，公司不予借贷，但公司当员工突然陷入不可预见的财务困境时，则会毫不犹豫助人一臂之力。

给员工自豪感是塞氏公司领导人的工作目标之一。他们认为只有当员工有自豪感时，员工才感到值得在一个地方工作下去。为此，充满自豪感的员工会保证自己所有工作的质量，他们不让任何一件达不到最高标准的产品出厂；他们不写任何一份不诚实的信件或备忘录；他们不降低自己的人格尊严。

塞氏公司努力营造着良好的人际关系和人际氛围，在这里，公司领导及其员工都必须努力开诚布公地交往。每个员工必须完全信赖自己的同事对自己说的话。当心存疑虑时，就要对交往中的透明性提出要求。

不拘礼节是塞氏公司的特色之一。在工作日结束时，常常有人发起一次生日聚会，即使没接到邀请的员工也鼓励参加。在一些会议上，员工常常彼此以绰号相称，而这都是公司文化的一部分。公司要求员工别那么腼腆或死守着规矩不放。

塞氏公司员工的自主权大到甚至完全自己决定薪资。塞氏公司本是家族企业，做的是工业机械的传统产业，并不像那些 IT 类或具有较大创造性的企业，能容许太多自由度。但赛姆勒从父亲手中接下这家公司之后，就大胆进行一连串员工自我管理实验——实验一是前面已经述及的包括生产线作业员在内的所有员工，可以自行决定工作的时间；员工完全自行决定什么时候上班、工作多久。实验二是大多数员工可决定自己的薪资。塞氏公司会提供该公司及其他公司的薪资资料，供员工参考。实验三是公司没有内部稽核人员，没有人复核费用报表。

塞氏公司的改革，在本质上有着非常丰厚的内涵，也有许多能给人们留下值得深思的地方。

塞氏公司是一家制造上千种产品的大型跨国企业，改革却让它实现了年均27.5%的增长。人们之所以最愿意加入这个组织，甚至成为 IBM、通用汽车、福特、西门子的榜样，是因为在这个企业里：你的工资自己定；你想什么时候上班什么时候去；你可以在会议室举办生日聚会；你可以为了思考和创新给自己放个假；你可以自由地查看公司的账簿；你可以利用公司的资助自立门户。

从来没有一家企业，展现了对员工如此高度的诚信；从没有一个企业家，如此信任地让员工自己管理自己的企业。

事实上，管理的创新做法，往往来自意想不到的地方。与塞氏公司异曲同工的，印度有家 HCL 科技公司就创造了一套"反向"管理方式：不单是主管可以罚员工，当员工觉得主管有缺失，也可以开"罚单"给主管，待主管把问题解决，才能销单。公司则会追踪一个主管拿到多少张罚单、用多久来取消掉这张罚单。

塞氏公司给所有组织管理阶层带来的启发是：尽力以自组织创造一种能引出组织成员热情、能使人尽其才的工作环境。如此不但能比竞争对手多一份优势，而且能使组织领导者与管理者真正实现无为而治。

# 二、不务正业促正业

近年来，有这样一家跨国企业，虽然一直有竞争对手举报他们涉嫌滥用市场支配地位进行市场垄断，而且国家工商行政管理总局也一再表示要对其所涉嫌垄断行为予以立案调查，并于 2016 年 11 月 16 日正式发布罚款 6.68 亿元的处罚决定书，但这些却似乎对该公司的市场地位丝毫没有产生影响，相反市场对他们产品的消费还逐年有增无减。而且，他们的可持续发展经验还入选由《WTO 经济导刊》及瑞典驻华使馆企业社会责任中心共同发布的《瑞典在华企业社会责任发展白皮书》。同时，他们还获评并入选《中国外商投资企业履行社会责任优秀案例集》。更令人赞叹的是，他们的骄人业绩，竟然来自于他们的"不务正业"。这家企业，就是瑞典的利乐公司。

利乐公司是雄居世界 500 强的全球著名企业，是世界上最大的液态食品加工与包装公司。对于"利乐"，虽然知道、了解甚至听说的人并不多，然而中国人对其包装的产品却非常熟悉——几乎每天都有几亿中国人在接触它的产品，都和它有"肌肤之亲"——利乐公司所生产的利乐枕、利乐包、利乐砖早已经成了中国几乎所有主流乳业、饮料公司的首选包装。时下，各大乳制品公司、凉茶公司、果汁公司也都在乐此不疲地热衷使用"利乐"的包装材料。

"利乐"之所以貌似一个容易被忽视的跨国公司，只因为其产品不同于可口可乐等消费品。它的身影总是隐藏在饮品公司的身后，并不直接面对消费者。

不过，知名度低并不代表他们经营业绩不佳。业内人士透露，就容量为 250 毫升的中国饮料而言，"利乐"包装成本占了产品出厂价的 50%；就容量为 1 升的饮料而言，这个数字是 30%。这表明，中国的饮料企业无异于利乐公司的印钞机。国家工商总局公平交易局曾发布的《在华跨国公司限制竞争行为表现及对策》指出，"利乐"在中国控制了 95% 的无菌软包装市场，居于绝对垄断地位。

的确，作为全球最大的食品包装企业，"利乐"的产品其实在中国随处可见：最常见的"伊利"、"蒙牛"的盒装以及枕装常温奶使用的就是"利乐"的包装。根据"利乐"官网信息显示，如今"利乐"在全球 150 多个国家设有分支机构，

员工达 35000 多名。他们的包装产品行销 170 多个国家。近年，他们每年销售包装 1784 亿个以上，每年净销售收入约为 111 亿欧元，为全球消费者提供了 780 亿升的液态食品。

作为企业，"利乐"在中国的绝对垄断地位无以置疑，而且这种市场地位实际上也是大多数企业所企求的。

然而，"利乐"在社会上却一直只充当环境保护的推动者、液态食品的帮助者、青少年未来的引领者。这些貌似与企业经营不相关的事情，恰好形成了一系列高效能的机制，并由此激发了其价值链各节点的"自组织"功能，进而实现了其"共成长"的目标。

**利乐公司激发其价值链各节点"自组织"功能的第一招，是把为社会、为价值相关企业创造价值作为自己业务的出发点，从而从观念上极大地激励和调动社会相关组织自觉自动自发地参与。**

利乐公司创始人鲁宾·劳辛博士在公司成立伊始就把"包装带来的节约应超过其自身成本"作为公司业务的座右铭。长期以来，"利乐"的经营活动和环保努力始终遵循"4R"原则，即可再生（Renewing）、减量化（Reducing）、可循环（Recycling）和负责任（Responsibly）。从原材料使用、产品设计到生产运作乃至消费后包装的回收再利用，"利乐"的一切都围绕着可再生和降低对环境的影响来运行，并把环保业绩当作企业业绩的重要组成部分。

从"利乐中国"的"可持续发展报告"内容可见：全球领先的食品加工和包装解决方案供应商利乐公司，始终把保护食品、保护人类、保护未来作为品牌承诺，与客户及供应商伙伴携手应对新的机遇与挑战。

## （一）"利乐"维护社会可持续发展

他们的 2020 年气候目标，是从原材料的采购延伸至饮用后包装的整个生命周期。他们已经投放相当大的精力来发展强大的系统和方法，以收集各种可靠的数据。

在百分之百使用可再生原材料方面，利乐继续保持行业领先地位。2014 年开始，利乐的所有包材工厂和市场公司都获得了森林管理委员会 FSC 产销监管链认证。同时，利乐包装中共计 320 亿个带有 FSC 认证标志的利乐包装帮助消费者以举手之劳保护森林资源。2016 年 12 月，在通往完全采用可再生原料的道路上，利乐又推出了全球首个获得 Vinçotte 最高级别认证的无菌纸包装——采用生物质塑料、搭载 30 毫米轻巧盖的 1 升装利乐峰无菌包装。新包装的塑料薄膜与开盖均由甘蔗提取物聚合而成，连同纸板一起，整个包装的可再生原材料比例达到了80%以上，并据此获得 Vinçotte 四星认证。

近3年来，利乐包装的产量增加了12%，但自身碳排放却减少了2000吨二氧化碳当量。

## （二）"利乐"助力客户可持续发展

利乐在食品加工方面不断向传统挑战，以进一步提高生产效率并减少环境影响。他们推出了一系列创新的加工设备和技术服务，确保客户的可持续发展。2015年"利乐"发布的划时代的新型灌装设备——利乐 E3 灌装机，创新地使用电子束技术替代传统的双氧水进行包材灭菌，成功突破了纸包装灌装机物理极限的同时，将灌装速度提升至每小时40000包的新高。能够为客户大幅节约生产成本、显著提升环境表现。2016年10月，利乐更是推出了增强型标准化单元，加工精度领跑行业。全新版本的利乐标准化单元使大量乳脂被有效回收，有助乳制品厂商出品更优脂肪含量的产品，并由此大幅度减少损耗，有效节约成本。

利乐集团总裁兼首席执行官杨德森表示："保护好品质是利乐长久以来的品牌承诺，究其核心，就是保护食品安全，这始终是我们业务发展的核心。但利乐承诺的不只如此，我们还保护人——我们的员工，我们所处的社区，以及整个社会，等等。同时我们也保护未来——通过创新研发，为客户提供能够确保可持续健康增长的产品和服务。并且以最优运营模式，保护地球、面向未来。"

**利乐公司激发其价值链各节点"自组织"功能的第二招，是只做价值相关企业的间接参与者而不做直接的利益分红者。他们不断为价值链企业提供系列"免费午餐"，而不作为这些企业的直接投资者，从而在为相关企业创造条件的同时，从体制上始终让价值链企业实现"我要做"而非"要我做"。**

几十年来，"利乐"一直是中国液态食品发展的积极参与者。从20世纪90年代开始，"利乐"更是见证和参与了中国乳品工业的发展。为了成为中国液态食品工业强有力的后盾，利乐在中国不断加大投资力度。如今，"利乐"在中国市场的累计投资已超37.65亿元，直接吸收就业员工2300多名，间接通过饮料企业扩大就业人数达几十万名。在上海、北京和中国香港等主要城市，"利乐"设立了10余个分支机构，并建立了遍布全国的分销网络。他们在北京、佛山、昆山、呼和浩特和我国台湾地区开设先进的包材生产厂，同时也将世界最先进的包装技术和理念引入中国市场，先后在北京成立了"利乐"全球最先进的设计中心，在上海建立了技术研发和生产中心、饮料产品研发中心等。

早在 2008 年 3 月，在湖南太子奶集团株洲总部建立"亚洲最大乳酸菌饮料"生产基地时，"利乐"就捷足先登与其达成战略合作协议，"赠送"了价值 5 亿元的 20 条利乐砖生产线。

当然，作为企业合作行为，太子奶"无偿"使用 20 条利乐砖生产线也是有互利互惠前提条件的：即未来"太子奶"需采购"利乐"的包装材料，采用"利乐"无菌砖来包装产品。到期后，这 20 条生产线全部即归"太子奶"公司。

据悉，除了提供给"太子奶"的 20 条生产线，自进入中国后，"利乐"已为我国国内的牛奶和饮料客户提供了上千条灌装线。

而且，早在 20 世纪末 21 世纪初，"利乐"就开始和"蒙牛"、"伊利"等企业合作。乳业专家王丁棉曾对外介绍，"早年牛根生刚刚从伊利出走、创立蒙牛时，手上没什么钱，利乐就先把包装设备给他用，但同时要求必须使用利乐的包材。"

中国牛奶和饮料企业之所以乐于与"利乐"合作，且常常一见钟情，其最大诱惑，莫过于以下几个方面。

（1）利乐中国提供给中国市场的饮料灌装设备全部是免费提供。人们都知道，对于饮料与乳制品企业来说，设备投资是一笔不菲的开支。有"利乐"这么一家全球著名的设备提供商来做这样的免费生意，中国乳制品企业可谓欣喜若狂。自然，"伊利"、"蒙牛"、"光明"等中国乳业巨头很快就成为了利乐中国的主要客户。不仅如此，利乐中国还遍寻中国市场乳制品成长冠军，大肆游说这些企业应用"利乐"生产线，于是，沈阳辉山乳业、云南东亚乳业、云南邓川乳业等一大批成长性很好的中小乳制品企业成为了利乐中国的新客户。

（2）利乐中国不仅免费提供生产设备，而且提供系统的、卓越的设备服务。针对中国大陆市场的现实，利乐中国推出技术服务工作室制度，即在使用"利乐"设备的企业配备专职的技术人员进行日常服务。

（3）利乐中国更深入到客户的营销系统帮助客户做市场判断与市场分析，推动乳制品企业产品销售升级。利乐中国为了使自己的设备生产出来的产品为广大消费者接受，他们不仅关心设备自身的技术性问题，而且对乳制品行业的发展趋势更是了如指掌。"利乐"针对中国乳制品行业发展现状，推出了多种中国乳业信息方面的战略性报告，推动中国乳业走向了一条常温奶主导的战略格局，使得自己的设备为众多的乳制品企业所接受。

"利乐"前一任首席执行官蔡尔柏（Nick Shreiber）认为，"我们一般帮助客户建立他们的品牌，支持他们在中国某一个区域推广他们的业务。"

据称，"利乐"的客户包括"伊利"、"光明"、"三元"、"蒙牛"、"娃哈哈"、"汇源"等中国的乳业及果汁饮料行业巨头。目前"利乐"在中国建立了上千条生产线，只要这些生产线能保持稳定的生产，"利乐"就能源源不断地向它们提供包装材料。目前在"利乐"所在的行业里，盈利几乎都来自于包装纸的销售。

作为"利乐"在中国的最大客户，"伊利"最初只是一家小型乳品厂，主要服务于呼和浩特周边地区。自1997年"伊利"从"利乐"引进第一台灌装机，15年后，"利乐"就已经为"伊利"提供了61条生产线。

利乐中国总裁李赫逊说："我们在几年前就开始做利乐枕，这是一种比较低廉的包装系统，它保护牛奶的功能是非常好的。在保护期内，客户拿到牛奶还是可以保证新鲜和无菌状态。以后如果有需要，我们还是会继续发展更适合中国市场的包装材料。"

"我们希望中国乳业、中国饮料行业都能够健康地发展，提高各自品牌的核心竞争力，超越单纯的价格竞争。"李赫逊如是说。

**利乐公司激发其价值链各节点"自组织"功能的第三招，是推行人性化管理，并将价值链延伸到终端消费者，进而通过价值拉动实现产业链联动，并最终拉动利益相关者积极主动参与。**

利乐公司在企业管理方面，坚持以人为本，重视情感管理，调动人的主观能动性。例如，公司各代表处都备有咖啡、茶水、饮料，不管培训、开会，都有一定的时间给人提神醒脑；只要有新进员工，老板、各部门经理就都会跟他们见面，介绍部门的情况及服务的范围，作一个友好的交流，而且最后肯定会说一句："有任何问题，或需要提供帮助，随时欢迎！"这种人性化的管理折射了一个企业的文化，进而能吸引更多的精英人士加盟"利乐"，从而为企业积聚人才并打造人才优势奠定了基础。

不仅对内如此，利乐公司对外更是坚持关心"人"和服务"人"的原则。在《可持续发展报告》中，"利乐"称：早在20世纪60年代，利乐就在全球范围内与各地政府及相关机构合作，为孩子提供安全可信的食品安全保障。50多年来，利乐公司一直通过利乐拉伐集团"以食品促发展办公室"积极支持学生奶项目。而学生奶项目在全球范围内的迅猛发展，也得益于各国政府和相关机构越来越重视"利乐"为学生提供的安全营养食品，以及该项目对当地食品生产和经济发展的促进作用。

仅在2013年，全球就有超过6400万在校学生饮用利乐包装的牛奶或其他营养饮品。在中国，每天有6万所学校的近1400万学生通过"利乐"的学生奶计

划得到营养丰富、安全卫生的牛奶。与此同时，"利乐"通过学生奶奶源基地升级计划，支持我国国内原奶建设。至今已有 192 个示范基地通过审核，其原奶质量达到甚至超过了欧盟标准。

除此之外，利乐公司还与我国农业部奶业管理办公室、国家奶牛产业技术体系共同举办"现代奶牛场高级人才研修班"，系统培训来自 13 家乳品企业的 25 名牧场场长和奶源管理部门负责人；同时，与中国奶业协会共同实施"奶农学校"项目，通过中央电视台农业科技频道进行电视教学。并通过免费发送教材、送课下乡等方式，深入浅出地将奶牛良种繁育、饲养管理、卫生保健等实用知识传授给广大奶农。截至 2013 年 5 月，"奶农学校"累计培训即达 47 场次，培训奶户 9000 余人次，从而为广大奶农提供了有效的技术支持、技能培训，提高了奶农的饲养管理技能，促进奶业的持续稳定发展。

为了更加系统化、长期化地支持奶源建设，促进原奶生产与管理水平的提高，同时也作为响应和贯彻《国务院关于促进奶业持续健康发展的意见》的实际行动，早在 2008 年 1 月，"利乐"就启动了范围更广、力度更大的"利乐原奶支持项目"，希望以自身的资源优势，通过组织专家传授、开辟宣传渠道等，推广科学养牛的方法，提高奶农的养殖水平和原奶质量；同时，也希望通过与学界、业界以及政府部门联手，探索奶业发展的模式。截至 2014 年中，学生奶奶源示范基地数量达到 200 家，示范基地的带动作用日益显现。

利乐公司还与中国人民大学农业与农村发展学院共同成立"人大—利乐奶业研究中心"，通过调查研究、教学培训以及建立奶业经济示范基地等手段，开展奶业经济研究，探索中国奶业发展的长期趋势和方向。早在 2011 年，中心在全国建立起 10 个奶农合作社监测站点，关注引导奶牛养殖的科学化、规模化、标准化发展，在饲喂端为提升原奶质量奠定基础。同时，继续组织地方奶业管理干部培训，提升奶业管理水平。

# 三、起死回生"阿米巴"

日本最大的航空公司"日航"曾在 2010 年 1 月宣告破产。然而,仅仅几个月之后,奇迹就出现了——到了 2010 年 11 月,"日航"的盈利已达 1400 亿日元,而且业内人都知道,让沉疴在身的"日航"账面上扭亏为盈实际上只花了短短 3 个月时间。这是世界企业经营史上空前的奇迹。在宣告破产重建的两年零七个月后,"日航"不但稳定实现了扭亏为盈,而且还正式宣布回归。这绝不是我们经济生活中常见的企业"炒作",而是真真切切的经营事实。因此,人们纷纷探寻:是谁,用什么样的手腕,让日本航空在短短的时间里获得重生?

其实,这场变革的掌舵人,就是享誉全球、有日本"经营之神"之称的稻盛和夫。与稻盛和夫同行的,还有他的老搭档、日本"京瓷"副会长森田直行等。

"日航"曾有波音 747 飞机 100 余架,是全世界拥有大飞机最多的航空公司。形势好、客人多时,大飞机可谓优势无比。但随着航空业竞争的激化,特别是"9·11"恐怖事件、非典、金融危机等接踵而至的外部大环境影响,客源骤减无法逆转。特别是波音 747 有四个发动机,加上飞机的老化,耗油严重,又逢油价飞涨,"日航"燃料成本顿时大幅上升。收入减、费用增,换小飞机无财力,许多人对"日航"都失去信心。

按理讲,业务量减少而人浮于事,应该精兵简政。但"日航"工会多、力量强,裁员难以推行;同时"日航"(JAL)与另一家航空企业 JAS 合并后,飞机种类增加,由此飞机的零配件种类也随之增加,驾驶执照、维修执照种类也增加,这也增加了管理难度。

当时,作为航空行业的门外汉,尽管稻盛和夫一再拒绝出任"日航"董事长,但出于高度的社会责任感,考虑到"日航"重建将对"日航"员工及社会有利,于是已是耄耋之年的稻盛和夫最终还是接受了时任首相鸠山由纪夫政府的三顾之请。他坚信,"只要注入经营真谛,日航一定能够重生"。稻盛和夫这里说的"经营真谛",就是一整套调节激励员工精气神的自组织性质的经营管理体系。

稻盛和夫首先是要了解"日航"的战略为何不能有效地执行？"日航"的员工为何不能发挥主观能动性？于是，他到"日航"的第一项工作是彻底的访谈。通过访谈，稻盛和夫一行发现，在"日航"这种大企业，竟然找不到经营管理所需要的数字——没有执行目标与执行结果等数据，各方面的执行力极其低下。甚至利润表要延迟两个月才能出来；资产负债表基本上没有；盈利责任承担主体不明确；找不到每天的销售额数据等。为此，稻盛和夫先在干部中强调盈利与经营目标的必要性，强调上下一心将企业战略执行到位的重要性。

稻盛和夫决心改变这种现象，并从思想入手调动员工积极性。

"日航"重建最开始的具体措施是，通过哲学对干部、员工进行意识改革。最早的一次是 2010 年 4 月 15 日，稻盛为公司的执行董事和总公司的部长们作了题为《正确、纯粹、强烈的愿望和不懈努力是事业成功的保障》的演讲，从而拉开了意识改革的序幕。之后，他面向董事干部作了几十次讲话，并且抓住任何一次机会直接与机场员工对话。他向员工们反复强调"航空业归根结底是服务业"的思想。在稻盛的带领下，"日航"掀起了学习热潮：董事们经常在假日举办学习会学习稻盛哲学；员工们也积极参加各种研修学习。在大家的主动参与和努力下，"日航"重新修订了企业理念和哲学，强调"追求全体员工物质和精神两方面的幸福，为客户提供品质最高的服务，提高企业价值"。

在积极实施意识改革的同时，"日航"也并行导入了企业目标实现机制的改革。首先，稻盛会长强调对具体执行目标——数字的关注。他组织了以削减经费为目的的业绩报告会，并提出"用计划代替预算"的想法。部长们被要求在会上分析和讨论数字，通过不断的研讨，提高对数字的重视程度。如此一来，如何削减经费、增加利润，便成为部长们最关心的问题。在这样的思路指导下，"日航"全体员工共同努力，大大提升了成本分析和核算的效率，并以最快的速度将收支计算系统与分部门核算系统导入实施。

除以上激发员工自觉自发自动的措施外，必须着重强调："日航"导入的企业目标实现机制中，最主要的当数"阿米巴经营"。

"阿米巴"本是单个原生体，这种单个原生体属原生动物变形虫科。虫体赤裸而柔软，其身体可以向各个方向伸出伪足，使形体变化不定。它们本是单细胞动物的一类，多生活在水中。它们身体形状经常变化，所以又叫变形虫。它们多为寄生性原虫，能随环境的变化快速繁殖与变形。

将"阿米巴"运用到企业经营管理中，就是意在使企业等经营性组织在快速变化的环境中，自然产生自我平衡的反应。

"阿米巴"经营模式源于由稻盛和夫创立于 1959 年 4 月 1 日的京都陶瓷株式会社。这是日本的一家跨国公司，可早年从新产品开发到生产、销售等各个环节的管理都由创始人一人负责。当企业发展到 200 人左右时，稻盛和夫开始感到力不从心，于是便开始思考如何把各个部门交到和他有一样想法的人手中。后来，稻盛和夫不断培养跟他有一样思想的人去担当各部门的领导者，用共同的经营思想去经营大企业中的一个个"小企业"。这就形成了后来的"阿米巴"经营模式。

稻盛和夫在自传《敬天爱人》中指出，组织越是庞大，就越难察觉是否造成资源浪费。在京瓷持续成长和扩大的过程中，稻盛和夫将大组织拆解成仿"阿米巴"的最小单位，以杜绝资源浪费，并让个人能力得以最大限度地发挥。对于每一个拆解出的"阿米巴"，公司都给予充分授权——他们可随着环境改变自己的样子，并自我繁殖。"阿米巴"还能在公司内彼此交易，收支也都独立计算，宛如自己就是一家小公司。公司则以每个"阿米巴"一小时内能创造多少附加价值为基础，将各"阿米巴"的营业额减去成本，再除以一个月的劳动总时数，以如此所得到的数字作为"阿米巴"的经营指标。如此，便优化了员工的经营者心态，使大家抱持着清楚的成本意识，在自己的工作岗位上为提升业绩、降低成本而努力。

值得说明的是，"京瓷"的组织结构和其他大多数企业一开始就有着很大的不同，它由许多顾客导向的小型营运单位所组成。稻盛和夫之所以发展出"阿米巴"经营这套管理系统，就是为了让没有经营或财务知识背景的一般员工，能够清楚看见自己对公司的贡献。他认为，经营企业最好的方法，就是鼓励员工自己做管理决策。

京瓷公司实施的以"阿米巴"为典型代表的自我管理团队控制，改变了以往的指令型控制，兼顾了各局部组织之间利益的协调。可见，"阿米巴"管理不是仅用一个手段，而是运用了一个完整的系统来协调组织内部的利益冲突。事实上，这个系统包括绩效管理制度、争议处理规则、价值观教育、信息互动机制四个部分。虽然每个部分有着不同的目的与特点，并且单独使用时所起到的效果有限，但把它们结合起来则产生了互补作用，使整体效果得到了加强。

稻盛和夫在 1960 年初期首次尝试推行"阿米巴"管理，他的目标是创造一套直截了当、简单易懂的绩效管理制度。对他而言，制造业的营运应该要和小吃摊的生意一样好懂。因此，他不通过采购部门集中采购，而让各"阿米巴"单位之间自行协调"商品"交易及各类经济价值流转，也让它们自行与顾客谈妥价格。为了简化工作流程，"阿米巴"单位一切业务都实行现金交易，以免去库存与账款的管理。

公司将相关决策权交给各个"阿米巴"单位，这样做的好处是，基层单位可以看清现实环境，并加快反应速度。例如，当某个产品的市场价格下降或订单减少时，"阿米巴"单位就可以做出即刻的反应。在选择调降价格或是降低产能时，不需要等待会计部门做出决定。

利润中心尽量下沉是"阿米巴"组织存在的体制保证；"阿米巴"考核指标里最重要的是毛利指标。在京瓷内部，大约有3000多个"阿米巴"单位，尽管每个"阿米巴"单位服务的顾客不同，但它们都有共同的策略目标：致力于达成价格、质量与准时交货，同时抱持着公平、正直、勤勉与爱人的价值观。京瓷公司分组出许许多多"阿米巴"而将利润中心下沉，意在最大限度地释放员工的现场创造力，把大公司的规模和小公司的好处统揽于一身。一个订单来了，三五个人，二三十个人，甚至100多个人组成行动组（项目组），并由这个小组独立开发、落实生产、交付客户。过程完结，这个组织也随之解散。如此，一个人可以参加多个"阿米巴"组织，而且在一个项目组里可以当兵，在另外一个项目组里也可以当头。这种员工的多能性，也是"阿米巴"组织的基础。"阿米巴"组织可以使每个人最大限度地接近一线，减少了层级官僚气息，也使公司的考核指标直接落实到了大大小小的项目组。

在京瓷，每月第一天早上8点，所有的员工都必须出席全厂会议，听厂长宣布当月的目标，包括整个工厂、各个部门与各个"阿米巴"单位的目标。目标最后确认后，竞赛就展开了。所有的员工要努力达成当月的目标，每个环节都要小心确认、不断改善，以达成目标；所有的目标都必须在当月最后一天的中午前达成——在每个月最后一天的早上，"阿米巴"单位的主管会早早来到工厂，设法在最后期限前冲刺。他们在工作现场紧盯着电子公布栏，留意整个工厂、各部门、各"阿米巴"单位的实时业绩数字。为了要达成总目标，所有的员工最后都必须互相支持合作，倾全力在最后一分钟之前，达成总体目标。

员工除了知道自己所属的"阿米巴"单位的目标，也会知道其他"阿米巴"单位的目标。在全体集会上，员工可以得知工厂上个月的绩效，以及他们全年目标的达成情形。月计划则是根据年度计划制订，反映了高阶主管对公司营运的期望。在每年的年中和年底，公司会将实际执行的成果与年度计划做比较。

事实证明，"阿米巴"是一种行之有效的经营管理模式。因此，为了让"日航"从根本上扭亏为盈，稻盛和夫决定将其在"京瓷"的"阿米巴"分部门的核算经营体制引进"日航",让"日航"的各个部门成为一个个更精细的小集体,再对这些小集体进行独立核算管理。

航空事业的收入来自各条航线、各个航班。在分部门核算的管理系统中,"日航"按航线划分"阿米巴",任命经营责任人。"阿米巴"全体人员则共同分析数据,共同动脑筋、想办法,为提升各条线路的经济效益献计献策,尽心尽力。

不但航线航班等对外创收单位如此行,在飞机维修和机场的各个部门等对内服务单位,"日航"也尽可能把组织划分为一个个小集体,以便于对它们的预算实施精细的管理。有关费用明细,"阿米巴"小组人员都共同掌握,大家出点子、出智慧,齐心协力消除浪费、提高效率,全员投入经营改善活动。据了解,从2011年4月起,适合航空业的"阿米巴经营"即在"日航"全面推行。

受到稻盛董事长的鼓励和感召,特别是由于"阿米巴经营"的深入推行,不久,"日航"员工们的积极性、主动性即得到极大调动,公司上上下下都在讨论:为了重建"日航",自己该做些什么?于是,全体员工自觉参与到重建"日航"工作之中。

首先,员工们对于在"日航"宣布破产重建后,乘客仍能选乘"日航"表示既歉疚又感激。为了表达这两种情绪,"日航"乘务长致欢迎词时,所有乘务员都站在前面鞠躬行礼。

其次,为了充实服务内容,他们提高送餐送水的效率,腾出时间与乘客交流,细心观察乘客的需求,随时提供热情而得体的服务。

另外,员工们认同并实践着2010年2月1日稻盛就任"日航"会长时说过的这么一段话:"实现新的计划关键就在于一心一意、不屈不挠。因此,必须聚精会神,抱着高尚的思想和强烈的愿望,坚韧不拔干到底。"半年后,这段话被做成标语牌挂在各个职场,同时公司报纸上也在头版刊载。在"日航"员工们看来,这段话就是为了执行重建计划。不管外部环境发生什么变化,都不能动摇计划的落实。全体员工必须抱着纯洁的动机和坚定的意志,众志成城,为实现目标而拼命努力。

通过"阿米巴"分部门核算,员工们纷纷主动参与航线经营。这种精细的部门独立核算经营机制,不仅确立了与市场挂钩的核算制度,也让小集体经营者们对每条航线掌握得更清楚。在"阿米巴"模式下,小集体经营者的经营意识逐渐增强,进而为更快地提高"日航"员工的经营能力打下了良好的基础。

从"日航"及"京瓷"的实践不难看出,"阿米巴经营"是一种独特的经营管理体系,它将公司组织分为一个个"阿米巴"小集体,而各个小集体就像是大

集团中的一家家中小企业，在保持活力的同时，以"单位时间核算"这种独特的经营指标为基础，彻底追求附加价值的最大化。

全体员工共同参与是"阿米巴经营"的基础和出发点。在这种机制作用下，人人都参与经营管理系统。所以，"阿米巴经营"的基本思想是：经营公司不是只靠一部分领导人，而是要以全体员工共同经营的意识为基础，尽可能把"大"的公司分割成各个细小的组织。要公布各个部门的业绩，且要让业绩通俗易懂，便于大家理解和把握。

"阿米巴经营思想"认为：公司里，每个最小单位宛如一家独立运作的小公司，收支应该各自独立计算，各自也要自行决定如何应对市场变化，同时，又步伐一致地朝企业整体目标前进。

"阿米巴经营"有三个要点：

第一，将大组织分割为非常细小的组织。组织划分得越细，就越能避免组织发生问题很难被发现的现象，以在市场上作出快速反应。

第二，"阿米巴"需要展示自己的成果。通过单位时间核算表，把各个部门每个月的工作结果用经营数字的方式表现出来。

第三，迅速及时反馈经营信息。"阿米巴"领导为了经营，需要各种各样的信息，因此管理部门要将经营所需的各种信息收集整理，提供给"阿米巴"领导。

"日航"起死回生经营奇迹的发生，很大程度上是引进、实行"阿米巴经营"的结果。事实证明，"日航"推行"阿米巴经营"后成效卓著：三年后的2013年，"日航"销售额增加了238亿日元，营业利润也有300亿日元的增加；2014年，销售额与前一年相比又增加了5.7%，是年度计划的102.9%；2015年，席位利用率上升了3.9个百分点，销售额再增长了19%，纯利润再增长了7.8%，营业利润更是增长了29.6%。2017年1月19日，"日航"公布2017财政年度航线航班及机队计划，表示继续新增国际国内航线、航班，并同时更新载客量更大的飞机以适应市场发展。

# 四、"人单合一"迎双赢

"海尔"是中国企业经营管理的一面旗帜,它不但从一家资不抵债、濒临倒闭的集体小厂发展成为全球白色家电第一品牌,而且以独创的"OEC"(Overall Every Control and Clear)管理法、"人单合一"双赢模式等经营管理创新机制闻名世界。

在"海尔"的发展过程中,细心的人们一定不难发现,"人"始终在海尔占据核心地位——他们奉行"人人是人才";他们明确"当下缺的不是人才,而是出人才的机制";他们致力将"人材"变"人才"再变"人财"……

"海尔"自2007年正式推行"人单合一"双赢模式以来,更是在全世界管理学界和企业界受到广泛关注和重视——哈佛、沃顿、IESE、IMD、港科大等全球顶尖商学院教授,以及全世界主流财经媒体记者频繁到访;大批欧美企业来考察学习,试图在全球商业转型的拐点时刻,找到应对之道。欧洲主流媒体曾如此评价:"欧洲之所以欢迎张瑞敏,因为他带来的是应对第三次工业革命的商业模式。不仅海尔需要,欧洲企业同样需要。"

说起"海尔"的"人单合一"双赢模式,有必要追溯到2000年。当时,张瑞敏在日本的京瓷公司参观,发现他们在以MMC方法,即前述"阿米巴经营"充分激发每个员工的作用。联想到美国的全食超市为了发挥员工的积极性,也是将原来的经营单元门店变为一个门店有8个经营单元,即利润中心。联系多年的企业管理体会,张瑞敏敏锐地感觉到:企业资产表中的有形资产都不能增值,真正能让资产增值的是人力资源这个无形资产。如果把人力变成资源而不是负债,企业一定会充满活力。但凡能够永续经营、充满活力的企业,都注重发挥人的积极性,而非只重视规章制度。特别是互联网时代,营销的碎片化对企业提出了个性化的需求,原来企业的大规模制造必须变成大规模定制的模式,即从原来的先造产品再找用户变为先创造出用户再造产品。在这种背景下,传统企业的"生产→库存→销售"模式必须转变为用户驱动的"即需即供"模式。

从那时开始,"海尔"即积极探索互联网时代创造顾客的新型商业模式——

"人单合一"双赢模式。他们认为，过去很多订单之所以变成"孤儿订单"，就是因为没有人对它负责，随之库存、应收账也就造成了。所以要理解：订单就是市场，每一个人和市场要结合在一起。

他们还认为，人的素质和订单质量成正比。人的素质越高，订单质量越高。"人"应当获取更多有价值的订单，不产生库存、不演变应收账款。因此，订单在市场创造的价值体现了人的价值，每个人的收入应该和订单结合。

他们主张人与市场要生物性而非物理性地结合为一体，然后让每个人都成为创造市场的"SBU"（Strategic Business Unit，即战略业务单元），从而实现每人都对市场进行经营的目标。

于是，"海尔"积极探寻高效能机制：创建自主经营体，让企业变"小"；让在"前线"的人做决策；帮助每个人成为自己的 CEO；改变"正三角思维"模式；双向协同，每个人都为用户负责；创新仅关注数字的损益表为更关注人的"宙斯（ZEUS）模型"……

### （一）创建自主经营体，让企业变"小"

如何让"大象"跳舞？这是摆在每个大型企业面前的难题。为了解决这方面问题，海尔采取了"分身术"——把 8 万多名员工划分为 2000 多个自主经营体。其中：为消费者创造价值的研发、制造、营销类一线员工组成"一级经营体"；原职能部门在大幅缩减后形成"二级经营体"，并将职能由过去的下达指令转变为提供资源和流程支持；原企业高层组成"三级经营体"，他们处于组织结构末端，被称为战略经营体。"三级经营体"数量最少，主要对内负责协同，对外负责发现新的战略机会。

如此一来，"自主经营体"即成了企业的基本单元。当然，每个人，包括张瑞敏在内，都必须重新在某个经营体找到属于自己的位置，否则就是"冗员"。

经营体权责利高度统一，其"自主"除了体现决策权、用人权、分配权这"三权"外，还体现在整个组建和运行的过程中。

"自主经营体"是一个开放的平台，每个人都拥有进入的机会。为了搭建公平的机制，"海尔"采取的是竞单和官兵互选。首先，确定经营体长，每个人都可以公开竞聘。能否应聘成功，依靠的是为实现目标甚至超额完成目标而制定的"三预"（预案、预算、预酬）方案。其次，再确定其他成员。和经营体长一样，每个岗位同样是公开竞聘。想要竞聘成功，靠的同样是"三预"。岗位人选由经营体长和评委委员会共同确定。

在运行的过程中，如果经营体未达成预定目标，而经营体成员认为是负责人领导不力，就可以启动"罢免程序"，重新选择经营体长。反之，经营体长也可以决定淘汰某位成员。

经营体的存在完全由外部市场或内部市场的需求决定。如果需求消失，经营体就会解体。不同经营体之间，也会进行重组和兼并。

## （二）让在"前线"的人做决策

"海尔"各经营体的目标完全由市场确定：通过分析客观的用户资源确定出在行业中具备第一竞争力的目标，而且目标还会随市场的变化而进行动态优化。

为了使决策更加符合实际，"海尔"认为：在现代战争中，一线士兵不仅是一个端着枪往前冲的战士，而且还应该是一个信息化的终端。一旦发现敌情，必须可以自行决策，并将信息传达到信息中心，从而得到支援和响应。

因此，"海尔"希望通过组织变革实现这个目的——让在前线的人做决策，从而快速对市场和用户做出响应。

2009年，"海尔"在四川省组建了第一个经营体——冰箱农村市场自主经营体。在"家电下乡"过程中，他们发现政策有限价，但农民也同样需要一些高端冰箱。于是，他们倒逼流程和资源，在短时间内打造出低价位、高性能的三门变温冰箱，让"海尔"冰箱在整个农村市场中实现了40%的高增长。

对于研发类和制造类的一级经营体，"海尔"同样让在前线的人做决策，即"开发什么样的产品，只要把用户说清楚了，市场机会和目标说清楚了，就可以马上干，不再需要根据上级指令来开发什么样的产品。上级只会提出来，在哪个市场可能有什么机会还没有看到"。

## （三）帮助每个人成为自己的 CEO

走进"海尔"中心大楼，数条红色条幅从顶层悬落至大厅，十分壮观，其中一条格外引人注目：每个人都是自己的 CEO。

"海尔"认为，"人单合一"双赢模式，本质上是为员工量身打造的机会公平和结果公平的平台。

张瑞敏表示："我们现在只是搭建平台，搭建各种各样的平台。你的能力，你的作用大不大，就看搭建这个平台能不能让这些人充分发挥作用。"他曾经有一个比喻："员工如沙。在过去，就是要攥住他，攥得他没有发展余地。然后，他会从你的指缝中漏出来。现在这个平台，相当于你把巴掌伸平了，上面还有这么多的沙子，这些沙子肯定比你攥起来的时候要多。但是，每一粒沙子和其他沙子之间一定要黏在一起。黏在一起后，他自己会有空间，自己会发展，而且，你不用担心它会掉下去。因此，我们就是搭建这个平台，而不是想着如何去控制他。"

张瑞敏说："人性从最根本上，就是希望在物质方面能够多得，在精神方面把自己的名字变成牵头。"海尔的"人单合一"就是要把每个人都解放出来，包括基层的员工。只要能把每个人愿意去干的机制建设好，即是完成使命。

"人单合一"双赢模式的一个核心价值点在于，它有一个前提性判断——物质激励不可能永远持续。不管多大的物质激励，人本身的主观能动性总会停止。任何组织必须要抓住每个人内心的，愿意自我实现的、自主管理的本能需求。"海尔"认为，如果能让员工激发出最大的能动性，那就是最厉害的。

## （四）改变"正三角思维"模式

"倒三角"就是让员工发出最大能动性的机制——原来的管理部门，在观念上是指挥基层员工的，是负责审批的。推行"人单合一"双赢模式之后，"海尔"有2000多个自主经营体，如果再按照"正三角思维"，就得去想如何为这些经营体任命负责人、怎样管理这些责任人。实际上，推行"人单合一"双赢模式之后，"海尔"把这些经营体看作是一张大网上的一个个节点，用户需要就生存，用户不需要就得取消。"海尔"仅仅创造平台，经营体如果有能力也有意愿，就可以尽情发挥自己的能力来创造价值。竞单上岗，官兵互选等机制，相对充分地保持了整张网的活力。优秀的经营体负责人会把经营体与其他经营体、包括二级平台连起来，形成"纵横连线"。

另外，如果在过去或按照正三角思维，现在的一级经营体要与各个部门打交道，要连很多"线"。为提高效率，实际上"海尔"把这些职能部门进行了打包。像财务、人力、法务、信息这些部门，基本都打包成了一个小组，进而作为二级平台为一级经营体提供所有资源。出了问题小组负全责，对外不存在财务、人力等互相推诿责任的问题。就像医院接到一位患者，不再是挂号、交款、取药等一步步走流程，而是递上钱直接取药。原来因为扯皮过多会导致事情办不成，现在打包之后，他们会想办法事先解决问题，保证事情办成。

在"海尔"最新的探索中，二级平台已经融入一级经营体，变成为一级经营体提供服务的"资源超市"。也就是说，原来的三级结构已被压扁，变成节点闭环的网状组织。原来的指挥人员成为服务人员，主要为一线提供资源，与一级经营体目标一致。

### （五）双向协同，每个人都为用户负责

2011 年以前，中国三四级市场用户喜欢"三天一度电"的两门冰箱。"海尔"三门冰箱经营体发现，原因主要在于耗电量的差异。

为了创造在三四级市场的三门冰箱用户资源，2011 年 2 月，"海尔"三门冰箱经营体与市场经营体签订了包销合同，这相当于三门冰箱经营体把产品卖给市场经营体。在用户驱动下，以及二级平台的支持下，三门冰箱经营体整合专家资源，在 4 月底就开发出三天一度电的三门冰箱。

为了保证三天一度电的三门冰箱能够在短时间内及时交付，产品制造经营体在新产品企划初就将以前生产的一些问题和市场反馈信息整理出来，与企划、研发团队一起推进。为了提供足够的产品资源，产品制造经营体在青岛、合肥、贵州规划出三条线承接，并锁定 4 月中旬交付的目标。

由于引入了专家团队以及三类经营体的协同一致，这款新产品上市只用了 3 个月，比通常 8 个月上市一款新产品的惯例缩短了 5 个月的市场响应时间。三天一度电的三门冰箱上市当月，销售量即达 5.9 万台，7 个月销售近 50 万台。

这是一个不同经营体之间典型的合作过程——通过横向协同和纵向协同的双向协同，实现了不同部门都为用户负责的机制；这是不同于以往矩阵制的"用共同的目标把所有人捆在里头"的新型网状组织机制。

### （六）创新关注人的"宙斯（ZEUS）模型"损益表

"海尔"人通常喜欢拿一张表说事，这张表就是战略损益表，每个经营体甚至每个员工都有一张。

这种战略损益表一共有四个象限，依次告诉员工：用户价值主张是什么？谁来创造用户价值？创造用户价值的流程是什么？从人单酬切入看流程是否闭环优化？

国外学者在研究"海尔"战略损益表的思路和内容后，把四个象限的第一个字母挑出来，正好组成"ZEUS"（宙斯），因此将其称为宙斯模型。

这里的第一象限代表用户资源。它需要明确用户是谁、价值主张是什么、能否算赢，本质是要与用户零距离。为了回答这三个问题，需要明确战略定位、战略机会、战略路径、战略目标、资源支持和"三预"保障。

第二象限代表人力资源。经营体在成立后，需要不断升级。通过静态优化、

动态优化、持续优化等手段，来实现市场竞争力从低于行业水平到超越对手，再到第一竞争力。

第三象限代表预实零差。这是创造用户价值的流程。这个象限的任务是关闭业务执行中的差距，做到"日清日高"——今天完成的事情必须比昨天有质的提高，明天的目标必须比今天更高。

第四象限代表闭环优化。即从"人单酬"的结果来检查和分析前三个象限的工作是否到位。

这是一张看似普通的表，但同时又是一张神奇的表——它一改过去只有冷冰冰数字的"财务核算表"的数字损益导向为用户价值导向，从而克服了传统损益表只知是什么而不知为什么的缺陷。"海尔"把原来企业一张总的大"财务核算表"变成了 2000 多个经营体各有一张的"战略损益表"，使每个自主经营体各自为自己的用户创造价值，并形成整体效应，从而避免了滥竽充数的问题。而且，它变传统损益表的事后分析为战略损益表的事前算赢。

通过战略损益表，每个经营体都可以明确为谁干、谁来干以及怎么干，最后，再通过"人单酬"来分享自身创造的价值。

此外，战略损益表还提供了纠偏机制。通过"人单酬"的结果，去依次倒推前三个象限的问题。即如果"人单酬"没有达到标准，可以依次反思用户定位和价值主张有没有问题。如果没问题，那么，是不是人员的组成和能力有问题；如果没问题，那么，是不是流程有问题。

"海尔"的战略损益表吸引了美国管理会计师协会（IMA）的关注与合作。通过研究，IMA 认为战略损益表和传统损益表最大的不同，是关注了表外资产，特别是人力资本和无形资产，如企业文化等，是对管理会计的重大革新。

综观"海尔"的"人单合一"双赢模式，不难看出其本质含义："人"是员工，"单"是第一竞争力的市场目标（不是狭义的订单）；"合一"即是每个人都有自己的市场目标；"双赢"则是在为用户创造价值的前提下，员工和企业的价值都要得以实现。"人单合一"双赢模式的特点，就是把人和市场结合起来，使每个人都有自己的订单，都要对订单负责。反过来考察，就是每一张订单都有人对它负责。

归根结底，"海尔"的"人单合一"双赢模式，就是建立在独立财务制度和共同价值观基础之上的，能够实现"纵横连线"并有效激发每一个人主观能动性的，权责利高度统一的自组织机制。

# 五、特许经营花正红

俗话说，民以食为天。因此，在我们工作的写字楼旁，在我们生活的社区之中，随处可见一些规模宏大的大酒店和星罗棋布的小餐馆。可大酒店之大，并不在于其营销额、利润额、就业人数等经济指标，而在其单店规模。与此形成鲜明对比的是，一些小餐馆虽然单店规模不大，甚至只是便利餐车的小吃摊，但其连锁品牌总的营业额、利润额、就业人数等经济指标，却可能大大超过那些所谓的"大酒店"。

现实环境中除了餐馆之外，我们还常常可以看到这么一种现象：如果问起某些大型客车企业，估计大多数人会瞠目结舌或知之甚少，但如果问起某些小汽车品牌，可能连未走上社会的中学生都能如数家珍、滔滔不绝。小车品牌之所以为人熟知，除其生活特性外，与其遍布在各地商业区、社区的 4S 店不无关系：那些 4S 店因为多为加盟商店，没有大锅饭可吃，因此它们的自组织功能异常强大。它们不但积极开展产品销售与服务活动，而且积极主动地推助品牌影响力——它们比"他组织"更深谙一荣俱荣、一损俱损的道理。

如果在全球范围内浏览当今世界级经济组织，甚至政治组织、军事组织，人们不难发现一个普遍而不争的事实，那就是"特许加盟"模式不但支持着微软、苹果、沃尔玛、麦当劳等企业组织发展壮大，而且支持着"G20"（二十国集团）、"EU"（欧洲联盟，简称欧盟）、"UN"（联合国）等政治组织充满活力，甚至支持着国际维和部队等军事组织富有战斗力。笔者曾在《合作博弈视角下的军队保障社会化机制研究》学术专著中，主张在军队保障社会化改革中，借鉴 2004 年 3 月国家《市政公用事业特许经营管理办法》，在市场经济形势下，以"特许权"机制盘活军队市场，进而以"行政特许经营"方式解决军队需求计划性与企业运行市场化的对立矛盾。

"特许加盟"模式日益盛行并广受热捧的缘由，除一般的商业模式起作用外，更在于其"自组织"的机理所产生的魔力。有人打趣说，没有工资的人总比拿高薪的人干得更加乐呵，这其实从社会现象的角度生动形象地描绘了"自

组织"的神奇。

　　自 2015 年 7 月国务院办公厅和中央军委办公厅转发了《关于推进商业保险服务军队建设的指导意见》以来，商业保险的社会功能可谓日渐凸显。从商业保险的发展历程看，值得肯定的是"特许加盟"模式首当其功。下面，我们以渗透在我们日常生活之中、活跃在我们每一个人身边、广为社会各阶层熟知的保险业为例，考察"特许加盟"模式的现实运作。尽管在网销和银行代销两大销售渠道为王的今天，保险代理人已日渐失去原有的地位，但这种现象改变的只是代理人，并未改变或动摇"特许加盟"模式本身。

　　的确，前些年保险公司主要是通过不断增设机构、不断扩大销售队伍等典型"特许加盟"模式发展业务，而且到目前为止，大部分保险公司仍然以自主展业为主。不过，在产销分离、专业化分工的大趋势下，"转型升级，加快发展"也进一步成为保险行业发展的主题。"华泰财产保险"引进的专属代理人（EA）模式就是当今较有创新的一种。

　　EA 是英语 Exclusive Agent 的缩写，意为专属代理人，是指专属代理人通过与某家保险公司签订专属代理合同，主要以社区门店的形式独立经营并专属代理一家保险公司的业务模式。该保险公司对其专属代理人实施全面的管控并提供支持和服务。

　　这种模式是当前欧美针对个人客户市场的一种主流和成熟的保险营销模式，有以下几个特点：一是这种模式是一种资本相互渗透、风险共同承担、成果共同分享的紧密合作关系；二是专属代理人制度明确规定了专属代理人与保险公司之间是代理关系——公司专注于为门店提供后台服务与技术支持，专属代理人则承担经营成果且可按其价值进行转让；三是专属代理人可由保险公司总公司全资或控股设立，下设分支机构可在现有保险公司各分支机构营销部和业务部的基础上进行转化，可根据职能分设销售代理公司和收展服务公司，现有营销员和收展员能成为专属代理公司各分支机构的员工，享受代理公司提供的社保待遇和底薪；四是保险公司向专属代理人提供客户资源和销售及管理支持，有利于保险公司专业化、集约化经营。

　　在欧美日等发达国家保险市场，专属代理模式经过近百年的发展已经相当成熟。在美国个险市场的前五大保险公司的营销模式中，选择专属代理人营销模式的有 3 家，即国家农场保险公司（StateFarm）、好事达保险公司（Allstate）和美国家庭保险公司（American Family），其销售额占到了整个市场份额将近 90%。国家农场保险公司是美国最大的互助保险公司，全美超过 1/5 的汽车都通过该公司投保，其中 20%的业务是通过电销和网销，80%的业务来自门店渠道。好事达保险公司常年在传统媒体、网站上招募专属代理人，其吸引方式是标明不收取授权、牌照等费用，鼓励代理人自主创业，而且主动推荐给客户其在各州的代理人信息。专属代理人一旦被招募后即组织为期 6 周的培训，以期全面了解公司、产品、服务和销售支持，主要包含教育、销售支持、品牌广告、个性化营销（专属代理人个人广告、门店店招）、业绩奖励、表彰、后援支持（IT 解决方案，24 小时客户服务）等几大系统模块。目前好事达公司在全美有 12500 个专属代理人，主要销售车险、财产保险、财务保障产品三个方面的产品。

从目前我国国内保险门店经营的模式看，主要有公司直营销售制、专属代理加盟制两种。其中，公司直营销售制指的是保险公司投资建设社区门店，负责选址装修等工作，然后派遣代理人员或公司员工进驻门店开展销售和服务。专属代理加盟制则是由自主创业的店长采取加盟方式成为公司的专属代理人，公司不负担额外的成本，而专注于为门店提供后台服务与技术支持，加盟店在公司的全方位指导下，独立开展业务，独立核算，并对其经营成果承担直接责任。

以上是具有代表性的保险公司的代表性运作。其实，保险行业只是特许加盟模式的一个缩影。毫不夸张地说，在当今商业界最流行的词语中，特许加盟（连锁）恐怕当数首屈一指；当下开展特许加盟业务的公司，恐怕也遍布社会各个行业的各个角落——君不见，以 XX 为商标的烧饼摊星罗棋布地播撒在城市的大街小巷？君不见，以 YY 为商标的小卖部，似乎随着空气飘散在大江南北的村庄山寨？

综观林林总总的"特许加盟"商业组织，我们可以归纳："特许加盟"是一种规模化、低成本的智慧型商业扩张模式，其实质是一种广泛动员经营者实行自组织的商业组织形式。它是特许人与受许人之间的一种契约关系，根据契约，特许人向受许人提供一种独特的特许权，并给予人员训练、组织结构、经营管理、商品采购、商标授权、统一宣传、形象设计等方面的指导和帮助；受许人则向特许人申请取得分营权，并支付相应的费用，进而有权享有经营成果而非定额工资。

特许加盟经营按其特许权的形式、授权内容与方式、总部战略、控制手段的不同，可以分为三种类型：

第一种是生产特许。受许人投资建厂，或通过 OEM 的方式，使用特许人的商标或标志、专利、技术、设计和生产标准来加工或制造取得特许权的产品，然后经过经销商或零售商出售，受许人不与最终用户（消费者）直接交易。典型的案例包括可口可乐、百事可乐的灌装厂及奥运会标志产品的生产等。

第二种是产品商标特许。受许人使用特许人的商标和零售方法来批发和零售特许人的产品，作为受许人仍保持其原有企业的商号，单一地或在销售其他商品的同时销售特许人生产并取得商标所有权的产品。

第三种是经营模式特许。受许人有权使用特许人的商标、商号、企业标志以及广告宣传，完全按照特许人设计的单店经营模式来经营；受许人在公众中完全以特许人企业的形象出现；特许人对受许人的内部运营管理、市场营销等方面实行统一管理，具有很强的控制性。如家乐福、伊藤洋华堂等外资品牌企业和国美、苏宁等中国本土企业都属此类。

由于特许加盟模式日愈盛行，企业实践又不断创新，加上理论探索不断深入，因此今后其类型可能远远超过以上三种。现实中我们所熟悉的连锁加盟经营就是特许经营中的第一种和第二种模式或两者相结合的特许模式，它们是最基本也是最重要的特许经营方式。

特许加盟经营模式在"自组织"方面的特点，常见于以下三个方面：

（1）所有权的分散与经营权的集中。在特许连锁体系内部，各加盟者具有独立的企业法人资格和企业的人事、财务权，并对其各自的门店拥有经营权，总部与各加盟店之间不存在所有权关系；而战略经营权集中在总部，能够为加盟店提供尽量多的战略支持。

（2）仅以特许合同作为合作经营的经济纽带。特许合同一般会就双方的权利和义务做比较详细的规定，总部承担必要的责任和义务，如提供必要的技术指导、独有商品、原材料，允许使用商标，进行必要的员工技术培训等。如此，加盟者以契约关系履行义务并享有权利，没有领导与被领导或其他依附关系。

（3）盟主是纵向合作关系，各加盟者之间无横向关系。如此，各经营者完全是高度拥有独立自主权利且权、责、利高度统一的市场主体。

通过特许加盟模式的表象，我们从本质上可以发现，这种模式最先进之处，可能是在商品、品牌等物质资源之外，最注重"人"的自主性的发挥——特许加盟模式的管理可分为五个层次：一是人，人的思想和价值的连锁；二是服务，人的服务本能和素质的连锁；三是模式，是事在人为的有差异化和竞争力的公司战略的连锁；四是管理体系，在公司每一个利益中心，关键在于人的执行力的管理标准的连锁，是品牌活动的最好体现；五是产品，即同质化、标准化体系主导下的附加了不同加盟者积极性、创造性的品牌连锁。

特许加盟经营能风行世界、长盛不衰，最大优势可能在于能够解放并最大限度地调动经营者的积极性和创造力——"特许经营"一词源于英文"Franchise"，且由法文 Franc 演变而来，而法文 Franc 的本意，即是"不受奴役"。

特许加盟经营之所以广受欢迎，究其原因可能还有两个：

一是因为特许经营是一种经营技巧、业务形式的许可，是一种知识产权的授予，是一种软件技术、一种无形资产的转让。它不受资金、地域、时间和各种硬件设备的限制，可以在同一时间发展多个特许加盟者，可以在任何有消费群的地域发展。

二是因为特许经营是一种对国家、特许人、加盟商、消费者都有好处的经营模式——对国家而言，引进有特色的特许经营项目，等于直接引进了国外的先进商业管理经验，花钱不多，收益不少，可以避免少走弯路；对特许人而言，只是将自己经营成功的经验技术、经营模式或商标许可他人去经营，经营所需的资金由加盟者自筹，无须特许人直接投资，是一种既安全又可迅速扩大知名度并拓展业务的经营方式；对于加盟商而言，不用自己去探索开创新事业的路子，只需向特许人支付一定加盟费就可以经营一个知名的商号，并能长期得到特许人的业务指导和服务，因而降低了投资风险；对消费者而言，到一家知名度较高的商号去购买商品或消费，所购买的商品是值得信赖的，所受到的服务是高水准的，消费者权利能得到充分保证。

所以，由于特许加盟模式有效地实现了独立自主、互利合作、多边共赢，因此能充分调动一切有利的资源，并将其实现最优化的组合——这是自愿互利基础上的，特许方以自主管理为主要形式的，以激发自组织功能为目标的，能够充分发挥统分结合优势的拓展业务、销售商品和服务的一种多赢经营模式。

# 第六部分

# 高效能执行力机制的八"重"创新

　　大道至简：管理只有四件事，即搭班子、定战略、建机制、带队伍。在有"班子"有"队伍"的现实组织中，高效能的执行力，无不取决于人的执行意愿、人的执行能力、人的执行条件。因此，把人视为事业发展的根本，一切依靠人、相信人、尊重人、服务人、发展人等人本管理思想，理当成为高效能执行力机制建设的战略指导思想。

　　"管理"与"执行"，往往处于事物的两端。好的执行，需要从认同开始，需要符合逃避痛苦而追求快乐的人之本性。而且管理者需要量才施用、知人善任，并为执行者创造相关执行条件。与此同时，从组织层面上，还要创建有利于"执行"的组织文化氛围，特别是以榜样拉动的职工文化；要改革传统组织模式，以团队形式实现"1+1＞2"的组织效能；要注重沟通，以沟通为组织润滑剂，有机协调执行过程中的各类关系。

# 一、合作机制重认同

当今社会，世界已经变得越来越扁平化——在个人电脑、互联网、移动通信、专业外包、军民融合、信息共享等外力的作用下，各社会组织被彼此之间的共同利益联结在一起，往往一损俱损、一荣俱荣，因而倾向于和睦相处。与此相适应，无论是国家、政党，还是企业，乃至个人，种种行政、人身等依附半依附关系已经被越来越多的自由合作关系所替代。传统组织中那种狭长的层级关系已经越来越被碎片化、网络化、项目化关系所取代；过去单一的资本整合劳动力及生产资料的格局也已经被打破，劳动力不断整合社会游资的现象早已俯拾皆是；投资者与劳动者、管理者与执行者越来越平等的合作关系也早已成为不争的事实。在现实社会中，无论是国家、政党，还是企业，乃至个人，如果不能适应这一趋向，敞开怀抱迎接大合作，都势必将会举步维艰。

既然要合作，其前提便须互利互惠。哪怕是在同一家组织中的管理者与执行者之间这种简单的劳动合作，相互之间也都必须从合作中实现价值、获得利益。由此，相互认同便随之成为先决条件——在自由体之间，如果一方认为与另一方的合作不能实现相应价值并从合作中获取应有利益，则必然在更大的空间自由地寻求更理想的实现途径与合作对象。正如市场营销所云：没有认同便签不下合同。

工作现象如此，生活现象亦然——为什么"粉丝"对于偶像的闲言碎语都会奉若圣旨？为什么父母师长的苦口婆心常常遭遇置若罔闻甚至逆反？尽管作用因素众多，但其前提作用因素无不集中于"认同"二字。事实上，没有"认同"，再好的教育也可能只是"耳旁风"；没有"认同"，再好的方案也可能只是一厢情愿。可见，没有"认同"作前提的任何计划或安排，最终都将停滞于"愿望"而得不到对方的配合。

人与人之间的关系往往就是这样复杂而又简单，无论是君臣、父子、夫妻，还是情侣，或者是合作伙伴，如果志不同道不合则不相为谋、相互消耗；如果志同道合、情投意合，则心领神会、配合默契。

进一步来讲，社会生活中的所有被拒绝、不合作都可能出于不认同，而高效能的执行却总是在"认同"上做足功夫。知名经营管理效能优化专家张贵平教授曾在他的《营销实招》中记述了一则案例。

一位营销员在上门推销一部儿童《百科全书》时，遇到了一位非常固执的老太太。她说什么也不愿掏钱为孙子买一部《百科全书》。

"我家孩子对书根本不感兴趣，再为他花钱买一部《百科全书》，还不是增添一份浪费吗？"老太太说道。

营销员环顾一下老太太家中的陈设，说道："老太太，我敢担保，您的这幢房子至少已有 50 年以上的历史了，可它至今仍这样坚固，当初地基一定打得好。"

"这与你的《百科全书》有什么关系？"

"要想孩子长大有出息，就得从小打下良好的基础才行。我们的《百科全书》，正是为孩子们打基础用的。"

"我的孩子讨厌读书，请你不要哄我花冤枉钱吧！"

"我怎么会哄您呢？"营销员柔声说道，"老夫人，热爱孩子难道不是长辈的天性吗？如果您的孩子得了感冒，或四肢因淘气而受伤，您会对他不闻不问吗？您一定早就带他去医治了。就是花再多的钱，您也毫不吝惜，您说对吗？"

"这又有什么相干？"

营销员这时脸色严肃起来："怎么不相干呢？孩子的厌书症如同感冒和四肢受伤一样，小不治则成大患。我们的《百科全书》有趣味性，正是医治孩子厌书症的良药。"

营销员不失时机地打开书："您看，这儿的插图多漂亮，故事多有趣！为了医治您孩子的厌书症，您难道就不愿意花这一点钱？您就愿意让他这样下去变成一个讨厌读书、没有知识、没有出息的人？哪怕权当智力投资，您也该为孩子买一部呀！"

"我真服了你了！"这位老太太露出了笑脸。

营销员成功了。他在顾客表示不愿意购买后没有泄气。他虽然没有直接说服，但却用了一个巧妙的比喻，把话题引开，最后让对方认同，如此自然水到渠成。

一个营销者被认同才能被信任；一个管理者被认同才能被尊重；一个组织被认同才能被选择。也只有被信任、被尊重、被选择，才可能开启良好的合作，这也许就是任何合作的基本前提和普遍规律。

中国共产党领导中国人民推翻三座大山、最终取得中国革命胜利的过程中，之所以在那么艰难困苦的条件下，还有那么多的工人、农民、知识分子、武装人员被吸引到革命队伍中来，并且屡屡以小胜大、以弱胜强，取得一次又一次武装斗争胜利，创建一个又一个革命根据地，其重要原因显然不是硬实力的胜利，主要是人民对党、对党领导的革命事业的认同。特别是在抗日战争时期，在全国之所以有那么多的人民群众把目光投向共产党，有那么多的莘莘学子不远千里奔赴延安，也是因为人们相信共产党是最可靠的抗战领导力量和中国未来之希望。

所以，高效能执行力管理有必要建立认同为先的合作机制。总结管理实践经验，我们认为在建设认同为先的合作机制过程中，有必要突出做好以下工作。

### （一）牢固诚信的基础

管理工作中的任何行为，其有效性都取决于他人认为管理者不会按机会主义行事，否则他人一切跟进的合作便随之失去基础。所以，笔者在《人格创新人生——高效能人士的 11 项锤炼》一书中，比喻人的诚信是"人际基石"，是社会关系的基础。

日常生活中，"诚实"要求待人真诚，实事求是，不弄虚作假，不口是心非，不坑人骗人，不搞阴谋诡计；"守信"要求人言而有信，恪守诺言，一诺千金。因此"诚信"要求人们的日常行为须待人处世真诚、老实、讲信誉，言必信、行必果，说话算数，一言九鼎，一诺千金。自己以诚待人，必然获得他人的信任；只有将自己的真实展示给他人，才能够赢得他人的信任，才能够彼此信任，进而彼此才能够真诚地进行合作。

进一步说，如果尔虞我诈对于小商小贩还可能是攫取暴利的暂时途径，那么对于有志成大事者则绝对无异于自掘坟墓。正如《吕氏春秋·贵信》篇言，如果君臣不讲信用，则百姓诽谤朝廷、国家不得安宁；做官不讲信用，则少不怕长，贵贱相轻；赏罚无信，则人民轻易犯法，难以施令；交友不讲信用，则互相怨恨，不能相亲；百工无信，则商品质量粗糙，以次充好，丹漆染色也不正。

对于一个组织的领导者而言，创建"诚信"尤其需要做到：要设身处地给人心理上的安全感；要公平、公正、公开，凡事一视同仁，处处弘扬正气，时刻光明正大；要有宽广的胸怀和战略眼光，以"有容乃大，无欲则刚"的思想理解人、宽容人；要勇于承担责任，如老子所言："受国之垢，是谓社稷主；受国不详，是为天下王"——负载多大的责任，就会有多大成就；要信任下属与一切合作者，以信任使下属敢于创新、乐于付出，甚至"士为知己者死"；要制度面前人人平等，确保规章制度的严肃性和有效性，切忌见风使舵、随心所欲；要把组织的利益永远放在第一位，以是否有利于组织的发展和事业的壮大作为唯一的是

非功过判别标准。

## （二）提炼崇高的理念

世人都是追求伟大与卓越的，因而理念是一个人的灵魂，也是一个组织的灵魂。组织理念即是一个组织系统的、根本的管理思想。崇高的理念可以让陌路之人熟识，可以召唤天下贤明凝聚，可以让组织目标执行者在各种活动中充满使命感。就企业而言，其经营理念就是管理者指挥的方向，是顾客的价值、竞争的差异及科技优势、员工信念和企业追求的经营目标。其实，不论是营利组织还是非营利组织，不论是企业还是团体、机关，任何一个组织都需要一套崇高的理念。事实证明，一套明确的、始终如一的、精确的管理理念，可以在组织中发挥极大的效能。如海尔的"真诚到永远"，支撑着海尔与众不同的服务质量；沃尔玛的"永远让顾客买到最便宜的商品"的理念，决定了它在全球范围内实施着最低价的商品采购战略，其一切经营管理手段都与此理念不无关系。

当然，一个组织不可能在最初创业时就有完整的理念系统，而且真正的组织理念必须深深融入每一组织成员的思想深处、物化为每一个经营管理的细节。组织理念应该在每一个组织成员身上都有烙印，在组织每一角落链环上都能闪烁。因此，尽管每一个组织都希望尽快缩短理念认同的时间和过程，但组织的理念实际上却不是朝夕之功。适宜的做法是：要不断寻求组织现存的、最具广泛性的正面理念；要与时俱进增添组织领导者所希望的价值观；要从群众中来又到群众中去，把提炼出来的组织理念拿去征求群众的意见，让全员参与；要注重征求上级组织及相关专家的意见，提炼升华。

## （三）寻求统一的目标

目标是指根据使命而提出的在一定时期内所要达到的预期成果，所以也是使命的具体化，是一个人在一定的时间内奋力争取达到的、所希望的未来状况。笔者在《人格创新人生——高效能人士的11项锤炼》一书中曾提及："没有梦想的人生是苍白的，没有梦想的民族是麻木的。因为没有梦想生活就没有动力，进而任何事物都变得寡淡无味。"笔者这里所指的"梦想"，通常就是人们对大目标的另一称呼。人们通常说的目标，其实就是我们预期希望达到的结果，或者说，就是人们欲望的具体化。

目标的现实作用主要表现在四个方面：一是可以提供行动方向，为人们明确行为的意义；二是可以激励当事人，让人们的活动富有挑战性和成就感；三是可以激发潜能，调动人内在的能量；四是可以有效合理分配资源，并聚合各种资源。

当然，任何组织要实现其目标，都离不开群众的参与。然而，由于组织成员都是具有不同知识、技能、需求、动机、价值观和态度的个体，他们都有自己的个人目标，因此现实中组织目标与个人目标常常不一致。在自由合作的大环境下，组织目标和个人目标既有互相联系、互相渗透的一面，又有互相排斥的一面。由此，协调组织目标与个人目标的关键是在组织的管理上下功夫，主要是创建之前内容中提到的"自组织"机制及"自我管理"机制。要塑造组织文化，进而最大限度地使个人目标与组织目标相协调。同时，个人也要转变思想观念，充分认识到个体是组织整体中的一部分，个人的需求必须在组织之中得到满足。

从加强组织管理的角度看，特别需要从以下五方面施力：一是由过程管理转为结果管理，充分发挥组织成员个人的责任意识和主观能动性。在制定目标过程中，组织中的上级和下级要一起商定组织的共同目标，并由此决定各自的责任和分目标，并把这些目标作为经营、评估和奖励每个单位或个人的依据和标准。二是实施个性化的激励手段，满足组织成员的不同需求。改变传统的"一刀切"的激励手段，根据对组织成员经济人、社会人、自我实现人和复杂人的人性假设，或根据对知识型员工、技能型员工和体力型员工的分类，认真分析每位组织成员的需求结构，制定个性化的激励手段，使组织成员的个人目标真正在组织中得到满足。三是更新管理理念，以人为本，从"用人"到"发展人"。用"事业留人"，将组织成员个人目标的增长点纳入组织目标之中。四是管理者可以通过变革和塑造组织文化，积极影响组织成员的个体文化和个人目标的建构，使被管理者主动地与管理者的愿望保持一致。五是把组织做"小"，充分考虑个人需求，尽量在不违背组织总体目标的前提下，强化组织对于成员价值实现的舞台功能。如以前内容中所提到的日本"京瓷"的"阿米巴经营模式"、青岛"海尔"的"自主经营体"模式，即这些都是经实践检验过的行之有效的新型管理模式。

## （四）塑造显性的价值

前已述及，人的行为总是趋利避害的，因此从某种角度看，人的一切行为都是趋利避害这一根本本能逐次外化的结果，而且从定量上看，还有趋利避害最大化这一本能。这是由于生物间的竞争性和环境的弃留选择决定的。

人的趋利有三种方式，即趋值、创值、侵值。所谓趋值，就是主体通过自己的活动直接接受客体的利；所谓创值，就是主体通过加工（劳动）使无价值的客体变为有价值，或使价值小者变为价值大者；所谓侵值，就是主体将其他主体拥

有的价值强行（或巧取豪夺）据为己有。尽管社会文明发展方向可能是合理趋值，最大化创值，逐步消灭侵值，但人求"值"却毋庸置疑。而且，在求"值"过程中，由于"双曲贴现"心理规律的作用，绝大多数人会因为显性利益的确定性更大，而隐性利益不可控因素相对较多，于是为了获得更大的生存可能性，便形成倾向"显性价值"这种选择偏好。

"显性价值"的强度，取决于执行者对于其"价值"的依赖性。突出表现于三个方面：一是重要性，即某种"价值"对于需求者来说是否具有非常的意义和强大的吸引力，能够满足需求者的迫切欲望；二是稀缺性，指某种"价值"其资源在社会上是否富足，对于需求者来说一旦错失是否便是不可复得；三是不可替代性，指某种"价值"其功能的实现途径是否单一，其他资源和方法、形式是否都无可替代。

由此，管理工作中有必要认识这种规律，进而运用这种规律。特别是在具体工作中，管理者一要牢固树立为他人做"加法"的思想，注意组织价值的创造，视帮助他人实现价值为己任；二要在激励制度中，明确让外在报酬（如福利、奖金、晋级、授衔等）的频率高于内在报酬（如光荣感、信任感、进修机会、成就意识等）；三要短期利益与长期利益相结合，在充分考虑组织目标执行者的长期利益的同时，尽量更多地兼顾组织目标执行者的短期利益；四要强化努力与绩效、绩效与奖赏、奖赏与需求三方面的关联度，即要让执行者感觉到通过一定程度的努力而达到组织规定的绩效目标的可能性很大，且达到组织规定的绩效目标后能够得到奖赏（如有文件规定，或有长期的惯例），并且能够得到的奖赏其内容是执行者所迫切期望的，对于执行者有极大的吸引力。

### （五）培养同理的心境

"同理心"是管理者在管理活动中能够体会执行者的情绪和想法，理解他人的立场和感受，并站在他人的角度思考和处理问题的一种心境。简单地说，同理心即是站在对方立场思考的一种方式，或者说，就是进入并了解他人的内心世界，同时将这种了解传达给他人的心理外化。

生活中常常少有人从他人的角度思考问题，做事情也很少考虑到他人的感受。比如管理者总是强势说出自己的道理，却忽略了别人的道理；总是好为人师地表达自己的意见，却往往听不进别人的建议。更糟糕的是，沟通时总是讲客套话、大道理，结果无法引起对方的共鸣，对方也不愿意将自己的真实想法说出来，甚至不愿意倾听。如此种种，即使有人能够从别人的角度思考问题，做事情会考虑到他人的感受，但往往是把对方置于弱势地位，以同情心对待他人，而不能将心比心，设身处地地去感受和体谅别人，并以此作为对方真正接受并认同的依据。

同理心要求管理者把自己放在既定的事件上，想象自己会因为什么心理以致有可能的行为，从而触发这个事件。因为自己已经接纳了这种心理，所以也就能接纳别人这种心理，以致理解可能行为和事件的发生。与"己所不欲，勿施于人"同出一辙——就算是自己的看法与人不同时，也不判定对方一定是错的；尝试反复地思考，认真从其他角度去看，针对事而不是针对人，便会发现自己原本的定夺并不一定完全正确。因为事情发生在"我"身上（主观）跟发生在"你"、"他""她""它"身上（客观），区别非常大，而别人的想法和行为也总有他们的原委。

同理心重要的是要站在对方的角度来理解问题，将心比心，这样就知道对方会怎么想，为什么会那么想，从而更能理解对方的做法，减少误会和冲突，取得最大的认同感。

所以，管理者在"培养同理的心境"过程中，主要着力于将心比心、感觉敏感、同理沟通、同理处事四个方面。

将心比心：能够将当事人换作自己，设身处地去感受和体谅他人，并以此作为处理工作中人际关系、解决沟通问题、最终取得认同的基础。

感觉敏感：具备较高的体察自我和他人情绪、感受的能力，能够通过表情、语气和肢体等非言语信息，准确判断和体认他人的情绪与情感状态。

同理沟通：听到说者想说，说到听者想听。

同理处事：以对方感兴趣的方式，做对方认为重要的事情。

总之，合作之前，做好"认同"！

# 二、领导机制重影响

传统的管理，总是教条地履行计划、组织、指挥、协调、控制等职能。如果遵循这些貌似放之四海而皆准的公理，那么在实施过程中，管理者难免总是以高高在上的强势地位支配下属的思想与行为。然而，行为决定于思想，本质决定表象。传统管理的那种总是依靠对人行为的规范，进而实现对人行为的支配的做法，如果在过去还有其实践道理，那么在当今人力不再只是成本而是资源的新形势下，显然无异于刻舟求剑。因此，高效能的执行力，必须是从思想上让人自觉、自发、自动。而这一切，都有赖于"领"、"导"而非单纯的管理。

有一次，某企业内部培训班上，培训师问了全体参训人员一个奇怪的问题：如何才能让猪上树？当时的答案可谓五花八门，但突出的有以下三个：一是给猪一个美好的愿景，告诉他你就是猴子；二是把树砍倒，让猪趴在树上，并旋转90°拍照为证；三是告诉猪如果它上不去，晚上就摆全猪宴。培训师发现：回答第一种答案的学员是老板，也许他习惯了"画饼"的做法；回答第二种答案的是员工，也许他们习惯了"山寨"的做法；回答第三种答案的多为经理人，也许他们习惯以"绩效"驱动。

"领导"与"管理"常常就是这样，区别往往仅在细微之处。不过一般说来，领导是成果驱动，而管理只是任务驱动；领导者需要运用影响力使人们做事，而管理者更多的是发号施令。特别是，方式上，"领导"多为引导、带领、指挥，而"管理"多为管辖、处理、安排；任务上，"领导"多为确立方向与目标，而"管理"多为寻求方法达成目标；客体上，"领导"多为对人（包括法人形式的组织）不对事，而"管理"多为对事也对人；工作上，"领导"多为分析、决策，"管理"多为解决问题；本质上，"领导"致力于"我要做"，而"管理"一般是"要我做"。可见，"领导"的是下属的思想，而"管理"的是下属的行为。

现代社会，"领导"作为实现组织目标的方式，常常是运用权力与权威向其下属施加影响力的一种行为或行为过程，且其作用力主要是由权力和威信合成的影响力。其中，权力性影响力主要依靠个人因素之外的职位与法定之强权，多为统治和管辖；威信性影响力则主要来自管理者个人的令人心悦诚服的信誉、能力，如品格、专长、背景等，日常表现形式多为服务、激励、影响，是一种比暂时性的权力更久远的感召力。

这里的影响力，就是指一个人在与他人的交往中，影响和改变他人心理和行为的能力。因此，领导工作的实质就是管理者对个体和群体施加影响力和处理好人际关系。领导工作作为管理的职能，主要表现为对人的管理，即协调与处理人与人的关系。

《水浒传》是中国四大名著之一，全书描写了北宋末年以宋江为首的108位好汉在梁山起义，以及聚义之后接受招安、四处征战的故事。作为主要领导人，人称"孝义黑三郎"的宋江——论武艺，他比不上林冲、武松、鲁智深等人；论文采，他比不上会写苏、黄、米、蔡四家字体的"圣手书生"萧让；论计谋，他比不上"智多星"吴用、"神机军师"朱武……就算是按上一任"老大"晁盖的临终遗言，后来的梁山"老大"也应该由替他报仇的卢俊义接任。可是，宋江虽然又黑又矮、武艺稀松，可是梁山上的英雄好汉却一个个都服他，甚至言听计从。即使后来大家对他的招安政策心存不满，但英雄好汉们也还依然跟随他南征北战、出生入死。哪怕断臂出家、毒酒穿肠、马革裹尸也没有人对他心怀怨恨。如果以现代管理思想感悟"水浒"故事，我们不难发现：宋江之所以能稳坐梁山第一把交椅，靠的其实是他的影响力——他对待父母，讲究孝道；他对待朋友，仗义疏财；他为人处世，扶危济困……事实上，当年还在山东郓城做押司的时候，宋江他就声名在外。当时提起及时雨宋公明，江湖豪杰可谓尽人皆知。正是因为个人的影响力，他在江州问斩时，才会有许多英雄好汉把生死置之度外，竟然冒死自发前去劫法场。而晁盖一死，吴用、林冲等人则是不管什么遗嘱不遗嘱，全都跑来找宋江："请哥哥为山寨之主。"此后，宋江在梁山的一系列做法，也都得益并彰显了他的影响力。

历史故事如此，现实生活的大量事实则更是向人们昭示：管理者，特别是那些担任领导职务的领导者，其影响力中起重大作用的是非权力性影响力。因为权力性影响力的长时间结果，只能是"哪里有压迫，哪里就有反抗、有斗争"。所以，非权力性影响力的感召力、吸引力在领导与指挥工作中能够发挥无以比拟的巨大作用。"其身正，不令而行；其身不正，虽令不从"，这句话就深刻说明了领导者非权力性影响力对领导的有效性和权威性的决定性作用。可见，在非权力性影响力的作用下，被影响者心理和行为更多的是转变为顺从和依赖关系。

考察权力性影响力与非权力性影响力的不同点，主要表现于构成因素、权力来源、作用方式、作用效果等方面。

构成因素：权力性影响力的主要因素有传统观念因素、职位因素和资历因素；非权力性影响力的主要因素是品格因素、能力因素、知识因素和感情因素。

权力来源：权力性影响力来源于法定职位，即职位权力，包括惩罚权、奖赏权、法定权；非权力性影响力则来源于个人魅力，主要是模范权（感召力）和专长权（智慧和能力）。

作用方式：权力性影响力作用于被影响者的方式一般是领导者向下属提出正式要求或发布指令；非权力性影响力作用于被影响者的方式主要是人格感召，包括人格影响力和榜样行为影响力。

作用效果：权力性影响力对被影响者作用的心理效果表现为服从感、敬畏感和敬重感；非权力性影响力对被影响者作用的心理效果表现为敬爱感、敬佩感、信赖感、认同感和亲切感。

可见，非权力性影响力主要来源于影响者个人的人格魅力、才识、背景等，来源于影响者与被影响者之间的相互感召和相互信赖。进而可知，拥有很强非权力性影响力的人，极易使身边每位成员对其产生敬佩、认同和信服。

比起那些轰轰烈烈、出生入死而在战场上牺牲的英雄人物，雷锋可能只能算一个人民军队中的普通一兵。可是，半个多世纪以来，"雷锋"二字早已在中国甚至世界成了"好人好事"的代名词。他那可歌可泣的《雷锋日记》，几十年来令无数读者为之动容，而"雷锋精神"，则更是激励着一代又一代人学习进步。

雷锋本是贫苦农民家的孩子，7岁时便成为孤儿，之后是邻居家的六叔奶奶收养了他，是共产党新中国培养了他。

带着一颗感恩的心，雷锋从小努力进取，积极上进。他14岁加入中国少年先锋队，16岁参加革命工作，17岁光荣加入中国新民主主义青年团，同时被评为县委机关工作模范。18岁那年，雷锋响应团委提出的捐献一台拖拉机的号召，个人捐款20元，成为全县青少年中捐款最多的一个。20岁时，雷锋参军入伍，加入中国人民解放军行列，并于同年11月加入中国共产党。

雷锋一生虽然短暂，而且也没有轰轰烈烈的事迹，但他在短暂的一生中却始终克己奉公、助人为乐，为集体、为社会做了大量的好事。即使只有两年零八个月的军旅生涯，但雷锋却曾先后荣立过二等功一次、三等功两次。

有人称雷锋为可敬的"傻子"——不但18岁时成为全县青少年中捐款最多的一个，而且当兵时也曾取出在工厂和部队积攒的200元钱，跑到驻地党委办公室执意要捐献为建设祖国做贡献。后来，在我国受到严重自然灾害的情况下，他为国家建设、为灾区捐献了自己全部的积蓄。

有人称雷锋为孩子的知心人——尽管自己平时工作、学习都很忙，但他先后担任了抚顺市建设街小学（即如今的雷锋小学）和本溪路小学校外辅导员，常常利用午休时间或风雨天不能出车的日子请假到学校去找教师、同学谈心，或进行其他辅导活动。

有人称雷锋为战士的好班长——战友乔安山文化程度低，雷锋就手把手地教他认字，学算术；战友小周的父亲得了重病，雷锋就以小周的名义写信又寄钱；战友小韩在夜里出车中棉裤被硫酸水烧了几个洞，雷锋就把自己的帽子拆下来给小韩补裤子……在他的带领下，他们所在的二排四班成了"四好班"，雷锋也成了全连的四好班长。

有人称雷锋为群众的贴心人——例如一天傍晚，天下起大雨，雷锋见公路上一位妇女怀里抱着一个小孩，手里还拉着一个小孩，身上还背着包袱，在雨中一步一滑地走着。雷锋忙把雨衣披在大嫂身上，帮助抱起孩子冒雨行走两个多小时把她们母子安全送到家。

……

就是这样的平凡事，成就了雷锋的不平凡——因公牺牲半年后，毛泽东主席亲笔题词"向雷锋同志学习"；时隔 50 多年后，习近平主席进一步指出：雷锋身上所具有的信念的能量、大爱的胸怀、忘我的精神、进取的锐气，正是我们民族精神的最好写照。

雷锋虽然并非权贵，但他的影响力却可能影响千秋万代的思想与行为。再认真环顾身边的人与事，不难发现，许多非权非贵的平凡人也有着不平凡的影响力。譬如，一些邻里纠纷、社区矛盾，往往令街道政府束手无策，但一些德高望重的居民一出面，顿时化干戈为玉帛。由此可见：非权力性影响力是人们执行力的重要作用因素，而"领导"工作更多地具备非权力性影响力，就可能使工作如虎添翼。

总结古今中外管理实践，不难发现，构成非权力性影响力的因素主要有：品格因素、知识能力、情感因素。

品格因素是指影响者的道德品质、人格、作风等，它集中反映在影响者的言行之中，是构成影响者非权力性影响力的前提因素。在实际生活中，只要我们留心观察，就不难发现，一个具有优良品格的领导者，可以通过自身的示范作用来影响、改变周围很广的一片环境，形成良好的风气，具有很强的感召力、吸引力，深受下属的拥戴。一个影响者如果品格上有问题，就很难得到被影响者的敬仰和发自内心的支持。如某领导的言行脱节，口是心非，表里不一，在会上或其他公共场合讲得头头是道，振振有词，而自己私下却搞歪门邪道，吃喝玩乐，那么，他的威望就会大打折扣，就会产生"形象危机"。

知识能力是一个人最宝贵的财富，是一切聪明才智的源泉。知识包括文化知识、专业知识、法律知识、思想政治水准等相关知识；能力是一个人综合素质的体现，它表现为科学决策能力、协调组织能力、语言表达能力等。要提高综合能力，必须靠知识的铺垫升华。当一个影响者具备比较完整的知识体系，并在实践中表现出较强的综合能力，带给相关者的将是一种希望，能使其产生一种信服感。这种信服感就像心理磁场一样吸引人们自觉自愿地接受其思想和行为方式，从内心产生认同感和尊重感，进而自觉服从影响，拥护决策，并心甘情愿地创造性干好工作。如果说一个人的知识才能与其职位不相匹配，知识浅薄、能力低下，既不能科学决策，又不能科学管理，则人们根本不可能敬佩和顺从，其领导、指挥或影响心愿则只能变成一厢情愿。

情感因素是指影响者能体贴关心相关者的作用因素，是顺利开展工作的润滑剂。一个成功的领导者，往往平易近人、和蔼可亲、感情融洽，这样就能使人们产生亲切感。所以，领导者不仅要立之以德、展之以才，还要动之以情、以情感人。在领导活动中，如果领导者有优良的品格、较强的能力，并且有一定的情感表现力，就会产生一种超越权利的诚服和忠诚。如领导者平时谦和待人，尊重下属，主动为下属排忧解难，让下属感受到组织大家庭的温暖，下属就会对他们产生信赖感、归属感、顺从感，进而形成强大的吸引力和影响力。即使领导人偶尔工作中出现失误或遇到困难，下属也会真诚体谅，并热心帮助，同舟共济，共渡难关。相反，如果领导者对待下属冷漠、傲慢、不可一世，平时不进行情感性沟通，这样只能人为地拉开心理距离，而这种心理距离一旦超过一定限度，慢慢地就会产生负面影响，甚至是排斥、对抗，最后影响工作目标的顺利实现。正所谓"感人心者，莫过于情"、"士为知己者死"。

由此可见，所有的管理者必须注重个人威信的培养，注重非权力性影响力的发挥，并致力于下面的角色事实：

（1）领导者的唯一定义就是其后面有追随者。

（2）一个成功的领导者不仅是受人爱戴的人，更是使追随者作出正确选择的人——结果才是最重要的。

（3）领导者都是受人瞩目的，因此必须以身作则。

（4）领导地位并不意味着头衔、特权、级别或金钱，而是责任。

影响力的体现在于管理者个人的威信、号召力，在于别人对于管理者本人的信任程度。我们通常所说某个人很有影响力，指的就是此人可以很大程度地让别人相信，他的言行和见解一贯都很有说服力。即便是在没有论证的情况下，别人也多半会相信他。权威就是影响力的代表形式，个人崇拜即是影响力的极端境界。

在过去金字塔式的组织结构中，资讯不流通，人们以职位与掌握特殊资讯的权力，命令下属照章办事。目前，各类组织日益呈现扁平化、团队化趋势，资讯科技高度发达，人身依附关系逐渐淡出，权力基础日益弱化，因而未来社会越来越需要影响力，才能带动大家朝共同的目标努力。由此可见，如何施展影响力和如何培养自己的影响力，成为现代管理者必须修炼的基本人格。

总结前人的理论观念和实践做法，我们认为打造超凡影响力的原则主要有四点：

一要注重提高可信度。我们反复强调诚信是人际的基石，因此可信度自然也就是影响力的核心基础。一个表里不一、不被人信任的人，不论其用承诺或是威胁的技巧，都很难产生影响力。小时候熟悉的"狼来了"的故事就是最好的例证。

二要注重培养说服力。人们的见解高明、判断准确，就自然会有说服力。一个人有说服力，自然会有号召力。要注重以理服人，要效仿大禹治水——堵流不如引流。

三要注重传达友好意愿。影响普通人容易，但影响敌意者或是利益冲突者相对则难。要让意见不同者与我们共同完成使命，最需要帮助对方识大体顾大局，领会友好意愿，意识唇齿相依，让对方心悦诚服。

四要注重给人亲切感。在一般环境里，生硬的命令往往与影响力背道而驰。它给人强迫感，让人感觉"要我做"而非"我要做"。只要是"我要做"，再苦再难人们也不觉委屈。

影响力是影响主体产生的效应。要实现上述原则目标，管理者就要能使人产生敬佩、信赖和亲切感，从而增加他人对自己的信任程度，进而增强自己的影响力。

# 三、意愿机制重苦乐

意愿是指人的内心意向和愿望，通常指个人对行为所指向的事物及其意义的大小所产生的看法或想法，并因此而产生的个人主观性思维。这种与行为指向紧密联系的看法或想法，直接决定行为的方向、态度、执行力度，即"意义"大，则态度积极行为主动地创造性执行；"意义"小，则态度消极行为被动地应付性执行，甚至阳奉阴违。

人的行为意向是人们打算从事某一特定行为的量度，而态度是人们对从事某一目标行为所持有的正面或负面的情感，它是由对行为结果的主要信念以及对这种结果重要程度的估计所决定的。所以，个体的行为在某种程度上可以由行为意向合理地推断。同时，个体的行为意向也可以由其对行为的态度和主观准则来判定。

不过，现实中人们的行为并非完全能由个人意志控制，威胁或责任状况下的行为，以及能力或特定条件状况下的行为，就是典型的非个人意志完全控制下的行为。这种非个人意志完全控制的行为不仅受行为意向的影响，还受执行行为的个人能力、机会以及资源等实际控制条件的制约。行为态度、主观规范和知觉行为控制是决定行为意向的三个主要变量——态度越积极、重视，他人支持越大，知觉行为控制越强，行为意向就越大；反之就越小。

一般来说，个体拥有大量有关行为的信念，但在特定的时间和环境下却只有相当少量的行为信念能被获取。这些可获取的信念也叫凸显信念，它们是行为态度、主观规范和知觉行为控制的认知与情绪基础。

需要注意的是，个人以及社会文化等因素，如人格、智力、经验、年龄、性别、文化背景等，会通过影响行为信念间接影响行为态度、主观规范和知觉行为控制，并最终影响行为意向和行为。

因此，行为意愿就是人们想要采取某一特定行为的行动倾向，也就是指行为选择在决定过程中，所引导而产生是否要采取此行为的某种程度表达。它是任何行为表现的必需过程，是行为显现前的决定。

归纳和总结社会实践，我们发现逃避痛苦和追求快乐是人的天性——人们往往会为了得到某些快乐或远离某些痛苦而产生相应动机进而出现相关行为。

有这样一个家庭，父母都是麻将爱好者。每天晚饭之后，不是应邀去别人家里玩几手，便是邀请麻友来自己家中打几圈。小孩子本来就是"人来疯"，因此每每有客人到家来，他们家孩子自然而然地也爱挤在大人身旁凑热闹。正式上学后，父母虽然不断要求孩子必须好好学习，必须自觉完成作业，但慢慢发现，孩子对于麻将的痴迷远远胜于对功课的热爱。眼看着孩子的学习成绩没有长进，做父母的可谓看在眼里、急在心头。他们不断用"头悬梁"、"锥刺股"的故事激励孩子用心学习，也曾不断用"书山有路勤为径，学海无涯苦作舟"的名言引导孩子致力功课，但最终收效甚微。等到孩子初中毕业，他们在无奈之下只好把孩子送进一所民办学校。

从科学角度分析，这家孩子学习上不去是一种必然。尽管影响因素可能很多，但有一点是肯定的，那就是让孩子忍受打麻将的"乐"而去受做功课的"苦"，这本身是有悖人性的。试想，如果这家父母能像"孟母"一样择邻处，而且在子不学时"断机杼"，或者不以打麻将的"乐"去刺激、引诱孩子远离做功课的"苦"，其后果可能就会好得多。

所以，逃避痛苦和追求快乐是人们最基本的行为意愿。换句话说，趋利避害是人们行为倾向的内在因素。

现实中人们"趋利避害"的表现，一是人对自己所需求的东西和有利因素本能性地向往，并想占有、想获得、想取得，且采取思想模拟和动作程序实现；二是人对来自外界与自身的压力和不利因素，会本能性地调用思想和动作程序来反抗抵制及逃避。简单讲就是：趋向有利的一面，避开有害的一面。

可见，趋利避害是人的本能行为。比如对死亡的恐惧，以及维持个体存在，这两点就是与生俱来的。"人存在—人活着"的两个最充分理由：一是活着；二是避免自己不活着。恐惧死亡，维持自己个体的存在，这便是人最大最潜在的驱动力，也是人最大最坚实的需求，这一点反映在人的每一个行为细节里。

在了解了人的趋利避害本性的同时，我们还要清楚：人们对"利"与"害"的认识，属于价值观的范畴。它属于人对周围的客观事物（包括人、事、物）的意义、重要性的总评价和总看法，因此是随着知识的增长和生活经验的积累而逐步确立起来的。当"趋利"的行为确实使个人获得了一定的利益（泛指各种利益，包括成功避开危险、赢得他人的认可等），则个人对最初判断为"利"（而不是"害"）的感知将得到强化，逐步融入个人的价值观念中，成为其价值观念的一部分，并作为以后判断利害的依据，同时，这种趋利或避害的行为也将作为经验积累下来。尽管有些时候，这种"趋利"的行为与"得到利益"的结果仅仅是时间上的巧合。

综上所述，以上分析对于执行力管理最直接的现实意义集中于两点：一是我们可以从"利"、"害"两方面提炼出相关内容，以作为正激励和负激励的内容，从而形成管理目标执行者的行为之内在"意愿"的诱因；二是我们可以通过"利"、"害"两方面的反复强化，加强管理目标执行者的主观认识，并通过思想措施帮助他们形成价值观，以成为人们付出行为的判断依据。

管理实践中，人们值得采取的措施，以形成意愿的机制有二：一是将"利"、"害"内容作为日常激励内容；二是对相关"利"、"害"内容实施强化。

### （一）将"利"、"害"内容作为日常激励内容

趋利的行为对应"得到利益"，避害的行为与"避免了危害或减少了损失"对应。将"利"、"害"内容作为日常激励内容，就是一方面着眼于满足人们需要的内容，给人们创造有"利"的希望，即在可能的情况下，人们需要什么就满足什么，从而激起人们的动机；另一方面着眼于帮助人们远离恐惧的可能条件，给人们开辟避"害"的路径，即人们恐惧什么就惩罚什么，从而反向激发人们的动机。

这里的利益满足的客体有物质、能量和信息，也就是可以给人们带来财富的资源，或者说给人们带来进一步效用的财富。

资源是财富的原料，尽管资源不等于财富——在物质、能量及信息的形态还不能够满足人的直接利益要求的时候，它是资源，但当其形态发生转换，能够满足人的利益要求的时候，资源就演变成财富。

财富是效用的原料，尽管财富不等于效用——财富不被使用，不会有效用；财富不被需要它的人使用，也不会有效用。但是，效用终归是人的满足感和幸福感。物质、能量作为财富可能容易理解，但信息也是现代财富——信息是一种特殊的物质或能量，它一定以某种物质或能量为载体、为条件。如对生产经营有用的信息，是资源；对生活有用的信息，是财富。

利益满足的最低标准是维持生命；利益满足的最高标准是随心所欲。从人类的历史看，满足最低标准利益所需要的财富量几乎可以说没有什么改变。亚当和夏娃要吃饱肚子和现在的人要吃饱肚子，所需要的热量不会很悬殊，虽然提供这些热量的形态有所不同。不过，人们的心愿和欲望则是没有止境的，不管是从任何一个个人来说，还是从整个人类来说，欲望都是无穷无尽的。也就是说，人总

有不满足的地方，总有不满足的时候。这种欲望与已经得到的满足之间的永恒距离，就是推动个人和社会向前迈进的动力。

利益满足的保障是制度。生命体的活力在于每一个细胞的活力；同样，组织的、社会的、国家的活力，也在于每一个个人的活力。人是社会产物，人在社会联系中、在互相帮助中才能更充分地满足自己的利益。在人与人的交往中，能否获得利益，是害人利己，还是利人利己，这些都依赖于组织制度、社会制度的规范。

## （二）对相关"利"、"害"内容实施强化

激励在管理中的作用人人皆知，但是如何使激励有效，却使许多富有经验的管理权威也挠头。从经济学的逻辑看，激励能否有效取决于以下条件：第一，激励所提供的东西是激励接受者所需要的东西，并且能引起激励接受者的获得欲望；第二，激励所提供的东西必须具有稀缺性和排他性，也就是说要使接受者获得某种独享；第三，激励效用是曲线而不是直线，收益和付出的关系有增有减，相关度有大有小、有正有负，要合理运用，既不能"过"，也不能"不及"。在这些前提下，"强化"便具有重大的理论和实践意义。

对相关"利"、"害"内容实施强化，其基础原理是可操作性条件反射。事实上，人们趋利的心理在没有得到利益时，会对最初对利害的判断产生动摇，同时对这一利害的感知将会被削弱，并且这次的不成功的趋利（或避害）行为将成为教训积累下来，影响下一次对同样情景的反应。当同样的情景再次出现时，尽管之前有些潜意识的、细微的削弱，个人仍然会做出同样的利、害判断，但由于之前积累下来作为教训的"趋利"的行为没有产生利得，个人会调整趋利的行为。

对相关"利"、"害"实施强化的核心内容是：如果一个人做出组织所希望的行为，那么组织就与此相联系提供强化这种行为的因素；如果做出组织所不希望的行为，组织就应该给予惩罚。

过去，人们一般看到的是"刺激→反应"模式，也就是关注那些引发行为的刺激。这种刺激能使行为者产生反应，所以具有激励作用。但这种激励不一定有效。因为这种模式是先有刺激后有行为，因此行为者得到刺激不见得会产生相应行为。通俗地讲就是"有钱能使鬼推磨"，而拿了钱的鬼不见得会去推磨。这种模式下，刺激对其后的行为无法形成有效的制约，而且具有被动性。所以，在现实中依据这种模式进行的激励，往往不尽如人意。很多管理者会遇到这种困境：例如，不发奖金不干活，但发了奖金不见得就有积极性；没钱的时候觉得有了钱

就一切好办，有了钱才发现钱也不是万能的。

鉴于传统激励模式的缺陷，对相关"利"、"害"内容实施强化，就有必要采用"反应→刺激"模式。也就是关注行为结果给行为者带来的刺激，据此实施强化。按照这一思路，激励不能局限于行为前的刺激，更重要的是注重行为后的结果。某种行为出现后，如果会带来具有强化这种行为的后果，反复持续，就能使行为与强化之间形成很强的相倚关系。这样，管理者就可以通过强化来调节这种行为。尽管管理者可以调节强化物的种类、频率、强度，但归根到底，激励作用是由执行者自身行为产生的，而且会使强化对后续行为形成有效制约，进而具有主动性。例如，能不能拿到奖金，不是由领导说了算，而是由工作任务执行者自己的行为决定。管理者的作用，不在于直接给被管理者提供刺激，而在于调整行为与强化物之间的相倚关系。

当然，对"反应→刺激"模式而言，也需要区分外部环境的强化和行为本身的强化。一般来说，在行为发生后的强化有两种：一种是强化的内在相倚性；另一种是强化的外在相倚性。所谓强化的内在相倚性，是指行为本身的结果所产生的强化效应。比如，一个科技人员，他的某种新发现会使自己沉浸于这种发现之中，甚至为之探根究底而废寝忘食。这里表现出的是内在相倚性。所谓强化的外在相倚性，是指行为发生后来自外部的强化效应。比如，科技人员的这种行为也会得到上司的表扬或者同事的赞许。没有这种行为就得不到相应的表扬和赞许，这里表现出的就是外在相倚性。在管理活动中，这两种相倚性所形成的激励都应该予以重视。

对相关"利"、"害"内容实施强化，在操作性方面，除了应注意到强化的持续性、适应性等问题外，还应注意强化的渐进性、时效性、正面性等方面。

强化的渐进性包括两个方面：第一，对行为强化的力度要有层次性和持续性；第二，对行为的期望不能设置太高的标准。例如，针对同样的行为，一次给某人50美元进行强化，可能不如每次给他5美元而分为10次的强化效果好。另外，人的行为不是一次性形成的，而是有一个连续形成的过程。所以，塑造人的行为，应该采用连续接近的方法，对趋向于所要塑造的反应方向予以不断强化，直到引出所需要的新行为。还有，对行为人来说，强化是以相应行为的发生为基础的；对管理者来说，总是当行为达到一定标准才给予强化。如果给这种行为设置的目标过高，行为者不能达到，那么强化就不可能出现。

强化的时效性包括两个方面：第一，强化本身要具有时效性；第二，对强化的反馈要具有时效性。强化某种行为，依赖于行为人感到或者看到自己行为的结果。只有在这种情况下，行为人才能获知自己的这种行为能否得到强化，它究竟会给自己带来什么。对于管理者而言，也需要及时看到强化的效果，才能恰当实施和调整后续强化手段。这需要及时的双向反馈。强化的媒介是强化物。要使某种强化物对某种行为具有强化作用，前提是要使行为与强化物之间形成紧密的相倚性联系，尤其是条件性强化物更是如此。所以，反应和强化物的出现之间如果有延迟，反应概率则较低。当反应与强化物之间的时间紧密相连时，行为和强化就能形成很强的相倚性联系；反之，随着两者间隔的延长，相倚性联系就会弱化，强化的效果也会不断打折扣。

强化的正面性，主要主张以正强化为主，以负强化为辅。正强化使合意行为的发生概率增大，而负强化使不合意行为的发生概率降低。现实告诉我们：当行为的结果会带来愉快和满足，或者能消除不快和厌恶时，人们往往乐于接受，不会产生情绪上的不良反应，如恐惧、焦虑等，这恰恰是正强化的效用。管理的基本目的是促进人们干正事，而不是防范人们干错事。如果负强化优先，就失去了管理的存在价值。所以，正强化是必须采用的手段，而负强化是不得不用的手段。

总之，追求快乐和逃避痛苦是人的本性，只有充分尊重人性才能够把一切与人有关的事情做好；追求快乐和逃避痛苦是人的本性，只有从人的本性出发去研究人类社会才会对各种社会现象做出正确的解释。

# 四、能力机制重善任

高效能的执行力除了执行者有高度的执行意愿之外，其执行能力也至关重要。现实中，管理者总是埋怨人才缺乏或是员工能力不足，却常常没有从另一角度去反思自己是否因人制宜、量才施用？自己是不是把宝贝放错了地方？

一家超市招聘，人力资源部经理在向老板汇报工作时抱怨：人员招聘实在太难——没有合适的人选。老板把资料拿过来一看，结果发现在这些应聘者的资料上分别被标注"吹毛求疵、谨小慎微、眼尖嘴利、斤斤计较、喋喋不休"等评语。老板心想：这些人个个有特长，怎么说没有人可用呢？于是他逐一在上面批示："吹毛求疵"的人当食品质量监督员；"谨小慎微"的人当收银监督员；"眼尖嘴利"的人当服务质量监督员；"斤斤计较"的人当仓库验收员；"喋喋不休"的人当团购推销员。这么一来，本来的无用之才反倒一个个都成了公司"干将"。

事实上，一个人的长处与短处是辩证的、可以相互转化——"短"处可能变成长处。缺点突出的人，往往很有特点和个性。

宋曹玮镇守秦中多年，屡次要求朝廷派人代替他。宰相王旦推荐了李及，大家都认为不妥。王旦说，我用李及，不是用他的才能，而是用他的个性。曹玮守边疆，四周蛮夷宾服，如果派个聪明人去，必然要改变他的做法，反而会引起祸乱。李及严谨忠厚，就会遵守曹玮留下的制度，边疆也就安稳了。

"高者未必贤，下者未必愚。"任何一个人，总是优点和缺点共生，长处与短处并存。作为一个管理者，用人之长，已属可嘉；用人之"短"，更为难得。

清朝军事家杨时斋就很善于用人之"短"。杨将军认为，军中无人不可用。"既如聋者，宜给左右使唤；哑者，令其传递密信；跛者，令其守放炮坐；瞽者，让其伏地远听。"杨时斋深知，聋者因耳塞少听可免泄军情；哑者守口如瓶可免添词造语；跛者艰于行走而善坐；瞽者目弱而耳聪。的确，杨时斋明白"长"兮"短"所倚，"短"兮"长"所伏这个道理，以事实证明：只要用人恰当，"短"处可能变成长处。

国外有句谚语：垃圾是放错地方的宝贝。"垃圾"尚且如此，可见"人"更需有用武之地。事实上，用人者是活的，有"短"处的人也是活的。只要是人，注入活力，给予动力，稍加压力，往往就会成为组织的称心宝贝。

由于人才选用是否得当这一问题已成为一个组织生存和发展的重要保证因素，因此当今世界各类组织都极其重视人才的选拔和任用，甚至把选用人才、知人善任列为领导工作的根本任务之一。被人称为"经营之神"的日本著名跨国公司"松下电器"的创始人松下幸之助就曾总结说："我的企业之所以成功，是因为我能善用不同的人才。"美国当代著名管理大师卡耐基先生更是认为，要想掌握高超的用人之道，必先要做到知人善任。

"知人善任"本出自中国，汉朝班彪的《王命论》文言："盖在高祖，其兴也有五：一曰帝尧之功裔，二曰体貌多奇异，三曰神武有征应，四曰宽明而仁恕，五曰知人善任使。"这里"知人善任"的意思是指：善于认识人的品德和才能，并最合理地使用。其"知"，即了解，知道；其"任"，即任用，使用。进一步讲，这里的"知人"，就是指要了解人，主要是对人的考察、识别、选择；"善任"，就是指要善于用人，主要是对不同的人的使用要恰当。结合现代管理实践综而析之，"知人善任"就是要认真地考察组织目标执行者，确切地了解他们，把每个任务执行者都安排到适当的岗位上去，充分地让他们发挥自己的特长、施展才干。这是现代管理工作的根本任务之一。

通俗地讲，一个组织或是一项任务就好比一部机器，有了先进的设计、合理的结构和科学易行的操作规程，还必须有高质量的操作人员。毛泽东思想中的"路线确定之后干部就成了决定因素"，指的就是这个意思。但是，要想操作好"机器"，把不擅长操作的人培训成会操作，这是办法之一；而更有效的办法，则是让会操作、擅长操作的人操作，即知人善任，这种办法可能比前者意义更大、更高效能，这是办法之二。

先圣老子说"知人者智"，意思是：认识人才，发现人才，称得上有智慧。这句话虽然过去了大约 2500 年，但老子的管理思想在历史长河里，在当今现代组织管理中仍然闪烁着光辉。

在日常管理工作中，"知人善任"至少包括三个内容：第一，知道哪些人是人才；第二，知道这些人是哪方面的人才，或者哪种类型的人才；第三，知道把这些人放在什么位置上最合适。可见，要做到知人善任，就要先从了解人的特长开始——知人善任，首要是知人。知人者不但要勤于去知，还要舍得花时间认真考察。同时，管理者要真正做到"善任"，就应该从事业的全局出发，充分考虑人才的具体特点，把他放到合适岗位上。假如不把各人的才能用到最能发挥其作用的地方去，那对人才本身是一种压制，对事业发展的既得资源也是一种极大的浪费。

每个人的长处和才能各属特定类型，有的擅长分析，有的擅长综合；有的擅长技术，有的擅长管理；有的精通财务，有的善于交际。特定类型的才能应与特定的工作性质相适应，如此才能人尽其才。工作对人的要求不同，才能与职务应该相称，给予人的职务应最能刺激他发挥自己的优势。职务要以其所能和工作所需结合，即"职以能授"，这样，既不勉为其难，也不无所事事。用其所能，扬其所长，其工作自然积极，管理效能也必然提高。

三国时期，"知人善任，唯才所宜"就是曹操的制胜法宝。如崔琰和毛玠，他们作风正派，清正廉明，于是曹操就让他们去主持"组织部"和"干部部"的工作，主持选拔官员。果然，经他们两个选拔推荐上来的人个个都是德才兼备的难得人才。再比如枣祗和任峻两个人，他们的特点是任劳任怨，曹操就让他们去屯田，结果曹操的屯田制得到了创造性执行，因此曹操也获得了丰厚的粮草和坚实的经济基础，从而为其后来取得霸主地位打下了坚实基础。

所以，管理大师卡耐基也根据多年的经验总结出：不同工作职位有不同要求，不同的人才适合从事不同的工作。如某人既能统观全局，又善于协调指挥，还善于识人用人，其组织才干出众，又有雄才大略，这种人便属帅才，就应放在决策中心做领导工作；某人思想活跃，兴趣广泛，知识面宽，既有综合分析能力，又善议事且直言不讳，还有求实精神，无世俗杂念，这种人便是优秀的反馈人才，应选为智囊；有的人忠实坚定，耿直公正，身正行端，平易近人，那就应该让他们从事监督工作，如此定能做出一流的成绩；有的人对领导意图心领神会，对领导的指示也能忠实执行，既埋头苦干，又任劳任怨，这种人才实在就是难得的执行人才，让他们担任办公室主任、秘书，一定能把工作做好。

总之，各种人才应该各得其位。现代领导者必须善于区别不同人的不同才能，让他们在最合适的岗位上发挥作用。如果让优秀的反馈人才去执行行政事务，必然"犯上多事"；反之，如果让行政事务人才当智囊，岂不"自欺欺人"？可见，世上无无用之人，贵在所用恰当。

当今社会全球经济一体化进程日益加速，市场竞争日益加剧。中国的经济组织特别是中小型民营企业的发展，受到日益严重的挑战。在竞争中谋求发展，是每一个中国经济组织特别是中小型民营企业的领导人都无法回避、也回避不了的问题。

剖析中国经济组织问题频繁、中小型民营企业寿命过短等问题，虽然不同组织其具体原因各有不同，但其本质问题是共同的，那便是这些组织普遍都缺乏严格科学的管理。进一步说，就是问题出在"人"上。

可见，"人"是一个组织生存和发展最重要的条件。任何一个组织，包括中小型民营企业，其员工队伍都是由不同性格、不同道德素养、不同文化知识水平、不同工作能力的人构成的。他们中不乏德才兼优者，组织领导者抑或是中小型民营企业的领导人或组织者，要想把所领导的组织创建成一部运转自如的机器，其首要任务是正确地认识组织中的不同成员，认清他们中谁是贤者、谁是智者、谁是能者、谁是工者。而知人不明，任人不善，则是组织领导者的大忌。

因此，现代组织的管理最重要的、首要的内容，就是对人的管理，然后才是对事的管理。组织管理的首要目标，就是要建立起良好的知人善任的机制。

### （一）要慧眼识人

在选人的过程中，要求管理者先放下个人主观喜好，尽可能以客观、平和的心态，立足于组织的未来发展来对待人才的识别和引进。选人要与具体工作任务以及工作任务的发展相结合，合理确定工作任务对人之专长的需求。同时，从长远发展要求出发，"识人"还要特别注意考察"人"的学习能力，因为在知识更新换代日益加速的形势下，与时俱进的最有效措施便是、也只能是"学习"。

### （二）要理性育人

现代组织多由技能互补性个体组合而成，成员来自四面八方。为了使这样的团队能够灵活、快速地适应组织目标及社会环境的需要，客观要求组织成员具有分析和解决问题的技能及专长，并能形成合力，同时要灵活善变，迅速适应工作转换及环境变化。所有这一切，都有赖于思想与技能培训。

因此，现代组织一定要舍得在人才培养方面投入，只有合理投入才能有相应的回报。同时要打通人才的内部成长通道，为每一位做出贡献的组织成员提供良好的发展平台，并与组织成员共同设计合理的职业生涯规划。当组织成员能力确实超出组织的现有需求，而组织现有资源和能力又难以满足组织成员发展的需求时，组织要有勇气为他们实现自己的追求提供机会，或为他们创造价值实现的平台。

### （三）要专注用人

每一个人都有自己的兴趣爱好，也有自己的人生规划。因此，各类组织应该

专注于用人之长，充分结合个人兴趣爱好和人生规划，在用人过程中尤其充分发挥组织成员的专长，并根据有关变化及时调整，动态地实现人的专长能力与工作任务的合理匹配。

### （四）要宽厚待人

管理工作是用人之长，而不是察人之短。事实上，人无完人，谁都不可避免地会犯些错误，这时候就需要管理者以宽厚之度、宽容之心来处理。而管理者的心胸有多大，下属的执行力就有多大。善于宽厚待人的组织领导者，会不断把组织带到一个又一个崭新的高度。

### （五）要真诚留人

激励机制是组织留人的重要手段，健全的激励机制不仅体现组织高层领导的智慧，更体现一种真诚，这种真诚是对人尽其才的一种回报和尊重。

除此之外，任务执行过程中，管理者要真诚地让执行者明了任务。任务必须简单明了！因为简单才有更强的可操作性；因为明了才好更准确地把握。

鸟儿飞翔在天空，因为它适应天空；骏马奔驰在原野，因为它适应原野；猛兽出没于山林，因为它适应山林；鱼儿潜游在清溪，因为它适应清溪。你有你的适应性，我有我的适应性，大家各有自己的适应性。

金无足赤，人无完人。在人类已有的知识、经验、能力的总和面前，任何伟大的天才都只是适应了社会的某一个方面的需求而已。所以，"阿里巴巴"集团创始人马云曾调侃："天不怕，地不怕，就怕 CFO 当 CEO。"由此可见，组织管理中的知人善任，就是要充分发挥每一个人的才干，这样才能切实高效地让更多的人有能力胜任更多的工作，从而高效能地建立起组织任务执行中的个人能力机制。

# 五、条件机制重支持

任何事物都不是孤立存在的，它每时每刻都与其他事物互相联系、互相作用。换个角度说，任何事物的发展变化，除自身因素外，也都离不开一定的外部条件的作用。这是事物存在和发展的基本规律，并且外部条件会通过影响事物的内部矛盾关系进而加速或延缓事物的发展。因此，辩证法认为，内因和外因是辩证统一、互相联系、互相转化的。由此可知，高效能的执行力除需要执行者高度的执行意愿、执行能力外，也往往还需要良好的有利执行条件，而且这些条件对于事物的变化发展，常常能够起制约、加速或延缓的作用。比如一项尖端科研工作，虽然能够极大地满足科研人员个人价值实现的欲望，同时承担这项科研任务的科研人员个个都是相关专业领域的顶尖人才，但组织上不给予相关科研设备，甚至不保障科研人员的科研时间，或者科研人员重病在身的老母亲无人照顾，显然，在这种情况下，科研人员的执行力必定不能高效发挥。

甲午海战前夕的清光绪十六年间，日本国制定"征讨清国策"，意欲占领朝鲜，进攻中国。然而此时大清朝廷上下、京城内外，处处歌舞升平。让日本军队闻风丧胆的北洋水师，此时同样腐化堕落，军心涣散。20多个民族精英、留洋欧洲学成归国的高级将领，竟也大多醉生梦死不思军国大事。各舰舰长更是有的趁机大肆贪污、中饱私囊；有的趁机娶妻纳妾、贪图享乐、荒淫无度——右翼总兵、北洋主力定远舰管带刘步蟾自觉才华盖世却怀才不遇，于是整天躺在烟榻上吞云吐雾吸食鸦片；济远舰管带方伯谦在福州原有家室，又在威海新纳了两房妾，一个19岁，一个16岁；李鸿章的合肥老乡、14岁即投靠淮军跟随李鸿章刀头舐血并于李鸿章有救命之恩的黄瑞兰，作为主管旅顺炮台弹药库而官至直隶候补道的朝廷大员，竟不惜牺牲将士性命，以石头冒充炮弹，把买炮弹的军费撸进个人腰包；上行下效的众多士兵也是擅离职守、点名不到，夜夜上岸寻欢作乐。为了严肃军纪，打造虎狼之师，李鸿章在莅临刘公岛杀黄瑞兰、赦方伯谦、激刘步蟾，从而整顿北洋水师之前，得知致远舰舰长邓世昌广东老家毁于飓风，其妻儿老母栖居在临时搭起的板棚之中，于是迅速派员帮助邓世昌家修缮房屋，

并妥善安置好其家人。邓世昌在没有后顾之忧的情况下，发誓从此有国无家，视船如家。他领导的致远舰出淤泥而不染，号令森严。由于邓世昌身作表率，致远号全舰无一人擅自上岸，不但保持了自身超常的执行力，也为北洋水师重振雄风做好了榜样。

可见，一个组织或组织的领导者、管理者，如果能给执行者更多关心、爱护、帮助，尽可能多地为任务执行者提供相关支持和为创造全力以赴的执行条件，如此必定相应提高执行者的执行力。

说到"条件"，在商务印书馆出版的《现代汉语词典》中，被注释为"影响事物发生、存在或发展的因素"，如自然条件、工作条件、客观条件、主观条件等。李鸿章为邓世昌家修缮房屋，并妥善安置好其家人，其实就是在为邓世昌创造生活条件，让邓世昌有更好的执行工作任务的条件。

管理实践中，"条件"一般有三种，即充分条件、必要条件、充分必要条件。逻辑推论中，涉及最多的可能是充分条件和必要条件。

充分条件是指这个条件能产生某个结果，但不需要这个条件也有可以产生这个结果的其他条件。即如果 A 能产生 B，那么 A 就是 B 的充分条件。其中 A 为 B 的子集，即属于 A 的一定属于 B，而属于 B 的不一定属于 A。现实中常有可以用"如果……那么……"、"若……则……"和"只要……就……"来表示的充分条件现象，例如：如果 12 月销售额保持全年平均发展速度，那么我们公司就能成为整个行业年度第一名；中央军委联合参谋部命令，若飞机不能降落则参战官兵直接伞降 803 高地；只要在位 1 分钟，就应干好 60 秒。

必要条件是指某个结果必须要有这个条件，没有就不行。即如果没有事物情况 A，则必然没有事物情况 B，也就是说如果有事物情况 B 则一定有事物情况 A，那么 A 就是 B 的必要条件。从逻辑学上看，B 能推导出 A，A 就是 B 的必要条件，等价于 B 是 A 的充分条件。现实中常常可以用"只有……才……"或"不……不……"来表示必要条件现象，例如：一个制度、一个政府，只有不断地听取批评意见，才能不断改进工作，不断进步；不把这个杀人魔鬼处以极刑就不足以平民愤。

较之充分条件和必要条件而言，管理工作中尤其要重视充分必要条件的创造。

充分必要条件也即充要条件，是逻辑学在研究假言命题及假言推理时引出的，意思是，如果有事物情况 A，则必然有事物情况 B；如果没有事物情况 A，则必然没有事物情况 B。A 就是 B 的充分必要条件，简称"充要条件"，反之亦然。即如果能从命题 P 推出命题 Q，则也能从命题 Q 推出命题 P。

现实中表达充分必要条件的情况不太常见。在逻辑学和数学中一般用"当且仅当"来表示充分必要条件。例如，当且仅当竞争对手甲退出投标时，乙才会报一个较高的价位。又如，人不犯我，我不犯人；人若犯我，我必犯人。

由上可知，任何组织的管理者和领导者，在制订工作计划、布置工作任务时，必须要认识和分析工作任务执行中的充分条件、必要条件，特别是充分必要条件，并积极创造相关条件，给予相关支持，以保证下属高效能执行力的建立。

当然，除直接的工作条件外，在当今以人本管理为主流的现代组织管理中，开明的领导者和管理者还须重视为组织目标执行者积极解决各种后顾之忧。

顾名思义，后顾之忧就是在前进过程中，会回头去担心的"后面"的问题。这些问题可能是家庭问题、前途问题，抑或是爱情问题。例如：党的群众路线教育实践活动进入收官之际，共有 6484 名因家住城里而不深入群众，不能把工作放在第一位，常常往家跑，人们笑称的"走读干部"在专项整治中被查处。这一方面意味着中央反"四风"不仅剑指吃喝奢靡等"明疾"，另一方面还意味着中央深入到党员干部的工作态度、考核考勤等"庸懒散奢贪"等"暗症"。但从组织高效能执行力的角度看，这些基层干部之所以出现"走读"现象，可能与基层缺乏安居乐业所需要的优质教育、医疗资源，以及各种生活配套设施不无关系。所以在现有情况下，要解决乡镇干部"走读"问题，最根本的是要加速城乡一体化建设，不断缩小城乡差别，以至无差别。当然也要健全城乡公务员合理平等的晋升机制，如 2014 年 9 月中央办公厅就印发了《关于加强乡镇干部队伍建设的若干意见》，提出要在乡镇机关设置主任科员、副主任科员，以解决困扰多年的乡镇公务员职级问题。

事实上，人们在社会中总是立体的，每一个人都扮演着多重角色。虽然在组织之中，我们每一个人都有岗位，因此理所当然要承担起工作职责，为组织目标贡献力量。但在父母面前，我们每一个人都为人儿女，"百善孝为先"，所以，我们天经地义地应当承担孝敬父母的责任。在子女面前，我们每一个人都为人父母，十年树木百年树人，因而我们必须责无旁贷地履行培养教育后代的人类再生产使命。

如此，关心爱护组织成员，便是调动组织成员积极性的充分必要条件。尽管后顾之忧平常表现的多为个人之忧、小事之忧，然而从高效能执行力管理之道高度考察，后顾之忧实质上是导致组织任务执行者不能全力以赴的因素。换句话说，消除或减少那些在组织任务执行过程中的个人之忧、小事之忧，就能最大可能地让组织任务执行者做到全力以赴，进而最大限度地提升组织整体执行力。因此，解决组织成员的后顾之忧，不仅在激励内容上有利于满足人们深层次上的心理需求，增强激励功能，而且有利于更好地体现组织的价值，从而增强组织的凝聚力和战斗力。

解决组织成员后顾之忧的有效形式是组织支持，同时组织支持也是创造高效能执行力条件的实现途径。起源于20世纪40年代欧美国家的"员工援助计划"，将是一套在我国即将兴起的组织支持系统。目前世界500强企业中，有90%以上建立了"员工援助计划"；美国已经有将近1/4企业的员工享受"员工援助计划"服务。

员工援助计划（Employee Assistance Program，EAP）是由组织出资为员工设置的一套系统的、长期的福利与支持项目。通过专业人员对组织的诊断、建议和对员工及其直系亲属提供的专业指导、培训和咨询，旨在帮助解决员工及其家庭成员的压力管理、职业心理健康、裁员心理危机、灾难性事件、职业生涯发展、健康生活方式、家庭问题、情感问题、法律纠纷、理财问题、饮食习惯等全面的个人问题，以提高组织成员在组织中的工作绩效。

员工援助计划一般涉及以下服务：

（1）管理员工问题、改进工作环境、提供咨询、帮助员工改进业绩、提供培训和帮助、将反馈信息传递给组织领导者，以及对员工和其家属进行有关EAP服务的教育。

（2）对员工问题进行保密以及提供及时的察觉和评估服务，以保证员工的个人问题不会对他们的业绩表现有负面影响。

（3）对那些拥有个人问题以致影响到业绩表现的员工，运用建设性的对质、激励和短期的干涉方法，使其认识到个人问题和表现之间的关系。

（4）为这些员工提供医学咨询、治疗、帮助、转介和跟踪等服务。

（5）提供组织咨询，帮助他们与服务商建立和保持有效的工作关系。

（6）在组织中进行咨询，使得政策的覆盖面涉及有关不良现象或行为，并进行医学治疗。

（7）确认员工帮助计划在组织和个人表现中的有效性。

员工援助计划的具体操作，可以致力于以下六个方面的工作。

（1）工作环境设计与改善。包括：①改善工作硬环境，即改善工作物理环境、工作条件以及工作场所的设施或辅助工具；②通过组织结构变革、工作氛围优化、企业文化建设、工作轮换等手段改善工作的软环境，在组织内部建立一个舒适安全并具有支持性的工作环境，丰富员工的工作内容，发展和谐的组织文化。

（2）压力管理、挫折应对、情感调节等系列培训。旨在帮助员工掌握应对压力的基本方法，改善应对方式，提高适应能力。可以从改变对于压力的看法开始，最终改变对工作的看法，学会处理压力问题，从而增强对于工作压力的承受力。

（3）沟通训练和人际关系培养。良好的人际关系和交流不但是心理健康的表现，也是人们最基本的心理需求。一方面，通过培养和训练，使员工掌握人际关系技巧，提高处理人际关系的能力，建立起心理支持系统；另一方面，帮助组织领导者、管理者引导组织内的人际关系朝着积极的方向发展。包括建立合理的组织结构，创造有利的群体环境和交往气氛，改善和促进上下级之间的沟通和交往，理顺组织成员之间的各种关系，为整个组织建立起系统有效的沟通渠道和沟通网络。

（4）职业心理卫生保健。由专业人员采用专业的心理健康评估方法，评估员工心理生活质量现状，发现导致问题产生的原因，并提出解决方案或建议。对员工的恋爱、婚姻、家庭、子女教育、个人心理困扰等一些具体个人问题，提供及时有效的咨询、辅导和支持、帮助；通过心理健康调查，根据实际情况和具体要求，举办各层次具有针对性的职业心理健康讲座、咨询、团体辅导（培训）以及搭建专业心理服务网络平台。

（5）职业生涯规划。对个体作出专业的诊断与详尽的评估，然后根据组织的规范，针对个体的具体情况作出合适的个性化设计（包括组织内的职业生涯设计乃至人生的规划）；继之以适当的修正与持续的督导，促进个人潜能的充分开发与价值的实现，同时满足组织所要求达成的价值需求。

（6）心理危机干预。当员工的不良嗜好、身心疾患困扰、家庭或婚姻生活失败、降职或解雇、创伤性应激、暴力或自杀倾向等个人问题引发心理危机的迹象时，通过个别心理咨询、小组辅导、团体训练等一系列干预方式，帮助员工掌握提高心理素质的基本方法，增强对心理问题的抵抗力。

# 六、行为机制重文化

现实中，虽然"考评"机制最能立竿见影影响人们的行为，但它往往在短期"效益"与长期"效能"方面难以统一，因此，我们这里出于"高效能"发展考虑，着重讨论以文化为导向引领人们的行为。

事实上，执行力总是表现为一定形式的行动力，而行动力的强弱往往又取决于执行态度的积极与否及其程度。同样一件事，可能组织制度只能决定员工是否需要出现某一行为或不同行为之后能够获得的奖惩，而组织文化却能决定员工是否以积极的态度付出行动以及其所付出的行动是否最大效能地表现。

有这样一个真实的案例：某企业一司机代表公司到机场接一位美国客户。途中，美国客户赞赏司机正播放的一首歌曲特别动听。说者无心听者有意，几天的工作完成之后，这位司机照旧开车送美国客户去机场。当美国客户进港时，司机送给客户一张光盘，并告诉美国客户：他喜欢的那首歌曲，已复制在这张光盘上，希望他能喜欢。美国客户很好奇，不禁问：你为什么要送我光盘？司机回答：因为我们公司提倡尊重客户每一需求，创造条件满足客户每一需求。

这就是"文化"导向出的员工行为。从以上故事中，人们不难发现：任何制度都无法细化到规定员工要用心为客户送光盘这种"小"事，但在组织文化的作用下，其导向功能则自然形成了员工的这种用心行为。因此，任何组织要想打造高效能的执行力，就必须十分注重组织文化对于组织成员行为的导向作用。

组织文化是一个组织由其价值观、信念、仪式、符号、处事方式等组成的特有的文化形象。它是一个组织在长期的实践活动中逐步形成的，为全体员工所认同并遵守的，带有本组织特点的使命、愿景、宗旨、精神、价值观和理念，以及这些理念在实践活动、管理制度、员工行为方式与组织对外形象的体现的总和。

组织文化是一个组织的灵魂，是推动组织发展的不竭动力。它包含着非常丰富的内容，其核心是组织的精神和价值观。这里的价值观不是泛指组织管理中的各种文化现象，而是组织或组织中的成员在从事各种实践活动时所持有的价值观念。

价值观是指组织在长期的发展中所形成和遵循的基本信念和行为准则，是组织对自身存在和发展的意义、对组织目的、对组织成员和顾客的态度等问题的基本观点，以及评判组织和其成员行为的标准。这是组织文化之所以然的决定性因素，是全部组织文化的源泉，属于组织文化结构中的精神层文化。

　　精神层文化是组织文化的本质，也是组织文化的基础。组织诞生于成员共同的精神追求，特别是创始人或领导人的追求。当然创始人最初的追求不一定可以固化下来，可能会发展变化，并且许多组织创始人存在没有追求而创业的动因，但他们对组织本质的思考必然会形成组织文化的精神来源。有的可能是随着经营管理的实践而逐渐发展和成熟起来的，有的也可能是环境的变化逼迫组织必须申明自身的价值追求。组织根本性的精神追求的明确，既可以在其他成员甚至咨询机构的帮助下进行确定，也可以是组织成员在一段共同的经历中逐渐认识到。这些精神理念形成组织一系列的基本假设，如组织肩负的使命是什么，未来的蓝图是什么，哪些价值观最重要。组织愿景也称共同愿景，是组织成员对未来共同的想象或愿望。但是愿景的产生不一定非要共同产生，常常是由领导人或经某些人员设计，再通过各种途径传播达到共同的认可。愿景认同的结果是共同的。总之，组织成员在精神上会形成稳定的、默契的、共同的认识，这就是组织文化的精神层。

　　如果用一棵树来比喻组织文化的不同层面，那么价值观就是根。根决定了树生命力的强和弱，而价值观既决定着组织当前的生存更决定着组织未来的发展。实际上，价值观就是一个组织安身立命的根本。具体而微到一个员工，大而化之到一个组织，选择这样做而不是那样做，就是因为这个员工或者这个组织的领导（管理层）秉承着与之相对应的价值观。组织所有的行为都是从价值观这个根上发出来的枝丫——价值观是从组织诞生的那一天起就有的，只不过它们有时潜隐在连秉承着它的人自己都看不到的心灵角落，有时彰显在办公室、网站、出版物等随处可见的地方，更多的时候体现在组织成员的行为及其选择之中。

　　有一个码头货运公司，它对厕所的等级分为五星、三星和一星标准。这家公司规定：有客人往来的区域和楼层，厕所的装修标准为三星标准；公司内部职员使用的厕所，只要没有客人往来，一般为一星标准。但是有一个地方，必须是五星标准，这就是码头工人所用的厕所！这里的厕所规格，实质上体现的就是该公司的价值观取向。在这种文化导向下，一方面，企业上下的各种日常行为定然处处体现出对码头工人的尊重与照顾；另一方面，在这种情况下，工人在心态上也定然会有一种优越的感觉，执行工作任务时必然会发挥出积极性和能动性。

可见，行为是价值观的外在反映。以事例说明：假设有人驾车行驶在郊外，天气良好，视野开阔，方圆3000米内没有行人、车辆，这时，他来到了一个十字路口，路口的红灯亮着，他会怎么做？停车等待还是毫不犹豫地继续行驶过去？抑或是减速观察？不同的选择恰恰反映了人们对这个情境以及情境背后潜存着的社会规则的潜意识看法和基本假设。其实，这些潜意识看法和基本假设就是个体或组织在探索解决对外部环境的适应过程中所发现、学习、创造和形成的，并且在潜意识中影响着个体和组织的行为方式。

在注重发挥组织大文化对于执行行为的导向作用的时候，各类组织还必须特别注重职工文化的作用。

职工文化是与组织文化相对应的文化形态，它以职工为本，是一种素质文化。职工文化是与组织文化相伴而生的一个概念——在一个组织中，组织文化更多表现为管理者群体文化，而职工文化则是处于组织执行层的职工群众的文化。职工文化是以劳模为代表的基层先进职工群体的价值理念为核心的，进而形成的价值理念、行为规范和精神风貌。

职工文化的外在形式，是那些启发职工直面自己需求、明确自己发展方向以及认识自己肩负使命、用以规范自己言行的活动；是那些用以提高职工自身文化素质与生理素质、更好适应社会的活动。概而言之，是那些用以反映职工心理、满足职工精神与物质需要的活动。

职工文化与组织文化是统一互补的关系。二者的关系具体表现为地位上对等、内容上互补和最终战略目标上一致。二者尽管在起点上不同，分别代表的是职工群众和管理者群体两个主体的文化，但在一个组织中，两个文化主体在地位上是对等的，二者缺一不可。两种文化的建设基础及其角度虽然不同，分别以劳模为代表的基层先进职工群体和以领导者为代表的高层管理者群体为建设基础，但两个群体在推动组织发展方面的作用是互相促进的，二者在内容上互补。两种文化在发展重点上各有侧重，分别以提升职工群众整体素质和提高组织战斗力为战略重点，但二者在终极目标上是一致的，都是为了实现组织又好又快地发展。

组织文化管理是组织管理手段，职工文化建设是职工素质建设工程。作为一种职工素质管理与提升的有效手段，职工文化建设是重视职工群众的主体地位和维护职工群众的合法权益，努力提升职工群体的科学文化、技能素质的现实举措，是我国实现"中国梦"和构建新型劳动关系的重要内容。任何组织管理效率的提高和市场竞争力的提升，不仅取决于优秀的组织管理者群体及其组织文化理念，而且也离不开组织成员整体素质的提高和先进职工文化的塑造。特别是企业之间的竞争，本质上是企业职工群众整体素质的竞争。因此，不但组织文化管理可以造就成功的组织，同时职工文化建设也可以打造出优秀的组织。大庆油田、鞍钢集团、青岛港、中国中铁等都是我国享誉全球的优秀企业，它们的成功就得益于塑造了以王进喜、郭明义、许振超、窦铁成等企业基层先进职工群体为代表的企业职工文化。

事实上，知识经济形势下的新型组织成员，不仅要拥有知识和技能等"硬素质"，更要有文化和理想追求等"软素质"。虽然职工群众的"硬素质"是"软素质"的物质基础，但"软素质"却是"硬素质"的精神动力。特别是在当前我国经济体制改革全面向"深水区"推进，社会体制改革逐步迈上法治化大道的"中国梦"实现过程中，社会全体职工群众的"软素质"更是有着特殊的时代价值。

与组织文化管理自上而下的过程相比，职工文化建设是一个自下而上的过程。虽然职工文化需要得到组织管理者群体的支持，但组织文化更需要得到组织成员（职工群众）的认同，否则组织目标就难以落实。进一步分析：组织文化的倡导者和推动者是以领导者为代表的少数组织高层管理者群体，而职工文化的推动者和运作者则是以基层职工群体为主的最大量的生产劳动（组织目标执行落实者）群体。由此可以看出，任何组织文化都可能受制于职工文化这块"土壤"，也只有根植于职工文化这块"土壤"。所以，职工文化管理是任何一个组织都必须重视的管理内容和方法——它是组织管理者提高管理效率更有效的手段。与"要我做"的组织文化管理相比，"我要做"的职工文化管理会取得更加高效能的管理效果。

形成文化导向的行为机制，最重要的是形成组织文化、职工文化，以及组织文化的各结构层次之间的互动关系，也就是要形成文化系统各个方面在组织内外部的传导机制，即要立足和围绕文化的精神层，创建或衍生出文化的制度层、表象层、社会层。

不同类型的组织会制定不同类型的制度，但这些制度必须反映出设计者不同的建章立规初衷。如此可见，制度层既是精神层的体现，也是精神层的保障。

而且，制度经济学认为，对行为的约束包含正式约束（法规，或者说狭义的制度）和非正式约束（道德，或者本书所指的精神层）。可见，并不是所有的行为都是由组织的规章制度决定的，有一些行为实际上是由精神层直接决定的。制度不可能无所不包，精神层的文化通过弥补制度的缝隙而维护着组织行为的一致性。

制度约束的结果直接导致了组织成员行为的一致性。而集体性的成员其行为结果会产生以下方面的影响：一起展示某种形象，一起达到经营业绩（对于非企

业组织来讲就是达到某种效果，完成某种职能），一起体现某种效率和作风。而且它们相互影响：效率会促进业绩，业绩会强化形象。所有这些即表现为组织的物质和行为构成的表象。

组织文化的社会层就是把一个组织及其外部利益相关者的互动关系定义为组织文化的社会关系层，简称社会层。它是组织同其社会环境相互反馈而形成的价值体现。社会层实际是组织文化的一个关系层面，它起着促进组织整体文化与社会经济文化交流的作用。

社会层使组织文化成为一个动态开放的系统，它能够通过与社会的相互反馈不断更新自己，保持健康的发展。

总之，组织文化如同组织的血液，其运行机制包含自上而下、自下而上的双向通道，以及由内而外、由外而内的双向接口。组织文化可以由上而下，从较高级、较深刻、较内向的精神层、制度层贯通到较低、较浅表、较外向的表象和社会层面，也可以由下而上，由低、浅、外的层面直接或间接地影响高、深、内的层面和直达精神层面，但一定要注意精神层文化这一组织文化的本质和基础。我们不妨来追溯某一组织行为、社会关系的精神内涵。例如，某房地产企业追求高度成长，于是社会上出现了大量不良舆论，但企业员工却并不以为然，这与公司领导偏执地塑造不同于社会普遍标准的"投机"文化有着直接关系。

为了使组织文化保持灵活的状态以适应环境的瞬息万变，各类组织都有必要及时从社会系统中汲取新的元素，保持常新的活力。事实上，社会层形成的组织文化由内而外、由外而内的双向接口，即为文化的新陈代谢提供了创新机制。

需要强调的是，组织文化的内外贯通，实质上是连接组织成员观念与社会公众观念的机制。文化的最内层和最外层本质上都是精神、价值层面的。所以良性的文化运行机制必须保持组织内外精神上的和谐，这应该成为文化管理的基本追求！

# 七、组织机制重团队

关于"团队"，我们在之前的"第四部分"中已经从工作队伍建设的角度作过较多的探讨。不过，作为先进的组织机制，我们在此不妨再不惜笔墨进一步强调之。

现实组织中，许多领导者喜欢将组织整体、组织中的群体或团体称为团队，其实这绝不是单单因为组织领导者对团队知识相对缺乏而对团队概念一知半解的口误，而更多的可能是对组织战斗力的一种向往。这些组织领导者之所以热衷于明知故犯，只因为"团队"有着一般组织不曾拥有的高度统一的共同目标、优势互补的集群能力、相互依赖的向心力量、自觉贡献的奉献精神。

团队是为了实现某种目标而由相互协作的个体组成的工作群体。普通工作群体组织一般由一群人进行相同的工作内容，从而实现组织部署的任务目标。如某企业销售部共有 12 名营销员，每一名营销员每年各自完成 500 万元以上销售任务，12 人即完成了全公司 6000 万元的年销售任务。而以团队为组织形式的群体虽然也是由一群人组成，但他们在分工协作的前提下各自扮演着不同的角色，并通过优势互补和有机协作，进而从事着不同的工作内容，最后共同完成组织部署的整体任务。如同样是这企业销售部的 12 名营销员，他们充分发挥每一个人的专长，有的专门从事前期电话沟通，有的专门从事商务公关，有的专门从事促成订单，如此分工负责，整体合成，最终共同完成全公司 6000 万元的年销售任务。可见，普通工作群体组织采用的是"$1+1=2$"的组织形式，而团队群体组织选择的则是"$1+1>2$"的组织途径。

用生活实例帮助理解，厨师培训班与军队炊事班即是由不同的组织形式所形成：前者是一般群体，后者则是特殊团队。比而较之，团队与一般群体的相异性，除本书第四部分阐述的五方面之外，从组织机制角度考察，还突出表现为以下六方面：

领导方面。作为正式群体应该有明确的领导人，而且其领导人一般由行政组织任命，并据职权行使指挥权；团队则不一样，其领导人多由民主推举产生，主

要据威信产生影响力，尤其团队发展到成熟阶段，成员常常共享决策权。"海尔"的"自主经营体"改革即是如此。

目标方面。群体的目标强调组织目标而忽视个人目标，但团队中除将组织目标作为主目标外，还围绕组织目标之前提，充分考虑个人目标，并使个人目标与组织目标相结合，甚至还可以产生自己的目标。

协作方面。协作性是群体和团队最根本的差异：群体的协作性是中等程度的，有时成员还有些消极、对立；团队是一种齐心协力的气氛，由于分工的存在，个体间的协作成为一种依赖性需要。

责任方面。群体的责任是层级性责任，即领导者要对工作结果负很大责任，成员一般只对工作过程负责；团队的责任是集体性责任，团队中每个成员一般一起相互作用，共同负责。

技能方面。群体成员的技能可能是不同的，也可能是相同的，并不强调互补性；团队成员的技能是相互补充的，是把不同知识、技能和经验的人组织在一起，形成角色互补，从而达到整个团队的有效组合。

结果方面。群体的绩效是一个个的绩效相加之和，团队的绩效是由大家共同合作完成的结果。

总结管理实践经验，我们归纳高效能团队的组织应当表现出以下主要特征：

（1）目标明确。团队的努力不是为了少数人的利益，而是每个成员都能从团队获益。因此，团队成员都应将团队利益摆在个人利益之上。同时，当以团队为组织形式时，目标和愿景一般由组织内的成员共同合作产生，所有的成员都应有共同的期望。这样便使所有的成员富有归属感，大家内心能够认定：这是"我们的"目标和愿景。

（2）各负其责。每个队员都应清楚自己的角色和职责，并知道个人行动对目标的达成会产生什么样的贡献，因此工作中大家都要能自觉发挥主动性和能动性。

（3）强烈参与。队员的才能是相辅相成的，彼此配搭才能达到最高效率，因此大家应彼此存在依赖性。如此，团队的成员身上需要总是散发出挡不住参与的狂热，大家相当积极、相当主动，一得到机会就会参与。

（4）对组织忠诚，对成员信任。队员应该没有不良的企图和动机。大家都单纯地为团队权益服务，真心地相互依靠、互相支持。大家要能表现出四种行为特质：一是治理人常向他的伙伴灌输强烈的使命感及共有的价值观，并且不断强化同舟共济、相互扶持的观念；二是提倡全员遵守承诺，信用第一；三是依靠伙伴，并把伙伴的培养与激励视为最优先的事；四是由于获胜要靠大家协调、互补、合作，因此鼓励包容异己。

（5）互相认同、畅所欲言。成员之间应该没有隔阂、没有猜疑、没有界线，彼此关系融洽，大家都认同群策群力有赖于大家保持一种真诚的双向沟通，于是自觉做到知无不言、言无不尽，使组织凝聚力日臻完美。

（6）团结互助。整个团队的根基建立在良好的人际关系之上，大家互相依赖，更互相关心、互相帮助，每位成员都会视需要充当相应角色，积极执行任务。

我们倡导将"团队"作为现代组织机制，正在于团队具有一般群体所不具有的特殊优势。所以，在团队建设过程中，组织层需要考虑五个要素，简称"5P"，即目标（Purpose）、定位（Place）、权限（Power）、计划（Plan）和人员（People）。

## （一）目标（Purpose）

对于一个组织来说，自从打算在组织内部进行团队化改造，就必须树立明确的目标，直至该团队完成使命。要明确：建立团队的原因是什么？希望团队能够为组织解决什么样的问题和完成什么样的任务？当然，团队的目标还有更广泛和深远的意义——共同、远大的目标可以令成员振奋精神，与组织的政策和行动协调和配合，充分发挥个体生命的潜能，创造超乎寻常的成果。

我们已经反复提到，人是社会性动物，有着一种自然的归属感。但在人类群体活动中，很少有像团队的共同愿景这样能激发出强大力量的东西。在团队这样的群体中，共同的愿景能够使得团队成员十分明确自己的角色和任务，如此把工作上相互联系、相互依存的人们团结起来，使之能够产生"1＋1＞2"的合力，从而真正组成一个高效的群体，更有效地达成个人、部门和组织的目标。如果团队各个成员的目标各不相同，那么这个团队的前景就会岌岌可危。

当然，团队的目标也不是一成不变的，以企业为例：在新产品开发出来以后，团队工作的重点毫无疑问地应该转移到增强它的竞争力上去；如果目标是提高客户对产品的满意度，那么团队的第一步就是如何提高服务质量等。

## （二）定位（Place）

团队的"定位"包含两层意思：一是团队在组织中的定位；二是团队成员在团队中的定位。

在团队建设中，团队在组织中的定位，首先要确定团队在组织中处于什么位置、面临的首要任务是什么、团队对谁负责、依据什么原则决定团队的成员和团队的各种规范。这里的"定位"考察的重点不是外部的竞争环境，而在于组织内

部对团队的身份确定。如组织中的"团队"如何结合到现有的结构中、如何产生出新的组织形式。

同时，还有必要明确一些重要问题，例如，团队是什么类型的？是建议/参与团队，还是生产/服务团队？或者是计划/发展团队、行动/磋商团队？

明确团队的定位非常重要，因为不同类型的团队有着极大的差异，它们在工作周期、一体化程度、工作方式、授权大小、决策方式上都有很大的不同。如一个服务团队可能需要持久的工作，如此，它的一体化程度就非常高，而它的成员中差别化就不是很严重；可是一个研发团队的工作周期可能很短，而它的成员差别化要求就很高。

在团队的定位明确以后，接下来就可以制定一些规范，比如规定团队任务，确定团队如何融入大组织结构。同时，也可以借此传递组织的价值观和团队预期等重要信息。当然，这不仅仅是一个改造组织结构的问题，而是要改造组织思维，使其成为一个更具有合作性的工作机构，让来自组织不同部门的人能够真正成为团队伙伴。这将打破传统的组织结构模式，所以之前需要深入研究传统的组织结构模式，并重新审视组织自身的结构问题，以便团队准确定位。

团队成员的定位属于个体的定位，主要是明确各个团队成员在团队中主要扮演什么角色。比如，是订计划还是具体实施或评估？是协调者还是监督者或是推动者？

## （三）权限（Power）

所谓权限，是指团队负有的职责和相应享有的权利大小。其关系包含两个方面：第一，整个团队在组织中拥有什么样的决定权，比方说财务决定权、人事决定权、信息决定权，或其他决定权；第二，组织的基本特征，如组织的规模多大、团队的数量是否足够多、组织对于团队的授权有多少，等等。

对团队权限进行界定，其实也可以简单以回答一些问题来操作。例如：团队的工作范围是什么？它能够处理可能影响整个组织的事物吗？它的工作重心集中在某一特定领域吗？不同团队的界限是什么？团队在多大程度上可以自主决策？

团队工作成效在很大程度上取决于团队的积极性和主动性。如之前内容曾提及的，影响人们工作积极性的主要因素之一是权责利的合理配置。因此，团队的权限范围必须和它的定位、工作能力和所赋予的资源相一致。调动团队的积极性，需要适当、合理、艺术地授权。

以上问题实际上也是团队目标和团队定位的延伸。解决了这些问题，也就初步解决了团队的权限问题。当然，团队建设过程中要解决的问题会随着团队的类型、目标和定位不同等各类因素产生变化，如组织的规模、结构和业务类型等。对于复杂多变的情况，我们无法给出特定的解决方案，但是在解决权限问题时必须坚持这样一个原则：在考虑团队权限因素时，一定要分清轻重缓急。

## （四）计划（Plan）

团队应如何分配和行使组织赋予的职责和权限？团队应该如何高效地解决面临的各种问题？这些都需要事先统筹安排。换句话说，也就是团队成员应该分别做哪些工作、如何做，这就是计划，即要求对团队各个方面作出规划与安排。

一份有效的团队工作计划常常能够回答以下问题：

（1）每个团队有多少成员才合适？

（2）团队需要什么样的领导？

（3）团队领导职位是常设的还是由成员轮流担任？

（4）领导者的权限和职责分别是什么？

（5）应该赋予其他团队成员特定职责和权限吗？

（6）各个团队应定期开会吗？

（7）会议期间要完成哪些工作？

（8）预期每位团队成员把多少时间投入团队工作？

（9）如何界定团队任务的完成？

（10）如何评价和激励团队成员？

以上某些问题具体的答案，应根据组织本身特点和实际需要进行合理选择。同时，有些规模或结构相对简单的组织应当考虑人员问题而不是优先考虑职权和计划问题，这样可以避免在决定团队如何发挥作用前选定的团队成员与职权、计划不相适应而导致一系列矛盾及冲突。

总之，团队目标的最终实现，需要一系列具体的行动方案，因此可以把团队计划理解成目标的具体工作程序。

## （五）人员（People）

人是构成团队最核心的因素，确定团队目标、定位、职权和计划，都只是为团队取得成功奠定基础，最终能否获得成功都终将取决于人。

我们已经清楚，团队的特征之一是成员的互补性，因此人员的选择是团队建设中非常重要的一部分。在一个团队中，既需要有凝聚者，也需要有实干者，还

需要有协调者，也不能少推进者，当然还可能要有创新者、信息者、监督者、完善者等，以便从事领导、开展业务、进行评估、谋划未来……

团队的最大特点是不同的人通过分工来共同完成同一个目标，所以在人员选择方面要充分考虑人员的能力、技能、性格是否互补，以及人员的经验具体如何。

选择成员的原则一样要根据团队的目标和定位。一旦明确了团队需要进行哪些工作，下一步要做的事情就是制订团队人员职位的明确计划。无论谁负责这项工作，他都应该尽可能多地去了解候选者，考察他们每个人都有哪些技能、学识、经验和才华，更重要的是，这些资源是否或在多大程度上符合团队的目标、定位、职权和计划的要求，这都是在选择和决定团队成员时必须要认真了解的。

一个团队绝对不是几名最优秀的"英雄"式人物的简单集合，而是需要能够产生协同作用的"好汉"式人员的合理组合。因此，团队建设所面临的"人员"问题，就不单单是谁"最优秀"，而是谁"最合适"为团队提供最佳资源组合并获得最理想的结果。例如，某人可能是所有候选人中最有才华的，但因为他无法和他人和睦共处，往往不能不忍痛割爱。同时，也许某候选人可能在技能、学识和经验方面存在一定不足，但具有领导才干，如此他反而应该成为技能互补性人才入选，而不能求全责备。

# 八、协调机制重沟通

蒙牛集团文化要点中有一句话：98%的矛盾是由误解引起的，而误解的频率则取决于"沟通"的效能。石油大王、美国历史上第一位亿万富豪与全球首富约翰·戴维森·洛克菲勒更曾感叹："假如人际沟通的能力也是同糖或咖啡一样的商品的话，我愿意付出比太阳之下任何东西更高的代价购买这种能力。"高居《纽约时报》排行榜、在全世界57个国家出版发行1400万册的《大趋势》作者、美国著名未来学家约翰·奈斯比特曾预言："未来竞争是管理的竞争，竞争的焦点在于每个社会组织内部成员之间及其外部组织的有效沟通上"。由此不难看出，沟通对于管理至关重要。

沟通，顾名思义是通过一定的方法、渠道、途径等"沟"而使人们达成共识实现思想之"通"。换句话说，沟通就是为了达成共识而将信息源，包括思想、情感、信息等通过有效途径传送到目的地的过程。可见，"沟"是手段，"通"是目的。

尽管"沟通"说起来如此简单，但现实中无论是实践界还是理论界，重"沟"轻"通"、有"沟"无"通"现象却比比皆是。比如，不少理论书籍将"沟通"解释为人与人之间、人与群体之间信息、思想、感情的传递和交流活动；许多实践界管理者更是将开会传达、发号施令奉为"沟通"至宝，全然不顾任务执行者是否思想上认同与接受。

所以，组织管理者不要想当然地认为群众会领受工作或领悟自己所表达的指示。有时，我们想当然地认为受众和我们一样已经了解问题的背景信息，可以轻松理解所讨论的问题，但实际上，可能很多受众对这些信息根本一无所知或毫不认同。

然而，事实上沟通又是人类集体活动的基础，是人类存在的前提。可以说，没有沟通就没有协调的群体活动；没有协调的群体活动也许人类就将灭绝——正是沟通才形成了原始人群和部落，且不断进化形成了人类社会。同时，沟通也是现代管理的命脉——没有沟通或者说沟通不畅，管理效率就会损失甚至断送。再者，沟通还是人际情感的基石——拥有良好的沟通才可以造就健康的人际关系。此外，沟通更是人们生存、生产、发展和进步的基本手段及途径——现代人如果没有人际沟通、网际沟通、通信沟通，可能完全寸步难行。

人之所以是社会人，就是因为人生活在社会这个大家庭中，有人与人之间的信息交流、思想传播、语言表达。小到一个家庭、工作团队、机构组织，大到一个城市、一个国家，甚至整个世界，社会中的每一个活动分子——自然人或法人，都需要与自身之外的活动分子进行信息的交流，表达各自的观点、意念，指导和规范各自的行为，或进行内容的分享，进而实现各自的目的。这些无不外乎依赖于沟通。

管理的过程更是一个通过发挥各种管理功能，充分调动人的积极性，提高机构的效能，实现共同目标的过程。沟通从一定意义上讲，就是管理的有效方式——管理离不开沟通，沟通渗透于管理的各个方面。

目前，沟通在管理工作中的作用日益凸显：沟通有助于组织决策的正确性、针对性、有效性；沟通能促使组织成员协调有效地开展工作；沟通有利于形成氛围良好、有战斗力的团队，提高组织成员的士气；沟通决定领导或管理工作的有效性。

虽然加强组织内部的沟通管理，既可以使管理层工作更加轻松，也可以使普通下属大幅度提高工作绩效，同时还可以增强组织的凝聚力和竞争力，因此每个管理者都应该从战略意义上重视沟通。但是，我们必须清醒地看到，沟通过程形式上是信息发送者将相关信息正确编码，然后传送给接收者，并由接收者正确解码的过程。其中，常常由于各种因素的影响和干扰，使沟通受阻、效能打折，直至影响沟通的效果。因此，每一个管理者只有客观认识障碍，才能有效克服障碍，进而提高执行效能。现实中，沟通的障碍类型有四个。

## （一）社会因素障碍，主要是地位障碍、职业障碍、组织结构障碍

地位障碍。在管理实践中，信息沟通的成败主要取决于上级与下级、领导与员工之间的有效关系。实践表明，一般上级与主管人员容易存在一种"心理巨大性"，下属则容易产生一种"心理微小性"。前者易使上级满不在乎，后者易使下级不敢畅所欲言。如果主管过分威严，给人造成难以接近的印象，或管理人员缺乏必要的同理心，不愿体恤下属，都容易造成下级人员的恐惧心理，影响上下级沟通的畅通。

职业障碍。俗话说，"隔行如隔山"。由于职业不同，或者平时兴趣领域的不

同，一方不懂另一方的专业用语，也会造成沟通困难。消除障碍的办法是沟通时最好使用双方都能懂的语言，并在社会交往场合尽量不用专业术语。

组织结构障碍。在管理中，合理的组织结构有利于信息的沟通。如果组织规模过大，中间层次过多，信息传播浪费时间又影响效率，直接影响到沟通的效果。如果团队成员太多，相互之间很难充分认识和理解，势必难以形成凝聚力和信任感。

### （二）个人因素障碍，主要是文化障碍、经验障碍、表达障碍、语言障碍

文化障碍。由于组织成员中沟通双方的教育程度、文化背景、人格素质相差太大，常常一方的意见会使对方理解不了或难以接受。

经验障碍。这主要是发送者将信息编码时，只是根据自己的知识、经验进行。如果接收者也只能在自己的知识、经验范围内进行解码，那么理解对方传送信息的含义将十分困难。特别是当发送者与接收者的知识、经验差距太大而没有"共同知识经验区"时，可能在发送者看来很简单的问题，而接收者却因为没有这方面的知识、经验而完全理解和接收不了。

表达障碍。沟通双方如果用词不当、词不达意、口齿不清或信息难以辨析，或者观念含糊、逻辑混乱，或者无意疏漏、模棱两可等，都会使对方难以了解发送者的意图。

语言障碍。除语种问题外，日常生活中一词多义的情况也十分常见。人的语言修养不同，表达和理解的能力就有所不同。对同一种思想、观念或实物，有些人表达得很清楚，有些人则表达得很含糊。同样，对某一信息，有的人能马上理解，有的人则听来听去一头雾水；有的人接收信息后能做这样的解释，有的人则会做那样的理解。因此，用语言表达意思，往往会产生语义上的障碍。

### （三）心理因素障碍，主要是认知障碍、态度障碍、情绪障碍、人格障碍

认知障碍。由于各人的认识水平不同，需求动机不同，看问题的角度不同，对同一信息即有不同的认识，同时认知偏差也会导致障碍。如人们对于自己无法获取经验的事物，容易形成一定的偏见。这种刻板印象一旦形成，不但影响沟通时的诚意和信心，还会加深彼此的怀疑与猜测。还有，由于人们对信息的重视程度不同，凡是自己认为价值大的信息则引起注意、认真接受；凡是认为价值不大

或没有价值的信息，就会不加重视甚至不予理睬。这种认知的选择性，阻碍了人们对事物的客观接收。

态度障碍。如果沟通双方先入为主或存在其他偏见，各自持有不同的态度，则必然会给沟通造成一定的障碍。

情绪障碍。与不同心境、不同心情的人沟通，可能结果截然不同。即使同一人，心境、心情不同，也有可能对同一信息作出不同的解释和行为反应。例如，情绪和心境处于不正常状态，可能就难以正常进行沟通，甚至会歪曲对方的信息；而情绪较好时，一般容易接受别人的意见和建议。

人格障碍。一个人的性格、气质、价值观等方面的差异，常常会成为沟通时的重大障碍。通常，一个诚实、正直的人发出的信息容易使人认同而接受；反之，一个虚伪、狡诈的人，发出的信息即使是真实的，也难以使人信以为真。

### （四）客观因素障碍，主要是自然障碍、距离障碍

自然障碍。如刮风下雨、电闪雷鸣或环境中存在的噪声干扰，都会给沟通造成障碍；还有如通信设备的性能不好、质量不高甚至发生故障，也都会造成沟通困难甚至信息失真、沟通中断。

距离障碍。空间距离过远、环节过多，同样会影响信息的传递，造成沟通困难。如人与人之间距离过远，听不清对方的声音或看不清对方的表情、手势，则自然会影响沟通的效果。

基于以上沟通障碍的认识，管理者唯一要做的，就是克服障碍，建立机制，高效能地改善沟通。

前已述及，沟通的外在表现是传递信息的过程。在信息发送者将信息发送给信息接收者这个过程中，组织管理者把握发送者的编码和接收者的解码两个环节至关重要。

一天，某消防部队接到火警报告。

消防队员：哪里着火了？

报警人：我家。

消防队员：我是问在什么地方？

报警人：在厨房。

消防队员：我是说我们怎么去？

报警人：你们不是有消防车吗？

可见，在整个沟通过程中，目标在于"接受"，而非"接收"，而要做到"接

受"，就一定要让对方"理解领悟"。如果"编码"与"解码"不统一，误解则在所难免、势必发生。

所以，完美的沟通是实现发送者的思想和接受者的思想完全一致。但是思想本身是不能传递的，它必须借助于符号这个中介。所以，恰当的教育培训，能较好地使沟通双方对同一信息做同样理解，并最大可能使两者思想一致。当然，在沟通的过程中，为了保障信息的时效性和在传输过程中不被扭曲，信息传输通道的通畅也是至关重要的，特别需要减少"噪声"干扰。

《人格创新人生——高效能人士的 11 项锤炼》一书中，选载了这么一则故事。

有一英国小伙来中国参加"非诚勿扰"节目。

一女首先发问：是独生子吗？答：不是，有个哥，刚结婚。数盏灯灭。

又有女问：有房吗？答：有，不过是上个世纪的老宅子。又数盏灯灭。

又有女问：婚后住哪？答：可能和奶奶、爸爸、妈妈、哥哥、嫂子一起住。再数盏灯灭。

又有女问：你干啥的？答：我是大兵。再数盏灯灭。

又有女问：你爸在哪个单位？答：我爸没工作。再数盏灯灭，最后只剩一盏灯。

最后的女孩问：结婚有宝马、奔驰接吗？答：没……我奶奶肯定不同意，我们家一般都是用马车接的。女孩嗤之以鼻，回答：宁在"宝马"里哭，也不在马车上笑！灯全灭。

英国帅哥羞臊难当，耷拉着脑袋离开现场。

次日，英国《泰晤士报》头版头条非常耸动的新闻标题为：我皇室成员哈里王子参加中国电视征婚首轮即遭淘汰。

可见，作为主动的一方，沟通要科学"编码"，并指导或帮助"解码"，否则不能达成共识，沟通就变成不"通"之"沟"。

当然，通过之前的内容我们已经理解，沟通过程不是一帆风顺的，常常会因沟通要素的质量不高、沟通方式方法的选择不当、沟通工具的运用不佳、沟通渠道网络的状况不良而使沟通过程不能如愿以偿。

一位老师接了一个新班。第一次上课点名时，点名簿上忽然出现了一个罕见的姓氏，他不知道这个字的读音。

凭着多年的经验，这位老师很快就应付了眼前的窘态：他跳过了这个学生的名字，继续往下念。念完后，他泰然自若地问道："刚才有没有没点到名的同学？如果有，请告诉老师添上。"

他以为这个办法很灵验，因为以前上课往黑板上写字，如果偶尔遇到记不起来的字，他就这样问学生："这个字是我们学过的，谁能记得？"这时候学生就会争先恐后地举手。

可是这次连问两遍，居然没人回答。

老师觉得很奇怪，难道这个学生今天没来？他数了一下人数，肯定那个没点到名的学生的确就在教室里。

他很尴尬，只好自我圆场："没点到名的同学请下课后到老师办公室来一趟。"

下课后，一个学生来到办公室，他给老师递上一张纸条，上面写道："今天这种场面，我已经历过好几次了。也许我的姓很少见，可是老师您为什么不直接问我姓啥呢？"

所以，要做好人际沟通，最重要的就是在生活中摒弃自以为是的不良习惯。沟通只有真诚相待，才不至于弄巧成拙、事与愿违。

协调人际关系与进行良好沟通是相辅相成、互相影响的。两者既互补又相克。能够协调好人际关系，沟通会变得顺畅；沟通良好，也能够促进人际关系的协调。

沟通要互相尊重。尊重是建立良好沟通的前提，只有给予对方尊重才有真正沟通的可能。若一方不尊重另一方时，另一方必须要以适当方式引导对方尊重，否则很难沟通。

沟通要不批评、不责备、不抱怨、不攻击、不说教。要时刻牢记沟通的目标是让对方接受而达成共识，因此批评、责备、抱怨、攻击这些终将是沟通的潜在障碍，只会使沟通恶化。

沟通要充分表达。要坦白地讲出自己内心的感受、感情、痛苦、想法和期望，但绝对不能是批评、责备、抱怨和言语攻击。

沟通要恰当地讲话。讲话要讲究艺术，避免说不该说的话，否则"一言既出，驷马难追"、"病从口入，祸从口出"，甚至还可能造成无法弥补的终生遗憾。所以，没有想好的最好不说，没有把握的最好不说，无法实现的坚决不说。政界有一句话：真话不一定全说，但说的一定全是真话。这也许从某种角度告诫人们：沟通不可信口雌黄、口无遮拦。当然，更不能口出恶言、恶语伤人。

沟通要务求理性。不理性只会导致争执，不会有结果，更不可能有好结果。所以，带着情绪不要沟通，尤其是不能够作决定。情绪中的沟通常常无好话，既理不清，也讲不明，很容易冲动而失去理性。如吵得不可开交的夫妻、反目成仇的父母子女、对峙已久的上司下属，绝对不能够在情绪中作出情绪性、冲动性的

"决定"，这很容易事与愿违，甚至让事情不可挽回，让人后悔莫及。

沟通要张弛有度。有时说声"对不起"不但不代表真的犯了什么天大的错误或做了什么伤天害理的事，反而能彰显个人风度。"对不起"是一种软化剂，它能使事情终有"转圈"的余地；"对不起"也是主动承担责任的表现。"我错了"是沟通的消毒剂，可解冻、改善与转化沟通的僵持问题。一句"我错了"可能勾销多少人的新仇旧恨，化解多少年打不开的死结，让人豁然开朗，放下攻击性武器，重新面对自己。

沟通要审时度势。"好雨知时节"才能"润物细无声"。然而长期以来，不少管理干部习惯以"师道尊严"的心态和居高临下的姿态"教训"下属，以致"一言堂"、"满堂灌"的强权式工作方式在新时期失灵。特别是一些干部从"高大上"的大道理出发，孤芳自赏，而一些下属却从社会现实出发，简单求实。如此，沟通活动常常貌合神离。

在基层一线管理实践中我们发现，下属的"情感指数"和"信任指数"会直接影响沟通效果。而将"情感指数"和"信任指数"作一组合，便能得出"冷静对立"、"友好谨慎"、"热情信任"、"理性认同"四种状态。这四种状态分别就像"冬"、"春"、"夏"、"秋"四季一样，决定着沟通温度（气氛）及其效果。根据"冬"、"春"、"夏"、"秋"不同阶段或环节的特点，因时因事因地因人制宜地选择不同的沟通内容并辅之以不同的沟通方法，则能提高沟通的针对性与有效性，真正让人心悦诚服。

"冬季"。冷静对立阶段，喻上下级关系、氛围等处于"寒冷季节"。这是沟通活动的起始阶段，这时，下属对于上级的信任关系还没有建立，甚至有些下属习惯将自己置于对立面而以审视和怀疑的目光揣度上级及其工作；有些下属思想上还没有放下个人观点和对立情绪，注意力还不能归位到沟通活动中。通俗地讲，就是他们的思维还没有对接沟通活动频道。这个时候，静坐过久可能会加剧冰冷的气氛，而急于求成又可能导致逆反致使欲速不达，因而积极且正确的做法必须是以春风化解寒意。具体方法可以是问题、寓言、故事、游戏、自测、辩论等"热身活动"。方式可以多种多样，时间、过程可以灵活掌握。实践中我们常用的方法是以问题引导、寓言启智、案例开路、游戏体验等来融洽关系，活跃气氛，建立上下级之间的信任关系，同时，使下属本身"收心"配合工作。

"春季"。友好谨慎阶段，喻沟通氛围已形成，进入"春暖花开"季节，适合"播种"。这时的典型特征，是经过前期的"破冰"活动，上下级之间已是"春"意融融，沟通气氛基本良性化，下属虽然保持谨慎，但求解心切，乐于倾诉，因而管理者宜用案例讨论、故事讲解等方式引出各思想点。此时，最需要管理干部展示自己在管理和沟通技能上的专长，给下属带来实际的收获——"冬季"的"破冰"可以多运用一些贴心的互动技巧，而"春季"是播种的季节，沟通活动则需要有实际的思想内容。特别是基层员工，习惯"痛快"厌恶"绕"，这种受众在心理上格外期望务实，如果管理人员讲授的都是华而不实的东西，一定会遭到下属的变相抗议和消极抵制，遭遇沟通中的"倒春寒"。在此阶段，要求管理干部具有丰富的内涵和实际底蕴，并事先做好功课，切忌华而不实。

"夏季"。热情信任阶段，喻下属接受了一定的思想观念后，思维得到升华，行为跃跃欲试，好似激情四射的"盛夏季节"，处于"拔节孕穗"时期。这时的沟通活动宜多采用案例分析、未来规划、行为策划之类的互动方式，充分调动下属参与特定事物的分析和改进方案的策划，使下属在研讨中探求、丰富知识，明确方向，升华奋斗目标，掌握认识问题、分析问题并自主解决问题的能力。这一阶段，管理干部要尽量让自己进入电视节目主持人或是剧目编剧、导演角色，尽可能把下属置身于"主角"地位，而不可与他们"抢戏"，如此方可变"要我做"为"我要做"。这就好比一档经典的剧目，一定要有高潮迭起的剧情。所以一次富有成效的沟通活动，要求管理者一定要具备设计、制造和导演高潮的能力！这里需要管理干部与时俱进地学习管理心理学知识，并要懂得如何运用自己的肢体、声调等非语言沟通技巧。而且，管理者需要充分运用新兴人力资源管理知识和发挥活动主持人能力，不断使"剧情"高潮迭起。

"秋季"。理性认同阶段，喻下属已经心悦诚服，而管理者则需提纲挈领、总结提升、展现收获。这时，管理者要对整个沟通活动进行总结，并强调当次活动的思想点、知识面、问题点，特别是重点提出今后的行为重点和行为方向。

管理工作中的沟通活动是具有目标性的活动，组织和个人都必须通过每一次活动获取相应的价值。这犹如购物一样，需要将货币资金转化为产品或服务效用。因此，在这一阶段，管理者必须化繁为简、理出头绪、提示重点。在这一阶段，如果能以现场提问等互动方式强化知识点，以此检验下属的"秋收"效果则更佳。值得注意的是，衡量下属是否收获"春华秋实"之效，还有必要进行行为考核并跟踪评估。事实上，评估每一次沟通活动效果的好坏，不能只是简单地看那些让人心动而不会行动的现场气氛，更重要的是看活动之后下属在行为上有哪些改变，包括这些改变在其工作绩效上都有哪些反映。要清楚，组织活动不是单纯供观赏的好莱坞大片，所以评估一次沟通的好坏，要从工作对象的实际行动中得到体现！

回顾和总结自己理论研究和管理实践经历，笔者感觉在沟通工作中简单易行、方便复制的方式方法有寓言启智、发问深思、案例引导、点评互动、故事讲解、正反辩论等。如在活动开始前，可以导入一个启智性寓言，然后让下属参与点评，或是一连问出 3~5 个和活动有关的问题，而这些问题一般都是下属心里想的或者是经常在生活中遇到的或正在困扰他们的问题，所以立刻就能抓住他们的注意力。另外，可以每隔 10 分钟左右讲述一个工作或生活中的案例，这样让下属在活动中始终保持在参与状态、互动状态甚至亢奋状态。

"四季法"和传统的沟通方法相比，主要是将传统的以管理者为焦点或核心的工作方式转变为以下属为焦点或核心的互动式、引导式、启发式的"领"与"受"相结合的工作方式，彻底改变干部重"领"员工轻"受"甚至管理者唱"独角戏"的窘态——现实中，传统方式即使"互动"，也是管理者把自己的预案强加于下属，以致最终本末倒置。"四季法"则不同，它的焦点一直是下属，是受众。所以从某种角度看，"四季法"最大的机理即是变"要我做"为"我要做"。

基层员工是任何组织战斗力的生成基础，因此，创新沟通方法，做好协调工作是组织生存和发展的需要。当然，最好的沟通是用心的沟通；最好的工作协调机制，即是用心沟通的协调机制！

# 参考文献

［1］劳伦斯·G. 赫雷比尼亚克：《有效的执行——成功领导战略实施与变革》，中国人民大学出版社 2006 年版。

［2］陈代兴等：《国防人力资源开发与管理》，海潮出版社 2006 年版。

［3］张贵平：《创业实招》，清华大学出版社、北京交通大学出版社 2011 年版。

［4］罗敏：《中国国防经济学》，中国财政经济出版社 2007 年版。

［5］张周圆：《人格创新人生——高效能人士的 11 项锤炼》，国防大学出版社 2015 年版。

［6］阿尔伯特·哈伯德：《把信送给加西亚》，路军译，企业管理出版社 2002 年版。

［7］马尔科姆·K. 斯帕：《监管的艺术》，周道许译，中国金融出版社 2006 年版。

［8］张周圆：《高效能团队建设》，经济管理出版社 2015 年版。

［9］总参谋部军务部、军事科学院军制研究部：《新时期军队管理特点规律探讨》，军事科学出版社 2001 年版。

［10］理查德·L. 达夫特：《组织理论与设计》，王凤彬等译，清华大学出版社 2010 年版。

［11］朱坚民、王道成：《军事变革中的领导科学与艺术》，海潮出版社 2008 年版。

［12］戴尔·卡耐基：《人性的弱点》，赵娜译，中国青年出版社 2013 年版。

［13］彼得·圣吉：《第五项修炼》，郭进隆译，上海三联书店 2003 年版。